权威 · 前沿 · 原创

皮书系列为
“十二五”“十三五”国家重点图书出版规划项目

BLUE BOOK

智库成果出版与传播平台

浦东新区蓝皮书

BLUE BOOK OF PUDONG NEW AREA

上海浦东经济发展报告（2020）

ANNUAL REPORT ON ECONOMIC DEVELOPMENT OF PUDONG NEW AREA (2020)

改革开放再出发

主　编／高国忠　雷新军

副主编／毛力熊　张晓娣

社会科学文献出版社

SOCIAL SCIENCES ACADEMIC PRESS (CHINA)

图书在版编目(CIP)数据

上海浦东经济发展报告：改革开放再出发．2020／高国忠，雷新军主编．--北京：社会科学文献出版社，2020.1
（浦东新区蓝皮书）
ISBN 978-7-5201-5883-1

Ⅰ．①上…　Ⅱ．①高…②雷…　Ⅲ．①区域经济发展-研究报告-浦东新区-2020　Ⅳ．①F127.513

中国版本图书馆CIP数据核字（2019）第287896号

浦东新区蓝皮书
上海浦东经济发展报告（2020）
——改革开放再出发

主　　编／高国忠　雷新军
副 主 编／毛力熊　张晓娣

出 版 人／谢寿光
责任编辑／王　展　张　媛　柯　宓

出　　版／社会科学文献出版社·皮书出版分社（010）59367127
地址：北京市北三环中路甲29号院华龙大厦　邮编：100029
网址：www.ssap.com.cn
发　　行／市场营销中心（010）59367081　59367083
印　　装／天津千鹤文化传播有限公司

规　　格／开 本：787mm×1092mm　1/16
印 张：18.5　字 数：280千字
版　　次／2020年1月第1版　2020年1月第1次印刷
书　　号／ISBN 978-7-5201-5883-1
定　　价／128.00元

主要编撰者简介

高国忠 现任中共上海市浦东新区委员会党校常务副校长，中共上海市浦东新区委员会党校校务委员会副主任，上海市浦东新区行政学院副院长，浦东新区党建研究会常务副会长，浦东区情研究中心主任，《浦东论坛》杂志主编。历任浦东新区洋泾街道办事处副主任、浦东新区教育局办公室主任、浦东新区教育局副局长、中共浦东新区区委组织部副部长、浦东新区社会工作委员会副书记等职。

雷新军 经济学博士，博士后，先后担任上海社会科学院经济研究所宏观经济学研究室副主任、企业发展研究室副主任和主任、人口资源环境经济学研究室主任。现为上海社会科学院经济研究所国际贸易与投资研究室主任，上海东方品牌文化发展促进中心副理事长，中国致公党党员，致公党上海社科院支部主委。2008 年作为全国第 9 次博士服务团成员赴中国延安干部学院，担任教学科研部国情研究室副主任。长期从事产业经济研究，主要学术著作有《日本经济发展过程中的政府作用》（日文）、《城市产业转型比较研究：上海市杨浦区与日本川崎市的产业转型经验》、《上海经济改革与城市发展：实践与经济》（合著）、《科学发展与城市国际竞争力》（合著）、《中国产业论归纳法的展开》（日文、合著）、《东亚地区经济发展与中小企业》（日文、合著）、《上海品牌发展报告》（执笔、主编）、《上海浦东经济发展报告（2018）》（副主编）、《上海浦东经济发展报告（2019）》（副主编）。

毛力熊 上海市浦东新区行政学院副院长，中共上海市浦东新区委员会党校副校长，副教授，研究方向：公共管理学、社会学。现已在学术刊物上公开发表10余篇论文，科研成果多次为中共浦东新区区委、区政府提供决策参考。曾多次参加或主持完成国家行政学院、中国浦东干部学院、中共上海市委党校等省部级课题。参与完成国家行政学院2004~2005年度招标课题“上海特大城市区县政府管理体制改革与制度创新研究”、中国行政管理学会2005年度招标课题“中国特大城市政府管理体制创新——以上海为个案的研究”，参与2009年全国哲学社会科学规划办公室立项课题“综合配套改革中服务型政府的构建研究”，担任上海市哲学社会科学规划办公室2007年立项课题“上海率先构建社会主义和谐社会研究”的课题组组长等。担任2012~2019年《上海浦东经济发展报告》副主编。

张晓娣　经济学博士，博士后，现为上海社会科学院经济研究所副研究员，中国民主建国会会员。先后主持1项国家自然科学基金青年项目、1项国家社会科学基金青年项目、1项中国博士后科学基金及2项上海市决策咨询项目，近五年以第一作者共发表CSSCI论文18篇。2018年获得上海市“三八红旗手”称号与“巾帼创新新秀奖”，2019年入选上海市“青年拔尖人才”。联合国工业发展组织（United Nations Industrial Development Organization）伙伴专家（partner expert）。

摘　要

2019年，是新中国成立70周年，也是浦东开发开放29周年。根据2019年6月15日发布的上海市政府《关于支持浦东新区改革开放再出发实现新时代高质量发展的若干意见》，浦东将当好全面深化改革的探路尖兵，打造全方位开放的前沿窗口，以科技创新、产业升级和现代化治理为目标，力争在2025年开放35周年之际国内生产总值翻一番，实现2万亿元人民币GDP的目标，作为上海高质量发展的引擎和中国改革开放的名片发挥更大的作用。基于此，《上海浦东经济发展报告（2020）》以"改革开放再出发"为主题，在总报告之外设置"改革·开放新标杆"和"创新·发展新标杆"两个专题版块，通过15篇报告梳理、分析和展望浦东经济、环境及治理发展现状与未来。

总报告篇基于浦东经济发展30年回顾总结，对2019年浦东经济发展现状进行分析，并对2020年经济发展加以预测。报告指出，处在新的历史方位上的浦东，面对中央和上海市提出的新要求，浦东的未来发展更应注重提升区域核心竞争力，继续引领全市、全国高质量发展，加快向全球高质量发展标志性区域进军。同时，总报告认为，2019年浦东新区经济发展呈现新的走势和特征，面临新的压力和问题。这些新的挑战需要浦东进一步加大改革开放的步伐，向更高质量发展迈进。综合各种因素推断，2020年，浦东新区在多年开发开放的基础上，预期大概率实现平稳发展态势，成为上海市高质量发展的重要增长极。

"改革·开放新标杆"专题版块共有6篇报告，分别从上海自贸区、长三角区域一体化、科创板市场、"五个中心"建设、营商环境、张江科学城六个角度进行研究。全球价值链的迅猛发展和国际经贸规则的加速重构，对上海自贸区新片区对标国际规则，助力国家对外开放新战略提出了新要求；在新时代，浦东需积极利用龙头地位，发挥上海自贸试验区特别是临港新片区的改革开放新效应，促进长三角地区三省一市加强产业联动发展，推进长三角地区产业结构合理化与高度化；浦东是上海国际金融中心核心区，拥有巨大的资本优势和政策优势，科创板正是其区域发展核心优势的体现；浦东“五个中心”融合发展是浦东新区核心功能区建设新阶段，推动“中心”功能在广度、深度和密度三个维度都出现新的特征；通过调研发现，浦东全面地在国际营商环境的开办企业、施工许可等环节进行改革，国际营商环境的评价得分有了很大提高，但是行政许可时间与成本、政策的透明度以及退出机制等方面还存在不足；报告还指出，张江科学城以开放式创新模式为特点，政府的引导作用显著，与国家创新战略对接密切，但是人才集聚不够，科技融资渠道不够，政府服务的精准性不够，创新环境还有待完善。

“创新·发展新标杆”专题版块共有 7 篇报告，分别从张江科技创新服务、打造世界级产业集群、金融科技产业、自贸区“大健康”产业、“美丽乡村”建设、生态文明建设、人才政策七个角度进行研究。研究表明，张江的科技创新服务发展取得明显进展，但与此同时对于科技创新活动所面临的新形势新要求新趋势，张江仍需进一步深化科技创新服务功能建设；基于世界级产业集群的内涵和基本特征，分析了浦东打造世界级产业集群的产业选择；浦东金融科技产业近年来呈现快速发展的态势，但是在生活服务、城市治理以及安全与监管等领域也面临一定挑战；通过调研分析自贸区的医疗产业发展现状，分析和探讨了医疗健康服务贸易的问题与制度瓶颈；从政府生态环境职责、企业生态环境责任、公众生态环境素养等维度全面分析了新时代浦东生态文明建设现状与问题；提出在“十四五”期间，浦东应该在人才治理体系、公共服务体系、人才政策体系、人才体制创新等方面继续努力，助力开创浦东开发开放新局面。

关键词： 改革开放再出发　营商环境　科技创新

目　录

Ⅰ　总报告

Ⅱ　改革·开放新标杆

Ⅲ 创新 · 发展新标杆

皮书数据库阅读**使用指南**

总 报 告

General Reports

B.1

2019年浦东经济发展现状及2020年展望

胡云华 *

摘　要： 2019年全球经济增速进一步放缓，尤其是中美贸易摩擦不断升级，波折丛生，给浦东经济增长带来不利影响。根据前三季度相关数据，2019年浦东新区经济发展呈现新的走势和特征，面临新的压力和问题。这些新的挑战需要浦东进一步加大改革开放的步伐，向更高质量发展迈进。综合各种因素推断，2020年，浦东新区在多年开发开放的基础上，预期大概率延续平稳发展态势，成为上海市高质量发展的重要增长极。

* 胡云华，经济学博士，中共上海市浦东新区委员会党校经济学教研室主任，副教授，主要研究方向为区域经济发展、创新经济。

关键词： 浦东经济　高质量发展　宏观经济

一　2019年宏观经济背景：风险压力加大

（一）外部环境：输入性风险加大

总体来看，2019 年全球经济总体呈现收缩态势，增长速度陷入下行区间，反映出全球经济在金融危机之后，始终没能实现产业和技术领域的大突破，主要经济体未能实现产业的转型升级，全球新产业和新动能的培育还任重道远。将 IMF 发布的春季报告和秋季报告前后数据对比，发现下调态势明显。按照 IMF 10 月 15 日发布的《世界经济展望报告》，2019 年全球经济的增长速度降至 3%，是金融危机后全球经济增长的新低点，无论是发达经济体还是新兴市场和发展中经济体，其经济增速都预期下行。发达经济体增速调低至 1.7%，其中，美国经济增速从 2.6% 下调至 2.4%；欧元区经济增速从 1.3% 微调至 1.2%；英国经济尚未走出脱欧的阴霾，增速从 1.4% 下调至 1.3%；发达经济体中唯有日本的经济增速维持不变，稳定在 0.9% 的预期。新兴市场和发展中经济体的增长前景同样不容乐观，预期增幅从 2018 年的 4.5% 放缓至 3.9%。

2019 年全球经济增幅放缓的主要因素除了产业调整升级缓慢之外，最主要滞碍因素为逆全球化浪潮下的全球贸易壁垒抬头，限制了全球贸易的流通和增长。全球贸易额的增速不仅延续了近年来低于全球经济增长速度的不利局面，而且下行轨迹没有任何缓解，和经济增速的差距在不断扩大。数据表明，2019 年上半年的贸易额增速已降至 1%，是 2012 年以来的最低水平。

全球贸易的急剧恶化态势导致外部需求持续低迷，外需疲弱的输入性风险对中国经济运行不断释放着不利影响，尤其是中美贸易摩擦的曲折和反复。

2018 年 3 月 22 日，美国总统特朗普签署总统备忘录，拟对从中国进口商品大规模征收高额关税，标志着由美国单方面发起的中美贸易摩擦正式拉开序幕，并不断升级。6 月 15 日，美国单方面宣布对大约 500 亿美元的中国进口商品开始加征 25% 的关税。9 月 24 日，美国对约 2000 亿美元进口自中国的产品加征 10% 的关税。2019 年 5 月 10 日，对原征收 10% 关税的 2000 亿美元的中国进口商品加征关税至 25%。2019 年 9 月 1 日，对价值 3000 亿美元的中国商品加征 10% 的关税。2019 年 10 月 10 ~ 11 日，刘鹤副总理赴美谈判，初步达成协议，关税方面，特朗普暂停原定于 10 月 15 日对中国 2500 亿美元产品提高关税，维持 25% 的关税。12 月 15 日对 3000 亿美元中的部分商品（约 1600 亿美元，其余已在 9 月 1 日生效）加征 15% 的关税仍需谈判。自此，中美贸易摩擦的不断升级暂时得以缓解。

中美贸易摩擦的升级和反复，一方面，反映了当前全球贸易局势的不断恶化，除针对中国外，可以看到，美国还发动了以自我利益为中心的全球性贸易摩擦，包括对欧盟、印度、加拿大和日本等，是美国深陷危机后产业转型升级压力的对外输出；另一方面，我们更要看到，中美贸易摩擦不仅是贸易保护主义的表现，而且是守成大国和发展大国之间的全面较量。因此，中美暂时的谈判和解并不能改变其长期复杂性的本质，对于中国经济运行来说，贸易摩擦外部输入性风险不断释放不利影响，限制了中国经济的增长。仅以中国进出口贸易额增速的走向来看，进入 2019 年，中国进出口贸易总额总体呈现负增长的态势，截至 9 月，进出口总额为 3.35 万亿美元，增长率为 -2.4%，其中出口总额为 1.82 万亿美元，下降 0.1%，进口总额为 1.52 万亿美元，下降 5.0%。

（二）国内经济：下行压力加大

在全球经济增速放缓、外部需求低迷的大背景下，2019 年中国经济运行面临着严峻的下行压力，经济增速逐季放缓。根据国家统计局数据，前三季度国内生产总值规模为 697798 亿元，按可比价格计算，实现同比增长

6.2%。分季度看，一季度增长6.4%，二季度增长6.2%，三季度增长6.0%。中国经济增速放缓除了深受外部环境影响外，更重要的是自身经济发展面临的长期结构性问题尚未得到有效缓解，经济新旧动能转换面临调整期，创新要素的驱动效应还有待进一步激发。

首先，生产不稳，增长动能走弱。国家统计局公布的数据显示，9月全国规模以上工业增加值同比增长5.8%，增速比上月提高了1.4个百分点，但全年累计增长率仍维持在5.6%的历史低位。企业亏损数量增加了5.7%，是全年的最高值。营业利润累计增长率下降了1.8个百分点。亏损企业亏损总额累计增长11.6%。工业增加值增速走低的运行轨迹与工业产品价格走低相一致，9月工业生产者出厂价格指数降为年内新低98.8，制造业采购经理指数为49.8，仍旧维持在景气线的下方。这些数据表明工业生产没有企稳，尤其是汽车制造业产销低迷的局面没有缓解和改善，经济增长动能走弱。其次，内需有待进一步提振。国家统计局公布的数据显示，2019年前三季度，社会消费品零售总额为296674亿元，同比名义增长8.2%，扣除价格因素实际增长6.4%。从具体月份来看，除6月实现了同比增长9.8%外，其余月份大多低于8%。其中，汽车消费陷入低谷和房地产消费低位运行是重要因素。此外，固定资产投资增长的速度明显放缓，持续走低。9月，全社会固定资产投资额累计增速仅为5.4%，不仅是全年最低点，也是多年来的最低点，其中，第二产业的固定资产投资额累计增速降至2.0%，同样是多年来的历史最低点，投资的乏力显示出市场主体对市场前景走向的担忧。

因此，从国内宏观经济运行来看，在外部环境的不利影响下，自身经济发展也存在诸多瓶颈需要突破，需要坚定不移地推进供给侧结构性改革，助推实体经济实现创新转型发展，加快现代化经济体系建设，从而推动经济加快向高质量发展阶段迈进。

二　2019年浦东经济运行特征分析

进入2019年，全球经济延续放缓态势，增速放缓至2009年来的最低点，各主要经济体面临压力加大的挑战，中美贸易摩擦反复曲折，国内经济和上海经济均呈现下行态势。在这一大背景下，浦东新区经济增速放缓，转型发展步伐坚定，经济加快转向高质量发展阶段。1～8月，实现地区生产总值5227亿元，增长6.8%。[①] 总体预判，2019年全年浦东新区经济增长率为7.0%左右。

表1　2019年1～8月浦东新区主要经济指标情况

单位：亿元，%

指标	绝对值	增长
地区生产总值	5227	6.8
工业总产值	6033	-6.2
全社会固定资产投资额	1223	4.9
社会消费品零售总额	1592	6.4
商品销售总额	25979	-0.1
外贸进出口总额	13037	-2.6

资料来源：《浦东新区统计月报》。

具体来看，2019年浦东新区经济运行发展呈现以下特征。

（一）实体经济转型压力加大

在迈向高质量发展的进程中，原有的实体经济面对浦东各项成本走高的挑战，难以突破的资源约束日益趋紧。同时，产业自身的创新驱动发展要遵循规律、坚持突破，并不能一朝一夕便赢得重生，必须经历艰难转折期。因此，浦东处于新旧动能转换的关键期，原有的主导产业需要克服新的困境才能赢得新的局面，经济转型发展的压力加大。

1. 工业增长低迷

（1）主导产业面临深度调整

进入2019年，浦东工业增速总体低迷，工业总产值下降明显，1～8

① 浦东的数据如无特殊说明，均来自《浦东新区统计月报》。

月，新区实现规模以上工业总产值6033亿元，下降6.2%。其原因，主要是主导产业面临深度调整期。

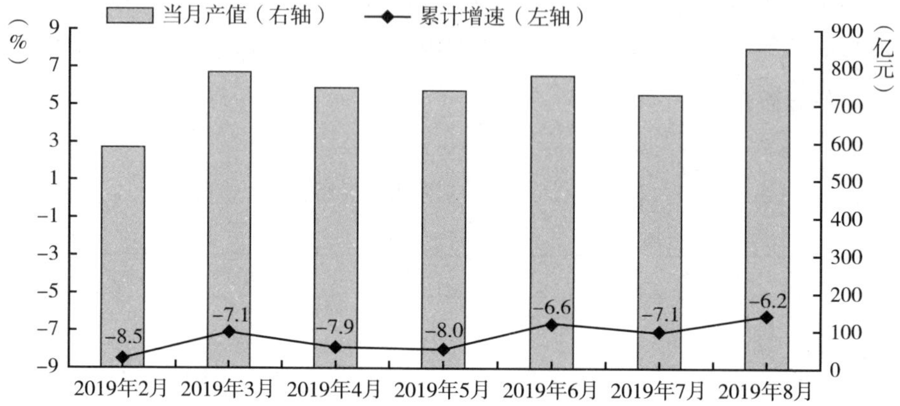

图1　2019年2～8月浦东工业总产值增速月度变化

资料来源：《浦东新区统计月报》。

具体来看，电子信息和汽车制造业是浦东工业产值中占比最高的两大产业，占据了全区工业产值将近一半的比重。以汽车制造业为例，和全国汽车制造业全行业进入库存高、销售不力的总体格局一致，1～8月浦东汽车制造业产值为1264亿元，下降12.6%。而电子信息制造业重点龙头企业昌硕科技自身产品进入升级换代的调整期，产值下降，从而拖累整体行业工业总产值的走势，全区电子信息产值为1312亿元，下降12.9%。

（2）战略性新兴产业总体下行明显

战略性新兴产业一改以往引领全行业发展的态势，转向总体下行收缩，还不如发展情势低迷的全行业。如1～6月，战略性新兴产业实现产值1794亿元，下降8.9%，降幅比一季度扩大2.9个百分点，也低于浦东工业2.3个百分点。拖累战略性新兴产业总体数值走向的主要还是新一代信息技术产业，1～6月产值下降18.1%，拉低作用明显。新能源汽车制造业逐步进入“后补贴时代”后，消费市场冷却，面临严峻挑战，发展急转直下，新能源汽车产值39亿元，下降37.5%。

当然也有领域发展形势喜人，但因为总量规模不大，不能扭转整个战略性新兴产业的走势。如1～8月高端装备制造业规模以上工业产值572亿元，实现增长5.6%；生物医药业产值394亿元，增长5.8%；航空航天制造业产值44亿元，增长18.1%。

2. 转型发展压力趋大

首先，从发展先行指标来看，2019年工业生产者出厂价格指数一改上年的上涨轨迹，转而持续向下。如截至6月，在浦东154个行业小类中，生产者出厂价格指数同比下降的有70个，下降面为45.5%。其中，对浦东生产影响大的行业，如汽车零部件及配件制造，产值规模达433亿元，价格指数下降2.4%；汽车整车制造，产值536亿元，下跌1.2%。

其次，从市场主体新设立数量来看，浦东延续了近3年来新设企业数量持续下降态势，而且2019年降幅逐步呈扩大态势。一方面这是自贸试验区改革以后企业主体井喷式增长后市场趋于理性的表现，但另一方面也看出浦东企业主体活力还有待进一步激发。1～6月，新区新设企业数量同比下降46.01%，内资企业新设数量同比降幅大于外资企业，其中，私营企业新设数量同比降幅最大，新设数量和涉及注册资本同比分别减少48.33%和28.74%。

3. 中美贸易摩擦的影响逐步显现

中美贸易摩擦对工业企业的效益提升造成不利影响。对张江25家受中美贸易摩擦影响的重点企业的跟踪调查显示，受订单减少的影响，工业企业产值大幅下滑，普遍感到形势比较严峻。1～5月，园区重点工业企业出口交货值同比下降1.7%，其中，向美国出口（包括通过中国香港等转口）的出口交货值同比下降22.6%。从结构看，企业出口交货值中，对美出口的占比也有所下降。1～5月，对美出口交货值占总出口交货值的比重由上年同期的16.4%降至12.9%，降低了3.5个百分点。出口型企业或将面临更加严峻的形势。1～5月，企业来自美方的订单为12.2亿元，同比下降20.6%。进口型企业同样面临挑战。从美方进口在加征关税目录上的产品，基本都由国内企业承担关税，关税增加意味着成本增加，部分企业已考虑减少进口或积极寻找替代产品，但对于具备技术独特性的产品，目前较难寻找替代产品。

（二）传统动力因素效用分化

全球经济增长放缓，外部需求持续低迷，国际大宗商品价格波动加大，尤其是中美贸易摩擦反复曲折，美方对中国相关产品清单关税的增加不仅影响了浦东工业企业效益的提升，还使得浦东外贸进出口收缩明显，商业增长运行轨迹转而向下，这一系列输入性风险逐步影响了浦东经济增长动力的走向。另外，国内经济的总体下行、产业转型承压明显也影响了浦东经济部分动力作用的发挥。

1. 商业增长明显放缓

（1）商品销售总额下行明显

受累于外部需求低迷和国内实体经济转型压力加大，2019 年浦东商业一改开发开放以来稳步上行轨迹，转而向下，甚至出现了从未有过的负增长，一直在持平线上下徘徊。1～8 月，新区实现商品销售总额 25979 亿元，下降 0.1%。究其原因，一方面，占比约一半的大宗商品销售增长乏力。全年大宗商品价格波动较大，下游企业需求减弱，整体市场依然低迷。1～8 月，新区大宗商品实现商品销售额 14176 亿元，下降 0.2%。其中，占比约七成的金属材料类销售额增长 6.6%；石油制品类销售额下降 25.4%；煤炭制品类销售额下降 7.3%；化工材料类销售额下降 8.2%。另一方面，重点龙头企业下行明显。如 1～8 月苹果电脑贸易销售额 1331 亿元，下降 19.2%；上汽通用销售公司销售额下降 18.5%，总额为 1521 亿元。

（2）社会消费品增长趋缓

与商业一蹶不振的走势不同，浦东消费增长速度虽较之前几年呈放缓态势，但总体实现了平稳增长。1～8 月，新区社会消费品零售总额 1592 亿元，增长 6.4%，增速稳中有缓，分别低于一季度、上半年 0.1 个和 0.4 个百分点。重要原因还是深受汽车销售低迷影响。

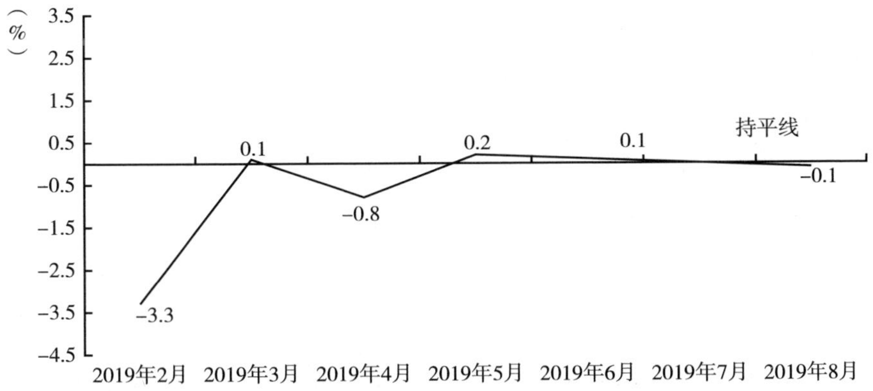

图 2　2019 年 2～8 月浦东商品销售总额累计增速月度变化

资料来源：《浦东新区统计月报》。

尽管居民日常生活必需类商品保持较快增长，1～8 月，占社会消费品零售总额 41.8% 的粮油食品、服装鞋帽、化妆品、日用品等商品共实现零售额 665 亿元，增长 17.9%，拉动整体增长 6.7 个百分点，但是同期汽车类商品消费萎缩明显，仅实现零售额 373 亿元，拉低整体增速 0.2 个百分点。随着汽车制造业产能的扩大，市场逐步由增量市场转变为存量市场。加之进口车关税下调、合资品牌持续压低产品售价、豪华品牌降价促销、排放标准的调整使得国五标准车加速清库存，以及前期购置税优惠政策透支和当期优惠政策退出等多重内外因素叠加冲击，汽车消费加快萎缩。

2. 进出口贸易收缩明显

外部输入性风险对浦东的影响主要体现在进出口贸易上。全球经济增速下滑和主要经济体增长受阻，外部需求总体低迷使得浦东外贸进出口收缩明显，跌至负增长区间，这是浦东开发开放 30 年历程中除了 2009 年外的第二次下跌年份。1～8 月，全区实现外贸进出口总额 13037 亿元，下降 2.6%，一直处于窄幅波动态势。其中，出口 4415 亿元，下降 1.5%；进口 8623 亿元，下降 3.1%。

就中美贸易摩擦的影响来看，其确实对浦东进出口贸易产生了不利影

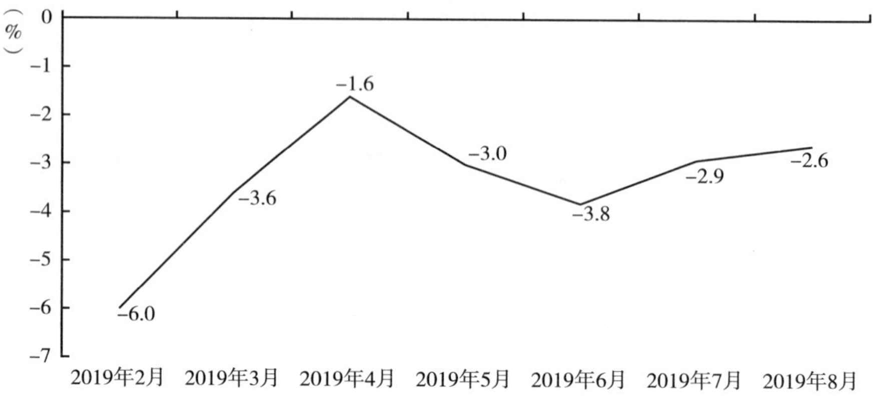

图3　2019年2～8月浦东外贸进出口总额累计增速月度变化

资料来源：《浦东新区统计月报》。

响，但影响的程度也没有一直加剧，而是总体相对稳定。对美贸易数据显示，降幅总体呈收窄趋势。1～8月，对美进出口额1596亿元，下降12.8%，降幅比上半年收窄1.3个百分点。其中出口747亿元，下降14.7%，降幅收窄3.1个百分点；进口849亿元，下降11.1%，降幅扩大0.4个百分点。对陆家嘴52家规模以上与美国有业务往来的贸易企业调查显示，过半数企业认为中美贸易摩擦对企业经营有影响，但企业积极寻求多种应对措施，如通过优化库存管理、外汇套期保值等操作规避汇率风险，通过开拓新兴市场和拓展其他品类产品有效控制了影响的继续扩大，预计全年进出口额增长或持平的企业占60%～70%。

3. 金融业稳步上行

进入2019年以来，随着上年化解金融系统性风险一系列严管措施效应的释放，浦东金融业逐步从上年的低谷中走出来，再次恢复两位数的增长，呈现恢复性增长态势，再次为浦东经济增长提供了强有力支撑。截至6月，浦东全区实现金融业增加值超过1600亿元，增速超过13%，占新区GDP比重突破了30%新高。具体分析，从机构设立来看，监管类金融机构新增17家，累计达到1059家，占全市近2/3。摩根大通合资证券公司、交银理财、中银金融科技公司等重点金融机构落户。从功能来看，高端服务业高地建设不断加快。全球资管方面，已有56家国际知名资管机构在陆家嘴设立了76家各类外资资管机构。融资租赁业务蓬勃发展，融资租赁资产规模占全国30%，东航股份等10家融资租赁公司签约落户保税区，SPV资产规模增长20%以上。金融服务实体经济能力不断增强，“沪伦通”正式启动，中微半导体等企业已在科创板上市。小微双创企业增信基金政策有效落地，带动银行贷款提升明显。

（三）新动能发展稳步提速

尽管深受国际国内宏观背景影响，浦东2019年经济增长速度较上年呈放缓态势，面临的压力和挑战也不断加大，但可喜的是，浦东坚持加强制度创新，不断释放改革红利，积极培育经济增长的新动能，坚定地迈向高质量发展新阶段。

1. 社会服务业增势稳健

1～8月，新区规模以上社会服务业营业收入3032亿元，增长9.3%；利润总额563亿元，增长43.2%，重点行业表现亮眼。首先，信息服务业增势喜人。随着“互联网+”经济涉及的领域越来越广泛，业务规模不断扩大，信息服务业实现营业收入1461亿元，增长13.2%；利润总额173亿元，增长21.9%。其中，集成电路设计营收180亿元，增长20.5%。其次，商务服务业增长稳健，实现营业收入878亿元，增长3.5%；利润总额352亿元，增长65.2%。法律服务、咨询调查和人力资源等行业保持两位数以上的快速增长。此外，科学研究和技术服务营业收入448亿元，增长8.9%。其中，生物医药研发营收增长18.1%，总量达到93亿元。

2. 发展潜能不断增强

从投资来看，结构不断优化。1～8月，新区全社会固定资产投资总额1223亿元，增长4.9%。从建设领域看，工业投资保持高速增长，但增速有所回落。1～8月，工业投资额为319亿元，增长48.8%，占投资总额的26.1%。其中，集成电路、生物医药、新能源汽车等主导产业占比约七成，

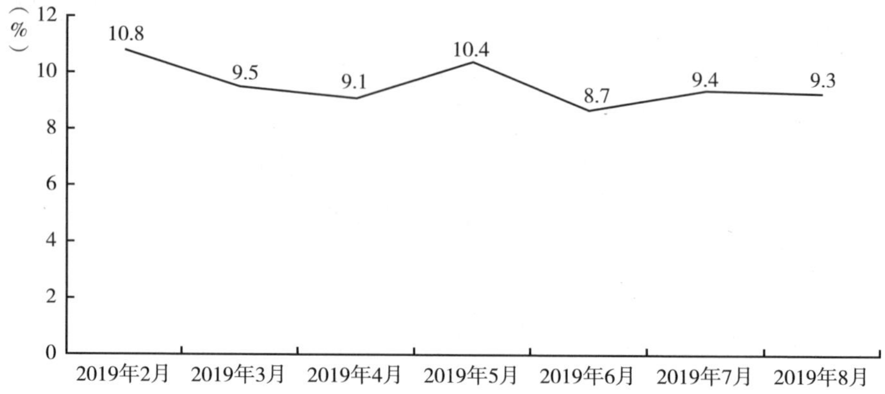

图4　2019 年 2～8 月浦东规上社会服务业营收累计增速月度变化

资料来源：《浦东新区统计月报》。

投资 226 亿元，增长 65.4%，快于工业投资整体增速 16.6 个百分点，拉动作用明显。第三产业投资中，以科学研究、商务服务和文化娱乐为主的现代服务业保持较快增长。其中，文化娱乐业以海昌极地乐园二期、上海冰雪之星项目为主，投资 30 亿元，增长 6.3 倍；商务服务业在世博地区 A 片区绿谷项目和中国黄金大厦等项目的带动下，实现投资 18 亿元，增长 17.7%。

从市场活力看，营商环境不断优化，民营经济发展快于整体水平。经税务部门测算，1～8 月，新区减税降费规模约 347 亿元（不含个税累计预扣法），企业获得感增强。商业民营企业实现商品销售总额6255 亿元，约占总量的 1/4，增长 0.3%，增速快于总体水平 0.4 个百分点。社会服务业民营企业营收约占总量一成，增速快于总体水平约 2.6 个百分点。民营企业实现进出口额 2310 亿元，占贸易总额的 17.7%，增长 10.1%，是唯一保持正增长的对外贸易所有制形式。

3. 新动能蓬勃发展

新兴消费模式蓬勃发展，消费结构升级趋势仍在延续。1～8 月，网上零售销售额增长 71.5%，龙头企业盒马鲜生和新晋明星企业叮咚买菜都保持高速增长势头。如盒马鲜生网上零售额规模为 26 亿元，实现了 58.1% 的高增长。高端消费增长良好，以高端时尚消费为代表的“首店经济”规模进一步扩大。文化消费潜力巨大，1～8月张江文化产业营业收入增长21.2%。夜间经济蓄势待发，一批夜上海特色消费项目、夜生活新地标将集中涌现。

上海自贸区临港新片区成绩亮眼。首先，聚焦集成电路、人工智能、生物医药、民用航空等“卡脖子”的关键领域，持续引进高能级产业项目，其中盛美半导体等集成电路项目、大唐网络5G研发总部等区域总部、中科院微小卫星应用模块研发等航空航天项目以及生物医药、人工智能等领域的30多个项目落户新片区并集中签约。其次，加快金融集聚。上海人工智能产业投资基金落户新片区，首期规模100亿元；建设银行牵头组建的长三角一体化战略新兴科创基金确定落户新片区，首期规模100亿元；另有一批金融科技公司、理财公司、融资租赁公司明确了落户意向。在全球跨境资本流动规模萎缩的背景下，实际利用外资仍保持4.1%的增速。

总部经济发展步伐稳健。1～8月，新设跨国公司地区总部14家，占全市45.2%；截至2019年8月，累计318家，占全市45.4%。318家跨国公司地区总部中，有管理性总部196家、投资性总部120家、总部型机构2家。2019年以来的总部储备认定主要聚焦高新技术、先进制造、生物医药、新零售等行业，储备了15家符合申报条件的企业，目前已有5家具备条件的企业准备走认定程序。

三　2020年浦东新区经济发展预测与对策建议

（一）宏观背景分析

展望2020年，鉴于2019年经济增长的低点基础，全球经济增速有望小幅回升。IMF秋季报告预计，世界经济增速有望提升至3.4%，实现小幅上扬。全球经济改善主要源于新兴市场和发展中经济体的反弹复苏：一部分来源于前期增长低迷的新兴市场，如阿根廷、伊朗和土耳其等，另一部分来源于2019年经济增长速度严重放缓的国家，如巴西、印度、墨西哥、俄罗斯等。但是，总体来说，2020年的复苏并非广泛性的整体上扬，存在着下行的风险，主要影响因素有以下几方面。

首先，从全球产业发展来看，前景不容乐观。一方面，制造业疲软和贸易恶化情况难以明显改观。如汽车制造业面临欧元区和中国实行新排放标准的情况，政策效应预期还会持续，汽车消费不容易快速走出低谷期，加之全球贸易壁垒预期持续加强，全球贸易同样难以实现恢复性增长。IMF预计2020年中美贸易紧张局势将累计拖累全球生产总值（GDP）下降0.8%。另一方面，尽管服务业预计在全球范围内将继续保持上行态势，这一趋势使发达经济体劳动力市场继续保持活跃，但需要注意的是，美国和欧元区的服务业可能出现低迷。

其次，全球经济增长还将面临地缘政治紧张局势加剧的考验。如英国“脱欧”等政治风险有可能会干扰经济活动，甚至会给欧元区和新兴市场经济体的脆弱复苏带来严峻挑战，也可能会导致全球风险情绪的转向，中断现有的金融活动，使得全球向新兴市场经济体的资本流动轨迹逆转。因此，对全球经济来说，消除贸易壁垒，遏制地缘政治紧张局势需要全球的共同努力。

从国内经济来看，外部需求市场难以实现快速回暖和全球经济复苏的脆弱将进一步影响国内经济走向，尤其是中美贸易摩擦的艰难曲折会继续影响进出口贸易的增长。更重要的是，中国经济运行中的长期结构性问题尚未解决，经济同样面临下行的压力，如传统产业在比较优势弱化的前提下，如何进一步转型升级，从而实现创新驱动发展仍是一个重要挑战。实体经济在外部需求和技术壁垒的层层压力下，还要突破人力成本、商务成本等不断上升的困境，实现供给体系质量的提升绝非易事。

尽管面临着诸多挑战，但中国经济增长的积极信号不断增强，中国经济面上向好的态势不会改变。尤其是随着供给侧结构性改革的深入推进，减税降费依旧会是2020年的政策主旋律，服务业的发展预期坚挺向上，消费对经济增长的贡献持续稳固，加之全方位对外开放格局的进一步拓展和优化，“三大攻坚战”完美收官尽在眼前，全面建成小康社会的目标如期实现，中国会继续坚持改革开放这一关键一招，大踏步迈向建设社会主义现代化强国的新征程。因此，预计 2020 年宏观调控会坚定按照“稳中求进”的主基调稳步推进，宏观经济运行会实现稳步态势，定格在合理区间。

对上海来说，全球经济的小幅改善和国内经济的平稳运行提供了迈向高质量发展的有利条件，“五个中心”建设一系列目标的如期推进，以及“十三五”目标的如期完成会给上海迈向全球卓越城市奠定坚实的基础。尽管 2020 年上海经济不会一片坦途，也会受外部需求尤其是中美贸易摩擦走向的影响，内外贸易的不稳定性因素增多，区域创新体系逐步完善和优化，尤其是现有的主导产业转型压力重重，先进制造业的能级提升挑战较大，预计全年经济增长速度可以追平全国平均增长水平。

综合上述分析，2020 年对于浦东来说，尽管宏观环境给经济运行带来了不确定性和不稳定性，但也存在着经济改善上扬的新机遇。尤其是上海自贸区临港新片区管委会正式运行，特殊经济功能区的定位会为浦东高质量发展提供强有力的支撑。临港新片区已正式提出到 2035 年工业总产值达到 1 万亿元的目标，相当于再造一个新浦东！科创板以及注册制的顺利推进，为浦东科创中心核心功能区建设赋予了新的活力，长三角一体化国家战略的稳步推进也为浦东发挥示范带动效应提供了更广阔的空间。此外，2019 年 6 月 25 日，上海市委发布《关于支持浦东新区改革开放再出发实现新时代高质量发展的若干意见》，核心思想就是给浦东更多的改革权，为浦东高质量发展提供更多的政策支持，并提出浦东经济发展的具体量化目标。所有这些有利因素会为而立之年的浦东再出发助力！实现更高水平的改革开放，践行更高质量的发展！

（二）2020年浦东新区经济发展总体判断

2020 年浦东经济总体将呈平稳增长态势。

从浦东自身发展来看，2020 年是“十三五”规划收官之年，也是浦东改革开放再出发的正式启动之年，是为“十四五”时期更高水平的开发开放奠定基础的重要年份。处在经济发展新阶段，面对中央和上海市在新形势下提出的新要求和新使命，浦东将进一步抢抓机遇，加快开拓创新步伐，大力践行高水平改革开放、高质量发展，努力打造高品质生活，助推区域经济快速实现新旧动能转换，加快实现经济发展方式向创新驱动转变，进一步优化区域创新体系，推动产业链向高端延伸。

结合上述国内外宏观经济走势，结合浦东“十三五”规划收官之年的相关目标，尤其是相关约束性指标的具体要求，我们经过定性分析与定量预测，预估2020年浦东新区经济发展总体将实现平稳增长，继续发挥上海市经济增长的促进作用，经济增长率大概率会在2019年的基础上有所上扬，预计在7.3%～7.7%区间浮动。产业结构方面依旧呈现第三产业发展势头明显优于第二产业的局面，新动能支撑作用强劲，传统主导产业转型升级步伐加快；空间格局方面临港新片区仍会表现亮眼，为新区“十三五”规划相关目标的实现画上圆满的句号。

1. 工业：小幅改善

从宏观背景来看，国内外市场需求疲软难以实现明显改观，尤其是在汽车制造业的走向依然存在较大不稳定性的预期下，2020年浦东新区工业发展前景依然不容乐观，但较上年度的低迷下行，预计会站位于上升通道，工业总产值也会定格于正增长区间，但具体产业发展依旧分化明显。

首先，六大硬核产业发展步伐加快。如“中国芯”在国家集成电路产业发展的有利背景下，会加快“卡脖子”行业的投入和政策聚焦，预计能够实现较快增长，产值规模位居六大产业的领军地位不会动摇。“创新药”方面，在浦东新区相关产业区布局优化以及项目建设大力实施的推动下，浦东原有的研发能力强的优势预计能够进一步体现在产值的增长上，生物医药产业产值加快向“千亿级”规模目标迈进。“智能造”随着临港新片区特殊政策效应的释放，预计会实现较快平稳增长。

其次，从原有主导产业格局来看，分化明显。其中汽车制造业虽然情况会较上年有所好转，但立马切换至“畅销两旺”的局面也不太可能，电子信息制造业产能增长会有所改善，但龙头企业产能转移趋势不会改变，外部需求的难以明显改善也难以使订单增加，因此，这两大主导产业仍然影响浦东工业步伐的加快上行。

因此，2020 年工业总产值预计增速回归至正增长区间，在降税费的利好推动下，工业经济效益预计改善提升，增加值增幅预计上升至3%左右。

2. 第三产业：稳步上行

伴随自贸区新片区相关特殊经济功能区效应的逐步释放，开放水平的进一步提升，浦东新区第三产业预计继续保持稳步上行态势，增长率达到10%左右，继续发挥对经济增长的强有力支撑作用。

首先，金融业增速平稳。2019 年度增速较快，金融业作为服务业第一大产业的绝对主导地位依旧不会动摇。如果国际金融市场不出现大的动荡，2020 年股市的走向预期会好于上年。加之科创板的顺利推进尤其是注册制改革效应的不断显现和释放存在回落的风险，金融服务实体的能力不断增强。更何况，随着上海自贸试验区金融创新的加快突破，互联网金融、融资担保公司等新兴金融业的发展预期仍然看好。尤其是浦东在改革开放再出发的新征程中，高端服务业高地建设步伐加快，融资租赁和全球资管高端机构还会加快集聚，这一系列有利因素将为浦东金融业的平稳运行提供强有力的支撑。因此，只要外围市场不出现大的震荡，在中央预期继续加大逆周期调控力度、推进稳健货币政策的背景下，2020 年金融业仍将能保持近两位数的较快增长。

其次，商贸业有望改善。从外需来看，尽管中美贸易摩擦前景还存在诸多变数，但中国全方位开放格局已初步形成，与“一带一路”沿线国家和地区的双边贸易往来也会愈加频繁，贸易值会稳步攀升，加之在全球经济小幅改善的预期之下，进出口贸易值有望实现小幅上扬。从内需来看，尽管汽车销售难以实现快速的明显改善，但新型消费、新业态仍旧会继续蓬勃发展，这些利好因素预期将带动商品销售和消费的增长。预计 2020 年商品销售额将突破持平线的困扰，站在正增长区间，同时社会消费品零售额将实现平稳增长，增速可能有所提升。

最后，社会服务业平稳增长。随着5G技术商用的推广，信息领域的新业态和新模式将会加快涌现，对浦东而言发展势头良好的信息服务业和商务服务业比较优势会进一步凸显，有望继续保持较快增长势头。尤其是伴随着科创中心建设的加快推进，全球创新资源加快向浦东集聚，科学研究和技术服务业预计进入发展快车道。因此，预计2020年社会服务业有望实现平稳增长。

3. 固定资产投资：平稳增长

进入“十三五”收官之年，浦东固定资产投资预期能实现2000亿元左右的规模，超预期完成“十三五”投资总目标，仍然充当经济增长的重要稳定器。不仅规模上实现量的突破，而且结构上继续呈现优化提升的态势。一方面，工业投资增长继续占据较大比重，尤其是随着企业转型发展的加快推进，在技术改善上的投资预期保持一定增长速度。另一方面，从投资主体来看，民营企业仍然是重要的投资主体，在开放和深化改革领域继续扮演重要角色。从投资方向看，民生保障和改善领域还会是最重要的方向之一，为高品质城区的建设目标奠定坚实的基础。从空间上看，临港新片区和张江科学城是最重要的投资新兴区域，另外轨道交通、基础设施等也是资金流向的重要热点领域。

（三）2020年浦东新区经济发展指标预测

基于前述的定性分析，经过定量分析工具测算，2020年浦东新区主要宏观经济指标的现价和实际增长率预测结果如表2所示。

表2　2020年浦东新区主要宏观经济指标预测

指标	预测值
2020年浦东新区GDP增长率(实际,%)	7.50
GDP(现价,亿元)	12033.2
第二产业增加值增长率(实际,%)	3.20
第二产业增加值总量(现价,亿元)	2540.8
其中:工业增加值增长率(实际,%)	2.80

续表

指标	预测值
工业增加值总量(现价,亿元)	2304.6
第三产业增加值增长率(实际,%)	10.60
第三产业增加值总量(现价,亿元)	10117.4
其中:金融业增加值增长率(实际,%)	11.30
金融业增加值总量(现价,亿元)	3684.8
社会消费品零售总额增长率(实际,%)	7.20
社会消费品零售总额(现价,亿元)	2624.8
固定资产投资增长率(实际,%)	3.2
固定资产投资总量(现价,亿元)	2161.1
外贸进出口总额增长率(实际,%)	3.30
外贸进出口总量(现价,亿元)	20775.5

(四)具体对策建议

1. 以自贸区新片区为契机，率先创新更高水平开放型经济体制

扩大开放是浦东30年以来一直坚持的可贵品质，扩大开放与深化改革两者的良性互动也是浦东开发开放以来坚持的创新路径。新的一年里，浦东要改革开放再出发，一定要紧紧抓住上海自贸区临港新片区建设的新契机，率先探索和创新更高水平开放型经济体制，通过扩大开放释放更多的改革红利，助力经济高质量发展。按照2019年8月6日国务院印发的《中国（上海）自由贸易试验区临港新片区总体方案》，上海自贸区新片区定位是“更具国际市场影响力和竞争力的特殊经济功能区”，要打造最高水平对外开放的新高地、最能创新突破的改革开放试验田、最自由的开放型经济体系。

利用自贸区新片区建设的新机遇，浦东接下来的开放新经济体制创新要实现以下“五个拓展”，以更大力度打造全方位开放的前沿窗口：一是从投资贸易便利化向自由化拓展，如推动发展离岸贸易，在已有的个案和点的突破基础上，继续探索推动离岸贸易向规模化发展的制度安排；二是从制造业开放加快向服务业开发拓展，积极争取国家已经明确开放的领域率先在浦东提前开放或率先开放，推动首创性项目在浦东落地；三是从商品要素流动性

开放向规则等制度型开放拓展，对标国际贸易更高标准，在规则上进一步加快探索，为国家开放水平的提升提供更多浦东实践方案；四是从面向发达国家开放为主向面向“一带一路”开放拓展，在继续加快建设“一带一路”技术交流合作中心的同时，进一步推动与“一带一路”沿线国家的技术合作，帮助企业应对技术贸易壁垒；五是从更加注重向外开放向注重统筹推进对内对外开放拓展，在已有的长三角资本市场服务基地的基础上，积极探索在长三角一体化上升到国家战略的进程中，发挥浦东的示范效应和带动作用，利用浦东的区位优势和已有的功能优势更好地为长三角地区经济高质量发展服务。

2. 聚焦产业高地建设，加快建设先进的产业体系

首先，聚焦“六大硬核产业”，建设世界级先进产业集群。一方面，对于浦东已有的比较优势产业，如“中国芯”集成电路产业方面，要充分发挥产业链完整的优势，在产业能级上继续发力，在保持一定产业规模的基础上，着重在产业发展的核心环节、“卡脖子”领域实现重点突破，取得更多原创性成果。举全市之力打造国内领先、具有全球影响力的集成电路设计产业园，推动“集聚千家企业、形成千亿规模、汇聚十万人才、新增百万空间”，最终目标是培育出一个世界级的集成电路产业集群。“创新药”方面，生物医药产业积极发挥浦东研发能力强的比较优势，加快创新成果转化落地，四个新产业基地加快建设，推动产业保持两位数高速增长。另一方面，对于新兴的产业，要继续加大政策支持力度，如“蓝天梦”方面，航空航天产业要与中国商飞紧密对接，以“大飞机产业园”规划建设为契机，提升祝桥大飞机总装制造基地功能，加快落实大飞机总装基地配套园区的开发，谋划“大飞机创新谷”规划建设，提升民用飞机设计研发能级。

其次，聚焦高端服务业，全力打造现代服务业新高地。以金融业为代表的服务经济在浦东经济中占据了绝对主导地位，这是浦东的优势。接下来，浦东要继续加快互联网新兴金融集聚发展，丰富完善金融生态，着力在高端服务业高地建设上下功夫。一是要加快集聚高端金融机构、全球重点金融机构总部，打造全球资管新高地。二是要加快融资租赁产业高地建设，作为全

国融资租赁试点地区，浦东融资租赁产业发展已经具有较坚实的基础，浦东要继续抓住金融开放的新优势，坚持改革不停步。三是要加快平台经济的高地建设。积极发挥浦东人才优势，着力在管理制度上不断突破，为平台经济的升级和蓬勃发展提供强有力的支撑。

3. 聚焦张江科学城，打造全球创新资源强磁场

张江科学城是上海创建具有全球影响力科创中心的核心承载区，随着规划的逐步落地，以及“科学特征明显、创新资源集聚、创新活力显现”框架的不断清晰，接下来，张江科学城要进一步按照习近平总书记的要求，“踢好临门一脚”。具体来看，着力在以下几个方面下功夫。

一是不断提升张江综合性国家科学中心的集中度和显示度，着力配合与加快推动张江实验室重大科学装置、重大科学设施的落地和建设，吸引和集聚全球有影响力的重要科研机构入驻张江，为浦东建设成为全球创新策源地奠定科研基础。二是不断优化创新生态圈。要着重优化创新环境，紧紧抓住科创板加快推进的新机遇，在科技金融制度方面继续创新。如作为国内金融高地，浦东可依托国家重大战略，把握科创板的全新发展机遇，加大对创投行业的扶持力度，重点在开放注册通道、优化功能性平台建设、落实税收优惠制度等领域实现突破，充分发挥创投机构在浦东科技创新中心核心功能区建设中的积极作用。三是加大吸引人才力度。以海外人才为例，继续探索更加开放的海外人才使用政策。如针对取得永久居留资格的外籍人才，在“双自范围”内开展担任新型科研机构法定代表人的制度试点。开展国有企事业单位特设岗位、公共部门外籍高层次人才专业岗位试点，面向海外人才开放。推进外籍人才服务体系建设。建立人才服务绿色通道，优化服务流程，实行凭服务卡获得相关服务事项的便利政策。加大宣传力度，提升外国人永久居留证知晓度，落实外国人永久居留证各项待遇。

4. 打造一流营商环境，助推民营经济发展上新台阶

民营经济发展是助推浦东迈向高质量发展的重要力量，是浦东经济发展后劲和潜能激发的重要因素。通过多年来持续优化法治化、国际化、便利化的综合营商环境，已初步形成与国际通行规则接轨的发展软环境，接下来，

浦东要坚持对标一流标准、全球最高标准，在营商环境方面继续着力，为民营企业的发展提供更为开放而又有活力的发展环境。

一是不断深化审批制度改革，简化企业办事流程，提高政府服务效率。尽管自贸试验区在审批事项改革方面已经做了大量工作，也取得了显著成绩，但调查显示，企业在这方面的需求仍然比较强烈。虽然单一窗口开通后政府服务效率明显提高，但有些特别的机构还是存在服务效率不高的问题，应大力推广“网上办事”，尽量减少人为干预；让更多的项目从审批制改为备案制，对于必须审批的项目也要考虑切实缩短审批时间、简化办理流程。二是加大政策力度，提升扶持精准度。借鉴其他省市乃至世界先进地区的经验，针对不同产业，提出有的放矢的精准扶持政策。如针对航空租赁，参考天津东疆模式，简化 SPV 项目公司的财政扶持资格认定及申请流程。同时，针对有成长性的民营企业保持降税力度和规模，使扶持更加精准到位，抵消商务成本增长的不利因素，助力企业发展。三是推动金融创新，拓宽融资渠道。对大多数民营企业而言，融资存在渠道少、抵押贷款难等问题，浦东要积极引导和推动银行建立向民营企业放贷的长效机制，落实公平信贷。鼓励金融机构使用无形资产开展质押贷款业务，深化知识产权质押、投贷联动等科技金融创新。此外，积极支持民营科创企业在科创板上市，提升民企跨境金融服务水平。

参考文献

“中国宏观经济形势分析与预测”课题组、上海财经大学高等研究院：《2019 中国宏观经济形势分析与预测年中报告》，上海财经大学出版社，2019。

《浦东新区国民经济和社会发展第十三个五年规划纲要》，《浦东开发》2016 年第 2 期。

B.2

浦东经济发展30年回顾总结与展望

胡云华　王志航*

摘　要： 浦东开发开放是20世纪党中央的重大决策，30年来，浦东经济发展取得了令世人瞩目的成就，实现了经济发展的新跨越，成为中国特色社会主义道路的生动实践。浦东经济发展的成效不仅体现在区域自身经济发展规模的扩大上，更重要的是体现在对上海市和全国的示范带动作用上。处在新的历史方位上的浦东，面对中央和上海市提出的新要求，其未来发展更应注重提升区域核心竞争力，继续引领全市、全国高质量发展，加快向全球高质量发展标志性区域进军。

关键词： 浦东经济　改革开放　高质量发展

一　浦东经济发展30年历程回顾

1990年4月18日，党中央、国务院正式宣布开发开放浦东。自宣布开发开放以来，浦东成为中国城市化进程最快的区域之一，也是中国经济增长最快的区域之一。短短30年间，浦东实现了华丽的蜕变，无论是增长速度还是总量规模都向世人展现了浦东开发开放的速度和高度，如同一名疾风快

---

* 胡云华，经济学博士，中共上海市浦东新区委员会党校经济学教研室主任，副教授，主要研究方向为区域经济发展、创新经济；王志航，博士，中共上海市浦东新区委员会党校浦东开发开放教研部讲师，主要研究方向为浦东发展、政府效能提升。

跑的少年，一路走来，一路成长，书写了近30年来中国改革开放的浦东故事和浦东传奇。

从相关重要指标来看，截至2018年12月底，浦东经济发展实现了新的跨越，大多数指标居于历史最高峰值。浦东地区生产总值从1990年的60多亿元猛增至2018年的超1万亿元，增长超过170倍，工业总产值从1990年的176.85亿元一路上扬，2018年同样突破万亿元大关，为10306.43亿元，增长超58倍。外贸进出口货物总值2018年突破2万亿元大关，与1993年的25.92亿元相比增长了近800倍。全社会固定资产投资总额从1990年的25.92亿元激增至2018年2009.03亿元的新规模。商品销售总额增长超过200倍，突破4万亿元整数关口（见表1）。

表1　浦东开发开放经济指标对比（1990年和2018年）

单位：亿元

类别	地区生产总值	全社会固定资产投资总额	工业总产值	商品销售总额	外贸进出口货物总值
1990年	60.24	25.92	176.85	171.46(1994年)	25.92(1993年)
2018年	10461.59	2009.03	10306.43	40871.30	20582.68
增长倍数	173.67	77.51	58.28	238.37	794.08

资料来源：历年《上海浦东新区统计年鉴》。

浦东经济总量增长轨迹具体可以划分成三个阶段。

（一）第一阶段（1990～2000年）

在这阶段，形态开发与功能开发协调推进，浦东经济飞速发展。1990年开发开放之初设定的目标是“到2000年，国内生产总值预计将超过200亿元，比1990年增加2.5倍”。[①] 紧接着1992年12月召开的上海市第六次

① 夏克强：《发挥综合优势，改善投资环境，扎扎实实推进浦东开发开放》，载《浦东开发开放10年》，上海远东出版社，2000，第57页。

党代会上，进一步修正为“力争在90年代，实现浦东新区国民生产总值翻三番，达到500亿元”。事实证明，实际的增长态势大大超过预期。1990年浦东的地区生产总值为60亿元，2000年浦东新区人民政府建立，经济总量增长至923.51亿元，年均增长率达20%左右，把最初的目标远远抛在后面，其中，在1997年东南亚金融危机后也没有受太大影响，仍然实现了16%的高增长（见图1）。工业总产值由1990年的不足200亿元猛增9倍多，跃升至1625.77亿元。

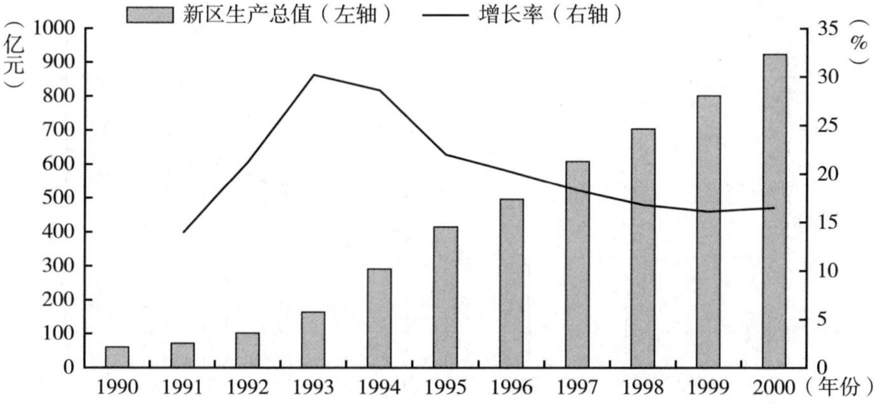

图1　1990～2000年浦东经济增长态势

资料来源：历年《上海浦东新区统计年鉴》。

（二）第二阶段（2001～2012年）

整体开发不断深入推进，浦东经济高速发展。随着中国加入WTO效应的不断释放，浦东开放的步伐不断加快，经济发展速度虽然较第一阶段有所回落，但是在综合配套改革试点和筹办上海世博会的利好因素促进下，浦东经济年增长率始终保持在两位数的发展区间。2001年浦东经济总量首次突破1000亿元，为1087.53亿元，2008年增长至3105.99亿元，平均增长率为12.8%，占同年上海市的比重接近1/4，占全国总量的比重为1/90左右，是1990年上海市经济总量的4倍多。2009年南汇区整体划入浦东新区，新的浦东新区诞生。两区合并后的浦东区域面积从 570 平方公里激增至 1210 平方公里。更为重要的是，合并后的浦东新区很快实现了产业发展、区域规划的统一协调推进，区域均衡化发展水平不断提升，同时，更为广阔的发展空间为浦东开发开放的深化进一步增添了动力和潜能。因此，尽管有 2008 年以后金融危机的强烈冲击，但浦东经济整体增长速度还是维持两位数的高位运行态势。2012 年，经济规模进一步扩大至 5929. 91 亿元，是 2001 年的将近 6 倍（见图 2）。

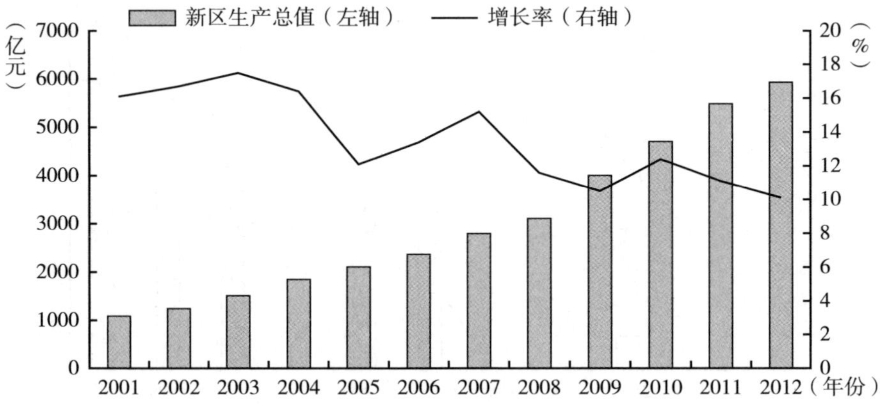

图 2　2001 ~ 2012 年浦东经济增长态势

资料来源：历年《上海浦东新区统计年鉴》。

（三）第三阶段（2013 ~ 2018年）

党的十八大以来，伴随全国经济发展进入新常态，浦东经济发展同样进入了一个新的阶段。缘于全球金融危机的外部环境影响不断强化和自身发展阶段的演进，浦东经济发展从投资驱动发展阶段逐步转向创新驱动发展阶段，经济增长速度进入了个位数发展区间，经济增长逐步从高速发展阶段加快向高质量发展阶段迈进。这一阶段突出的特征表现为上海自贸试验区的建设日益成为区域经济发展的亮点和助推器。作为全国首个自贸试验区，2013 年 9 月 29 日上海自贸试验区管委会正式挂牌成立，全境范围都在浦东，这给步入新时代的浦东提供了发展的新机遇。2015 年，上海自贸试验区的范围从 28.78 平方公里扩至 120.72 平方公里，占浦东区域面积的 1/10 左右。6 年多来，浦东新区紧紧抓住自贸试验区改革的核心要素——制度创新，在开放型经济体系探索方面走在全国前列，区域经济发展也迈上了新台阶。2018 年，浦东经济总量突破了万亿元大关，站上了历史的新高位（见图 3），其中，自贸试验区贡献了近 3/4，成为浦东经济发展的重要引擎和助推器（见表 2）。

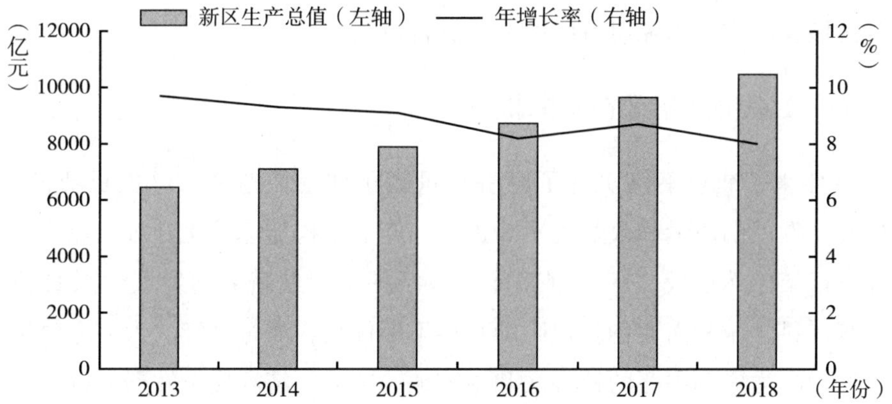

图 3　2012～2018 年浦东经济增长态势

资料来源：《上海浦东新区统计年鉴》。

表 2　2015～2018 年上海自贸试验区主要经济指标增长情况

指标	2015 年	2016 年	2017 年	2018 年
一般公共预算收入(亿元)	444.74	559.38	578	648
外商直接投资实际到位金额(亿美元)	48.21	61.79	70.15	67.70
新增内资企业注册户数(户)	10901	10298	7283	5939
规模以上工业总产值(亿元)	3901.03	4312.84	4924.95	4965.00

注：自贸区按照注册地口径统计，统计范围 120.72 平方公里；一般公共预算收入按照开发区财力结算口径。

资料来源：《上海浦东新区统计年鉴》。

二　浦东经济发展成效分析

宣布开发开放浦东是党中央、国务院在20世纪80年代应对国际国内挑战做出的重大决策，是一面中国改革开放的旗帜。30年来，浦东新区在国家战略的伟大旗帜下，坚持改革，扩大开放，加强创新，从一片阡陌农田发展成为要素集聚、功能完备、设施先进的现代化城区，成为上海现代化建设的缩影和中国改革开放的象征。30年来，浦东经济发展的成效至少可以从自身区域发展和带动辐射效应两方面进行总结。

（一）经济质量效益不断提升

30年来，浦东不仅实现了经济总量超预期的快速增长，更重要的是，区域经济发展的质量和效益也不断提升。产业结构加速优化升级，现代化产业体系框架已然形成，区域创新能力不断提升，创新驱动发展效果日益显现，张江科学城和南北创新走廊的布局不断优化，浦东已经成为上海建设具有全球影响力科创中心的核心区和主阵地。区域经济高质量发展的特征日益清晰，经过30年的开发开放，浦东不仅实现了形态上的脱胎换骨，更为亮眼的是作为一个外向型、现代化城区的核心功能不断显现。

1. 产业结构不断优化

开发开放以来，在金融先行、高科技先行等理念指引下，浦东始终坚持产业高端化发展，诸多产业实现了从无到有、从有到优、从优到强的演进，产业结构不断优化，已经形成了以辐射力强的现代服务业为主体、以战略性新兴产业为引领、以智能化领先的先进制造业为支撑的现代产业体系。

（1）现代服务业主导地位稳固

一是服务业增长迅猛。1990年浦东的三次产业比重为3.7∶76.2∶20.1，产业高度化和层次知识化水平较低。第三产业增加值仅为12.13亿元，此后，便一直处于迅猛发展状态，2000年浦东建政之年增长为429.19亿元，增长了34倍之多，当年的三次产业比重为0.6∶52.9∶46.5。2007年是浦东第三产业占比首次超过第二产业的年份，当年，第三产业增加值攀升为1480.84亿元，占比为53%，比第二产业46.8%的比重高出约6个百分点。次年两区合并前浦东三次产业格局为0.2∶45.4∶54.4，此后，第三产业的占比总体呈持续稳步抬升态势。截至2018年底，第一产业的比重变化不大，第三产业比重进一步提升为75.7%，第二产业比重降至24%。近十年来，服务业发展呈现一个显著特征，那就是高端服务业日益成为浦东经济增长的重要新动能。2018年社会服务业营收规模超过5200亿元，同比增长12.8%，成为拉动新区经济增长的主要力量。其中，约占营收规模五成的信息服务业同比增长19.3%。

二是金融业表现亮眼。作为上海建设国际金融中心的核心功能区，浦东开发开放之初就坚持了金融先行的理念，金融业发展迅猛，成为浦东服务业中的绝对主导行业，加之在一系列功能性政策的突破引领下，浦东金融机构快速集聚，金融业表现颇为亮眼。就增加值来看，1990年，浦东金融业增加值仅为3.07亿元，2000年激增至429.19亿元，增幅近140倍。2008年继续攀升至1714.86亿元，2018年达到历史最高值2698.71亿元，占浦东生产总值的比重高达28.1%，成为绝对的第一大产业（见图4）。就发展主体来看，数量快速膨胀。2018年持牌类金融机构突破1000家，为1042家，其中银行类机构272家、证券类机构477家、保险类机构293家。重要的金融要素市场能量效应不断放大，以上海证券交易所为例，2000年筹集的资金总额为910.68亿元，2015年达到8712.96亿元的峰值，之后有所下调，2018年为6113.96亿元的规模。就发展空间布局来看，陆家嘴金融贸易区已经成为金融企业、投资机构、跨国公司总部、要素市场、种类服务中介机构的集聚区，成为上海建设国际金融中心核心功能区的主要载体，并逐步形成了以金融、航运服务、现代商贸为重点，旅游和会展集聚的“3+2”现代服务业体系。

（2）先进制造业支撑强劲

经过30年的发展，浦东已经成为上海市重要的制造业基地，在部分领域已形成具有一定国际竞争力的先进制造业集群。其发展历程可以分为三个

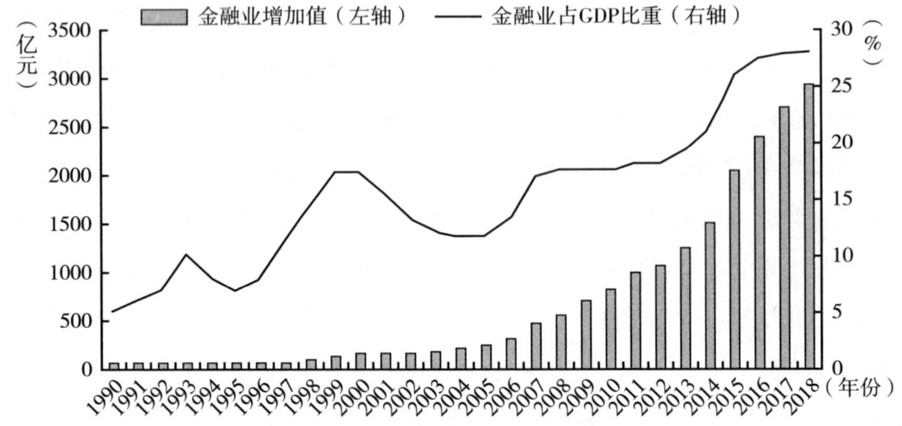

图4　1990～2018年浦东金融产业增长态势

资料来源：历年《上海浦东新区统计年鉴》。

阶段。

一是第一个“十年”。开发开放前的浦东曾是大片的农田和渔村，工业经济远落后于浦西。1990年，浦东工业总产值仅占上海市的1/10。通过最初10年的建设，浦东分步、分片建成了外高桥保税区、金桥出口加工区、陆家嘴金融贸易区和张江高科技园区等四大国家级开发区以及王桥、星火等市级工业区。英特尔、IBM、飞利浦、西门子、贝尔、通用、可口可乐等一大批知名跨国公司纷纷在开发区投资设厂，通信信息设备、石化及精细化工、家用电器、汽车制造、钢铁制造、医药制造等六大支柱产业规模迅速扩大，六大支柱产业产值约占全区工业总产值的1/3。与此同时，电子与信息、生物医药、新材料、现代家电、光机电一体化、新能源与高效节能等高新技术产业逐步形成规模。2000年，浦东工业总产值达1626亿元，占全市的23.5%，工业投资140.65亿元，占全市的23%，已成为全市工业经济重要的增长极。

二是第二个“十年”。进入新世纪，浦东四大重点开发区由开发之初的集聚国内外资源、集中基础设施建设向出功能、出效益转型。拜耳、沃尔沃、尼康、罗氏制药、中芯国际、宏力半导体、华虹NEC、HTC、外高桥造船、上海汽车等一大批国内外知名集团相继落户。大规模集成电路制造、轿车生产、精品钢材、石化及精细化工、化学药品制剂、现代办公设备、软件等高新技术产业开始形成规模。2009 年，两区合并后，增加了临港、康桥、南汇、国际医学园区四个市级开发区。浦东新区基本形成以电子信息制造、汽车制造和成套设备制造为主的三大支柱产业，以及以生物医药、航空航天和新能源为重点的三大新兴产业。2010 年，浦东工业总产值 8488 亿元，占全市 27. 3%；高技术产业产值 2255. 52 亿元，占全区工业产值的 26. 6%；工业投资总额 336. 72 亿元，占全市 23. 7%。

三是第三个“十年”。“十二五”时期，浦东工业进一步向高端化、集约化、服务化发展，制造业转型升级，结构进一步优化。2015 年，实现工业增加值 2010. 8 亿元，年均增长 4. 2%；实现工业总产值 9123. 9 亿元，占全市 29. 4%；“三大三新”工业产值 5684. 18 亿元，占全区工业总产值的 62. 3%。产业集中度进一步提升，高技术产业产值占工业总产值比重达 32. 1%。进入“十三五”以来，先进制造业发展进一步加快，战略性新兴产业成为浦东经济发展的重要支撑。2018 年新区战略性新兴产业实现产值 4245. 39 亿元，占工业总产值的比重达到 41. 2%，占全市比重为 39. 8%。其中新一代电子信息技术产值为 2283. 71 亿元，占比近半壁江山；高端装备制造实现产值 903. 62 亿元；生物医药实现产值 548. 16 亿元。值得一提的是航空航天器制造业发展提速，累计至 2018 年底，上海飞机制造有限公司已交付 14 架 ARJ21，全年实现产值 55 亿元，同比增长 27. 1%。浦东在集成电路、生物医药、高端装备制造、智能制造等领域的比较优势不断凸显。

2. 核心功能不断凸显

（1）创新经济蓬勃发展

伴随开发开放进程的推进，浦东加快了创新驱动转型发展步伐，区域自主创新能力持续提升。全社会 R&D 投入占 GDP 比重呈现持续上升的态势。2018 年超过 4%，达到最高峰值，在国内处于较高水平，比欧美发达国家的研发投入占比还要高，而且呈现良好的发展势头。如从构成主体来看，企业投资占比近90%，体现了企业技术创新的主体地位，还有就是民营企业占比也呈明显的上升态势。此外，全区专利申请量和授权量一直以来稳步上行（见图5）。

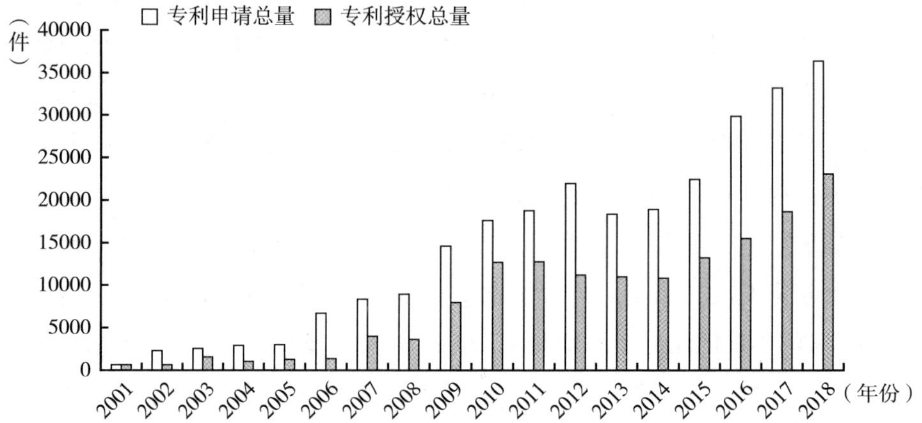

图5　2001～2018年浦东专利申请及授权情况

资料来源：历年《上海浦东新区统计年鉴》。

一是创新活力不断显现。首先，创新要素加快集聚。就创新主体来看，增长势头一直领先于上海市。经过30年的培育，新区经认定的高新技术企业从零增长为2247家，占全市高新技术企业总量的24.3%；科技小巨人企业489家，占全市24.6%；技术先进型服务企业173家，占全市56.4%。就人才来看，高地建设成绩斐然。30年来，坚持制度突破助推创新创业环境的不断优化，浦东日益成为各式人才的集聚地。如1991年，浦东举办首届人才洽谈会。1993年，浦东率先向全国招考公务员。2001年，浦东率先到美国招募高端创业人才。2003年，"名校——浦东青年人才直通车"率先在南京大学正式启动。2016年，"陆家嘴名校直通车"开进伦敦。2017年，浦东成立全国首个海外人才局，推出提高海外人才通行和工作便利度的9条措施。2018年，浦东推出"人才发展35条"。目前，浦东人才资源总量增至137万人，其中境外人才3.6万人。共引进海内外院士90人、诺贝尔奖获得者5人，入选国家"千人计划"13批219人。其次，创新驱动持续发力，企业创新能力不断提升，涌现出振华重工、展讯通信等一批具有自主知识产权和国际竞争优势的自主创新型企业。近年来，科学研究和技术服务业增势迅猛，实现营业收入近700亿元，其中以工程技术研发、医药研发两大领域为主的专业技术服务业表现抢眼。浦东在历届国家和上海市科技进步奖项评比中硕果累累，连续多次被评为国家“科技进步先进城区”。

二是创新体系逐步优化。高技术成果集聚和转化能力增强。从孵化平台建设来看，数量不断攀升，众创孵化培育成效明显，在孵企业成长性较高。目前，新区已经集聚经认定的众创空间、孵化器124家和加速器4家。科技部火炬中心统计数据显示，近三年新区累计孵化毕业企业271家，占全市近1/4，其中培育出高新技术企业33家、科技小巨人企业9家、新三板上市企业5家、科创板上市企业5家。从科技金融发展来看，浦东初步形成了由政府投入、债权融资、股权融资以及多层次资本市场共同组成的科技金融支持体系。以创投机构为例，近十年来，浦东的创投机构数量增长平稳，2015年达到超过5000家的规模，随后在资管新规、金融风险化解的大环境下，数量有所减少，2018年机构数量为2838家；注册资本量无显著变化，整体趋于平稳。新兴产业仍是浦东创业投资机构的投资聚焦热点。从投资案例数来看，居于前五的投资行业分别为IT、互联网、生物技术/医疗健康、电信及增值业务、半导体。

三是科创中心核心功能不断增强。张江园区核心承载区地位日益凸显。自1992年成立，尤其是1999年提出“聚焦张江”以来，张江作为浦东乃至上海市高新技术产业发展的主阵地和创新经济发展的核心承载区，发展迅猛，园区创新活力和创新功能大幅度增强。2016年2月，国家发展改革委、科技部批复同意建设张江综合性国家科学中心，次年7月，《张江科学城建设规划》获上海市政府正式批复，总面积约95平方公里。自此，张江大踏步迈向世界一流、活力四射的张江科学城。目前，经过28年的发展，张江科学城已集聚企业1.8万余家，跨国公司地区总部53家，高新技术企业828家，初步形成了以信息技术、生物医药为重点的主导产业，聚集了一批国际知名科技企业，世界级的高科技产业集群已现雏形。以集成电路产业为例，2018 年末，园区集成电路产业企业数为 332 家，全年实现营业收入 758.34 亿元，占园区营收总量比重约为 15%。如华虹宏力近年来一直保持着强势的增长势头且成绩斐然，2018 年仅国家金卡工程就获两项大奖，凭借“95 纳米 SONOS 嵌入式非易失性存储器工艺”项目获得国家金卡工程金蚂蚁奖——最佳产品配套奖，其嵌入式非易失性存储器（eNVM）技术从 0.13 微米、0.11 微米到 95/90 纳米一路升级创新，多年来为实现智能卡等安全芯片的制造国产化做出了积极贡献。

（2）经济效益远超预期

一是财政收入持续攀升。总体来看，浦东实现了财政收入年均增长率高于地区生产总值年均增长率 2 倍左右的增速。1993 年至 2016 年，浦东财政收入年均增长率高达 25.5%，规模从最初的 11 亿元左右增长至 3610.62 亿元，增长了 300 多倍，2018 年这一数值进一步上升突破 4000 亿元，达到 4263 亿元；财政收入占新区 GDP 的比重也稳步抬升，从开发开放之初的 11% 一路上行至 2018 年的 40% 以上。其中，一般公共预算收入的增长也呈现相同的走势和轨迹，实现了近 22% 的年均增长率，占 GDP 比重稳步提升至 2018 年的 11%，可见，浦东经济发展的效益在国内处于第一方阵。

二是居民人均收入持续稳步抬升。开发开放以来，浦东始终坚持各项发展为人民，浦东开发开放的成果要让老百姓感受得到，注重提升老百姓的满意度和感受度。集中体现在民生持续改善，坚持财力有一分增长，民生就有一定改善。以居民人均可支配收入为例，2005 年全区的水平为 1.9 万元，2010 年提升到 3.2 万余元，2015 年超过 5.0 万元，2018 年达到 6.6 万余元的水平，10 余年间，共实现了 2.5 倍的增长，年均增长率达 26.6%，远高于同期 GDP 年均增长率。

（二）示范带动效应不断放大

30 年来，浦东始终坚持十六字方针来推进开发开放进程，即“开发浦东、振兴上海、服务全国、面向世界”。浦东开发开放每一个阶段的推进都始终坚守国际战略和使命意识，通过自身经济社会发展来助推和服务于上海市以及全国改革开放进程的深化。同时，在这一进程中，根据中央和上海市委不同形势下的不同要求，拓展和延伸自身的战略定位，赋予国家战略新的时代使命和内涵，使得自身的示范效应不断拓展放大。

1. 助推上海城市功能重塑

20 世纪 90 年代以来，上海经济和社会发展在浦东开发开放推动下发生了极为深刻的变化，上海现代化建设的道路也是在浦东开发开放以后加快开拓出来的，浦东成为振兴上海的突破口，成为上海现代化建设的缩影实至名归。上海市委、市政府曾经总结 90 年代在浦东开发开放战略的带动之下，上海这座城市在经济体制转轨、要素市场建设、城市功能设施完善、对内对外开放、产业结构调整、社会事业发展、人民生活改善、社会保障体制等方面的八大历史性变化。①

一是助推上海实现连续多年的经济高增长。20 世纪 80 年代，作为以计划经济为统领的工业中心城市，上海的市场主体面临国有企业一家独大的局面，由于改革滞后，和以深圳为代表的南方经济特区以及江浙地区相比，经济发展滞后，民生保障无法得到基本的改善，上海“像一个进入了晚年的老头，老态龙钟，精疲力竭”。② 伴随着浦东开发开放号角的吹响，上海加入了快速前进的方阵，蹄疾步稳，经济建设进入快速增长新阶段（见图 6），原有的困扰上海现代化建设的顽症一一化解，产业结构加快了优化升级的步伐，经济面貌、城市发展面貌焕然一新。

二是助推上海城市功能的拓展。新中国成立以来，上海城市的功能定位一直顺应国际国内形势的变化和中央的要求而不断调整变化，从新中国成立

① 黄菊：《在探索中前进》，中共中央党校出版社，1999，第 755 ~ 784 页；黄菊：《在协调中发展》，中共中央出版社，1999，第 111 ~ 127 页；康燕：《解读上海：1990 ~ 2000》，上海人民出版社，2001，第 118 页。

② 《朱镕基在上海讲话实录》，人民出版社、上海人民出版社，2013，第 442 页。

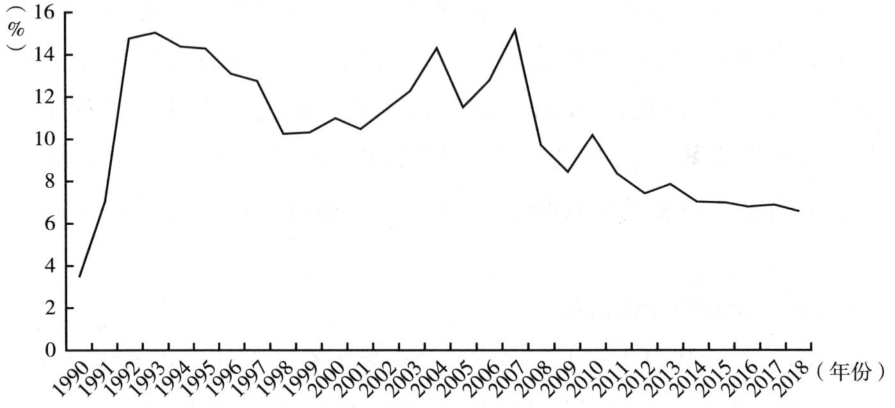

图6　1990～2018年上海市生产总值同比增速

资料来源：历年《上海浦东新区统计年鉴》。

之初的远东地区最大的金融、贸易中心调整为在社会主义现代化建设布局中国内最大的工业基地城市。随着中国改革开放进程的推进，上海工业基地的定位面临一系列严重的“城市病”困扰。1984年，上海市委向党中央提交了《关于上海经济发展战略的汇报提纲》，提出上海“应当成为我国四化的开路先锋”，“必须走发挥以对外开放为重点的、多功能的中心城市作用的新路”。1992年党的十四大报告中提出新要求：“以上海浦东开发开放为龙头，进一步开放长江沿岸城市，尽快把上海建成国际经济、金融、贸易中心之一，带动长江三角洲和整个长江流域地区经济的新飞跃。”2001年，国务院在批复《上海市城市总体规划（1999年～2020年）》中指出，把上海市建成国际航运中心之一。上海城市的功能定位从“三个中心”进阶为“四个中心”。2009年国务院出台《关于推进上海加快发展现代服务业和先进制造业建设国际金融中心和国际航运中心的意见》，肯定浦东新区作为上海建设国际金融中心和航运中心的核心功能区地位。2014年习近平总书记在视察调研时提出上海要向建设具有全球影响力的科创中心迈进。2018年《上海市城市总体规划（2017～2035年）》显示，在原有的国际经济、金融、贸易、航运“四个中心”基础上，上海的城市定位增加了科技创新中心，由此形成“五个中心”的新定位，提出“努力把上海建设成为卓越的全球城市和社会主义现代化国际大都市”。总而言之，在上海城市功能拓展进程中，作为核心功能区域，浦东开发开放的深化助推着上海城市的华丽转身，发挥了重要带动作用。

三是经济体制改革步伐不断加快。浦东开发开放以来，随着中国特色社会主义市场经济体制改革的深入推进，上海传统的计划经济体制加快改革步伐，区域经济社会的活力不断迸发和释放。如在多种所有制改革中，非公有制经济快速培育并茁壮成长。目前，非公有制经济增加值占上海市生产总值的比重超过一半，为51.4%。市场主体已呈百花齐放态势，根据统计数据，2018年经工商登记新设立各类市场主体39.99万户，比上年增长13.2%。其中，内资企业（不含私营企业）7985户，增长42.4%；外商投资企业8742户，增长9.0%；私营企业31.28万户，增长12.3%；个体工商户6.99万户，增长15.2%。

2. 助推长三角地区和全国改革开放进程的加快

浦东开发开放是党中央打出的中国改革开放的旗帜，其目的是深化中国改革开放的进程。因此，自诞生的那一天起，浦东就是通过“敢闯敢试，先行先试”来践行国家战略使命的。浦东的作用充分体现在“窗口”和“示范”上，浦东开发开放进程的推进确实起到了辐射带动长三角及其他地区经济社会发展的作用，客观上也助推深化了中国改革开放进程。

一是对长三角地区经济社会发展发挥了强有力的辐射带动作用。一方面，长三角地区作为浦东的腹地和主要依托，在客观上为浦东的经济社会发展提供了强有力的支撑，这也是开发开放之前邓小平同志所说的“上海是我们的王牌，把上海搞起来就是一条捷径”的战略内涵之一。长三角地区的资源禀赋和已有的优势基础，比如改革开放初期乡镇企业的发展，为上海产业转型升级提供了支撑，也为浦东产业跨越式发展提供了广阔的潜在空间。另一方面，浦东开发开放的深入推进，为长三角地区经济社会发展提供了丰富的商贸流、资金流、技术流、物资流等新的高层级、多元化平台，为整个长江流域的经济社会发展提供了更多更好的契机，这也是浦东国家战略使命所在。因此，我们看到，浦东开发开放 30 年来，正是长三角地区和长江流域地区经济发展最为迅速的 30 年。多年来的发展形成了全世界规模最大的都市发展群——长三角城市群，也带动了江苏、浙江、安徽、江西、湖北等地进入快速发展的地区行列。长三角地区和长江经济带的崛起成为中国改革开放版图的重要支撑，也为西部大开发和东北老工业基地崛起等国家战略的出台与推进提供了较为坚实的物质基础。

二是通过示范作用助推了中国改革开放进程的深化。制度创新是浦东 30 年来开发开放的主要发展路径，浦东始终坚持大胆试、大胆改，自主闯。正如习近平总书记指出，浦东开发开放的意义“在于敢闯敢试、先行先试，在于排头兵、实验田作用”。浦东率先践行了诸多理念，如在开发开放之初的“规划先行”“立法先行”“高科技先行”“一流党建促一流开发”等，如今这些理念已经在全国许多地区推广。作为全国第一个国家级新区，浦东探索的党工委、管委会体制也已推广至全国各地新区和开发区。2005 年 6 月 21 日，浦东获批全国第一个综合配套改革试点地区，进一步加快了改革的步伐。2013 年 9 月 29 日，中国（上海）自由贸易试验区（以下简称上海自贸区）管委会正式揭牌，全境范围都在浦东，这是全国第一个自贸试验区。2015 年上海自贸区从 28.78 平方公里扩大至 120.72 平方公里。2019 年 8 月 20 日，上海自贸区临港新片区管委会揭牌，面积 119.5 平方公里。浦东通过自身的探索实践在中国改革开放历程中添加了浓墨重彩的一笔。尤其是在自贸试验区改革建设中，浦东按照“可复制、可推广”的要求加快制度创新和突破，并不断向全市全国推广辐射，截至 2018 年，上海自贸区建立 5 周年来向全国推广复制了 127 项制度创新。2019 年 9 月 25 日，在“第二届中国（上海）自由贸易试验区制度创新十大经典样本企业”发布会现场，上海自贸区管委会常务副主任、浦东新区区长杭迎伟表示，上海自贸区 6 年来累计有 310 多项制度创新在全国、上海分层次、分领域复制推广。

三　浦东经济发展展望：改革开放再出发

（一）新方位、新使命

党的十九大报告指出，2020 年我国要全面建成小康社会，2021 年全党要带领全国人民从全面建成小康社会决胜期转入新的征程，按照“两步走”的战略，分两个十五年，最终在新中国成立一百年之际实现社会主义现代化强国建设的宏伟目标。在这一新征程中，浦东作为“中国改革开放的旗帜”，亟须秉承一路走来所肩负的国家战略使命，发挥新的积极作用。新的历史方位需要浦东有新的作为。2018 年 11 月，在首届中国国际进口博览会期间，习近平总书记在上海调研视察，明确了上海的发展定位和肩负的特殊使命，对上海的工作提出了“四个放在”的要求，要求在新时代新形势下上海要把未来发展“放在中央对上海发展的战略定位上，放在经济全球化的大背景下，放在全国发展的大格局中，放在国家对长江三角洲区域发展的总体部署中来思考和谋划”①。这是对上海的要求，也是对浦东未来发展的要求。在此期间，习近平总书记实地到浦东调研考察，对浦东的基层党建、城市治理和科创中心建设提出了具体要求，这些要求就是浦东踏上新征程新的努力方向。

2018 年 7 月，《中共上海市委关于面向全球面向未来提升上海城市能级和核心竞争力的意见》公布，提出上海要按照“当好全国改革开放排头兵、创新发展先行者”的要求，坚持新发展理念，面向全球、面向未来，在新的时代坐标中坚定追求卓越的发展取向，对标顶级全球城市，着力构筑新时代上海发展的战略优势，全面增强城市的核心功能，在若干领域打造体现世界一流水平、引领未来发展、具有国际竞争力和影响力的新高地，在推动长三角地区实现更高质量一体化发展中发挥龙头带动作用，努力实现高质量发

① 《牢记重托担使命，奋楫再创新传奇》，《解放日报》2019 年 11 月 2 日。

展、创造高品质生活，不断增强城市吸引力、创造力、竞争力，加快建设卓越的全球城市和具有世界影响力的社会主义现代化国际大都市。[①] 上海要在新形势下提升城市能级和核心竞争力，浦东责无旁贷，需要有新的定位和新的作为。

2019 年 6 月 25 日，上海市委《关于支持浦东新区改革开放再出发实现新时代高质量发展的若干意见》（以下简称《意见》）正式发布。《意见》明确提出，上海要担起新使命、实现新作为，必须继续高举浦东开发开放旗帜，推动浦东新区更好地发挥排头兵和试验田的作用，为全市高质量发展做出更大贡献，勇当新时代全国改革开放和创新发展的标杆。通过七年左右努力，浦东经济总量突破 2 万亿元，在高水平改革开放、高质量发展、高品质生活等方面走在全国前列，奋力打造新时代彰显中国理念、中国方案、中国道路的实践范例。[②]

迈过而立之年的浦东，在自身经济发展方面，从规模效益以及示范带动作用来看，已进入新的发展阶段，但在取得明显成效的同时，浦东的经济发展也面临前所未有的挑战，这些挑战有外部因素的影响，但更重要的是自身新旧动能转换期的结构性问题，还要面对成本连连攀升等困境的制约，比如资源约束日益趋紧，典型的要素就是土地资源。在上海城市土地总体规划限定下，浦东可用的开发用地极为紧张，土地成本居高不下，远高于周边的长三角城市，与全国其他地区相比更是优势全无。人力成本和房价的高位运行同样加剧了浦东市场主体的商务成本，而综合成本的高企限制和拖累了浦东产业转型升级的意愿与动力，也限制了新的产业项目的落地，影响了新经济新动能的培育和发展速度。面对成本高企等经济转型发展的困境，浦东的路径只有加大改革开放力度，发挥改革开放关键一招的作用，不断加大制度创新力度并加快步伐，对标国际最高标准、全球最

① 《中共上海市委关于面向全球面向未来提升上海城市能级和核心竞争力的意见》，《解放日报》2018 年 7 月 5 日。

② 《〈关于支持浦东新区改革开放再出发实现新时代高质量发展的若干意见〉正式发布》，《解放日报》2019 年 6 月 26 日。

好水平，打造一流的营商环境，实现高水平的改革开放，助推经济高质量发展。

（二）新战略、新目标

作为国家战略承载地，作为全国改革开放排头兵中的排头兵、创新发展先行者中的先行者，浦东的未来发展更应注重提升区域核心竞争力，继续引领全市、全国高质量发展，加快向全球高质量发展标志性区域进军。

目标定位：打造具有标志性的全球高质量发展的先行区。浦东必须始终坚持新发展理念，面向全球、面向未来，在新的时代坐标中坚定追求卓越的发展取向，对标顶级全球城市，全面提升核心竞争力，全力打造具有标志性的全球高质量发展的先行区，在若干领域打造体现世界一流水平、引领未来发展、具有国际竞争力和影响力的发展新高地，在推动长三角地区实现更高质量一体化发展和全国迈向高质量发展进程中发挥示范带动作用。

从高速增长转向高质量发展，不仅是经济增长方式和路径的转变，也是一个体制改革和机制转换的过程。浦东经济从高速增长加快转向高质量发展的实现，必须基于新发展理念进行新的制度安排，特别是要坚持以供给侧结构性改革为主线，积极探索并形成适应高质量发展要求的体制机制环境。

1. 加快营商环境优化，降低企业制度交易性成本

更好地发挥政府作用是实现高质量发展的重要因素。但政府的不当或过度干预又可能导致市场运行交易成本提高，反而成为损害发展质量的一个不利因素。政府发挥作用要体现为降低市场经济的交易成本而不是增加交易成本。转向高质量发展阶段，经济增长更多依靠创新，技术进步和产业发展方向会面临更大的不确定性。要加快转变政府职能，减少对经济活动特别是产业升级方向、方式以及产业优胜劣汰与重组等的直接干预。政府的作用，要更多转向功能型社会性政策支持，积极加强事中事后监管、公共服务和社会管理等政府职能，以优化市场环境、释放经济社会活力。特别是进一步优化民营经济发展环境，搭建政府公共服务平台，全面营造尊重知识创新、尊崇

价值创造和服务市场主体的营商环境。浦东要推动流程再造，打造智慧政府，推动监管从“粗放”走向“科学”。要推动大数据、云计算、人工智能等手段创新，以信息流支撑数据流、数据流引导业务流，重塑事中事后监管制度体系，打造智慧政府，实现企业全生命周期监管的协同化、智能化和精准化。

2. 加快创新资源要素的集聚，提升区域创新浓度

创新资源要素的集聚是区域实现创新驱动发展的必备条件和基础，不断升级区域创新要素、加快高端创新资源集聚又是新时代实现区域经济高质量发展的前提和基础。只有创新资源要素不断升级和集聚，才能提升区域的创新浓度，真正打造高质量发展的增长极。就产业方面来看，战略性新兴产业代表未来的产业发展方向，市场爆发的机会大。因此，浦东要提升区域供给体系的有效性，加快布局有利于新区战略发展的新的热点和潜力产业，如人工智能等，积极规划建设相关产业孵化基地，重点引入高成长性企业。同时，加快推进张江综合性国家科学中心建设，加快集聚一批世界级的科学大平台入驻浦东，推进海外人才离岸创新创业基地建设。着力吸引更多国际化高端科研机构、大学搭建顶级的公共研发中心，支持在地科研机构组建国家实验室。通过国家实验室、公共研发中心的建设，促进学术研究与企业生产之间紧密结合，使其具备为全国科技创新提供公共服务的机制和能力。还要着力培养和引进一批具有国际视野、具有丰富专业知识的创新型技术研发人才。同时，要完善人才评价激励机制和服务保障体系，营造有利于创新型技术研发人才成长的社会环境。

3. 加快创新生态系统建设，激发区域创新活力

科学发现、技术发明和产业创新是实现高质量发展的关键动因，只有创新驱动的经济才能真正实现持续的高质量发展，而在这一进程中，保障和促进科研成果的产生和产业化至关重要。创新有效的体制机制来促进科研成果转化，这是实现区域高质量发展中诸多体制机制改革要务中最关键的一环。当前，重点突破口是强力深化创新成果转化。一是成

立开放共享的共性技术平台。建立产业共性技术研发中心，鼓励组织跨领域的产业创新联盟，加强产业共性技术研发和成果推广运用，梳理和挖掘现有科研设施与仪器的潜力，鼓励向社会开放共享，促进利用效率的最大化。二是整合相关数据，全面提升“转化＋落地”效率。如技术成果、技术交易、新技术、新产品、科技企业孵化器、工程中心和重点实验室等方面的数据，使这些数据与创新主体（企业、科研机构等）“联起来”，让创新主体“用起来”，全面提升“转化＋落地”效率。三是加大风险投资机构的引进与扶持力度，完善投资机构激励机制。鉴于上海私募股权行业倾向于成熟期企业投资，新区可利用区内引导基金，鼓励扶持创投基金的发展，逐步改变以成熟期企业投资为主的私募股权基金格局，这样既可以放大政府资金的杠杆效应，也可以强化新区服务业中以金融业为主的产业格局。另外，还可以通过引导基金，鼓励大型企业集团以企业自身为主体设立并购基金的方式进行投资，通过市场交易直接获得产业落地成果。

4. 加快扩大开放，促进内外联动发展

开放是浦东的特质，我们要紧紧抓住上海自贸区临港新片区建设的契机，进一步扩大开放，提升国际竞争力，不仅要加强与国际通行经贸规则的对接，大幅度放宽市场准入和服务业外资准入限制，改善外商企业营商环境，打造开放度最高的自贸区，更重要的是立足自贸区新片区特殊经济功能区的定位，创设性地探索全球更高水平开放标准，助推浦东开放的领域、层级不断拓展，打造全国开放前沿窗口，引领全国开放格局的优化。此外，在推动对外开放迈出更大步伐的同时，要注重促进内外联动发展，有效地统筹国际国内两个市场，发挥浦东在长三角及全国的引领示范带动效应。既要探索自贸试验区改革与区域自身发展的联动机制，实现与“五个中心”核心功能区建设的互动发展，又要在长三角一体化上升到国家战略后，着力探索自贸试验区建设与长三角一体化、长江经济带和“一带一路”倡议的联动机制，真正发挥浦东在中国新时代全方位格局中的示范和引领作用。

参考文献

《中共上海市委关于面向全球面向未来提升上海城市能级和核心竞争力的意见》，上海市人民政府网站，2018 年 7 月 5 日。

《关于支持浦东新区改革开放再出发实现新时代高质量发展的若干意见》，上海市人民政府网站，2019 年 6 月 25 日。

《浦东新区国民经济和社会发展第十三个五年规划纲要》，上海市人民政府网站，2016 年 3 月 2 日。

改革·开放新标杆

New Benchmark for Reform and Opening-up

B.3
国际经贸规则重构对上海自贸区扩区的影响*

张 磊 徐 琳**

摘 要： 全球价值链的迅猛发展和国际经贸规则的加速重构是当前经济全球化发展的重要特征。目前，全球价值链“再平衡”正推动国际经贸规则重构出现新变化，也对中国对外开放战略提出了新要求。党的十九大提出“构建全方位开放新格局”，要求“实行高水平的贸易和投资自由化政策”，“赋予自由贸易试验区更大改革自主权”等，上海自贸区近期还实现了扩

* 本文得到上海市哲学社会科学规划一般课题“关于当前服务贸易国际规制的发展趋势及我国服务业开放政策系统集成的研究”（2017BGJ0004）和上海市人民政府决策咨询研究重点课题“对标国际最高标准深化上海自贸试验区改革研究”（2017－A－037－B）的支持。

** 张磊，经济学博士，上海对外经贸大学国际经贸研究所研究员，主要研究方向为世界经济、国际贸易；徐琳，上海社会科学院经济研究所副研究员。文中所述仅为个人观点，不代表所在单位立场。

区。对上海而言，在前期推动自贸试验区改革开放基础上，也需对标国际规则，助力国家对外开放新战略。本文拟在对当前全球经贸规则重构特征和趋势进行分析的基础上，就其对上海推动自贸区建设的影响和借鉴意义展开思考与讨论。

关键词： 全球价值链　国际经贸规则重构　自由贸易试验区

全球价值链的迅猛发展和国际经贸规则①的加速重构是当前经济全球化发展的重要特征。其中，全球价值链反映了当代国际生产关系之演变趋势，规则重构则是各国经贸治理针对生产关系变化之调整与适应。目前，全球更高标准经贸规则的基本内容与特征已初步显现，主要经贸国家参与规则构建也在不断发展和变化之中。

党的十九大提出“构建全方位开放新格局”，要求“实行高水平的贸易和投资自由化政策”，“赋予自由贸易试验区更大改革自主权”等。在前期推动自贸试验区改革开放的基础上，当前上海自贸区扩区也须对标更高标准的国际规则，助力国家对外开放新战略。本文拟在分析当前国际经贸规则重构的基本特征和演变趋势的基础上，参考国际经验，就其对上海深化自贸试验区改革开放的影响和借鉴意义展开思考与讨论。

一　全球价值链下国际经贸规则重构的主要内容与特征

当代经济全球化的一个显著特征是全球价值链的形成和深入发展。首

① 国际经贸规则的定义有广义和狭义之分：广义的国际经贸规则是指以国际货币基金组织、世界银行和世界贸易组织为三大支柱的全球经济治理平台及其制定的一系列货币、金融、贸易、投资等规则，狭义的国际经贸规则主要是指以世界贸易组织、区域贸易协定等为代表的多双边和区域开放合作平台及其制定的贸易、投资及相关规则。本文聚焦于后者。

先，这要求价值链上各经济体的经贸规则必须有效整合、协调一致，以保证彼此能衔接紧密、运转顺畅。为此，各国制定外资外贸政策要考虑的一个关键因素就是要保证其具有“全球价值链友好型”（GVCs-friendly）特征[①]，传统重商主义式的“以邻为壑”策略将导致一国削弱自身在全球价值链上竞争力。[②] 其次，科技和社会的进步也给国际经贸规则带来新问题[③]，需要更深层次的经贸规则框架与之适应。最后，基于在全球价值链上分工地位不同，主要发达经济体成为推动当前经贸规则重构的主导力量。新兴经济体虽然也提出过一些重塑要求，但其能力还亟待加强。[④]

实践中，肇始于美国的2008年金融危机加剧了国际政经力量和规则格局的重新划分。危机后世界经济总体陷于低迷，进一步推动国际贸易与投资自由化成为主要经济体寻求经济发展新动力的重要选项[⑤]，全球经贸规则重构由此也进入加速期。在二战后建立的全球经济秩序中，国际经贸规则主要体现在多边贸易体制框架（GATT/WTO）中。但WTO多哈回合谈判停滞使多边贸易体制发展止步不前，导致现行WTO规则总体上依然是20世纪80年代发起的乌拉圭回合谈判的成果。作为“次优”选择，主要经济体开始探索区域经贸合作新方式。各类区域经贸协定[⑥]成为新规则谈判的“次选”平台，新一代经贸规则在其中快速酝酿并逐渐成形。[⑦]

---

① Antoni Estevadeordal et. al,“Global Value Chains and Rules of Origin”, ICTSD&IDB, 2013.

② OECD, and WTO, *Trade in Value-added: Concepts, Methodologies and Challenges*, 2012.

③ 有研究就认为信息通信技术革命是对经济全球化的第二次松绑，产生了“贸易—投资—服务”相互联系的新型贸易模式。具体参见 Richard Baldwin,“21st Century Regionalism: Filling the Gap between 21st Century Trade and 20th Century Trade Rules”, *WTO Staff Working Paper*, 2011.

④ 杨广贡、杨正位：《全球经贸体系重塑的动因、趋势和对策》，《国际经济评论》2015年第1期。

⑤ 石静霞：《国际贸易投资规则的再构建及中国的因应》，《中国社会科学》2015年第9期。

⑥ 目前各界在区域经贸协定的术语使用上差异较大。如WTO使用区域贸易协定（RTA）和特惠贸易协定（PTA）两个术语。前者主要是双边自由贸易协定，后者仅指单方面给予的优惠安排。欧盟官方将贸易协定分为自由贸易协定（FTA）、经济伙伴关系协定（EPA）和其他贸易协定。美国使用的特惠贸易协定（PTA）术语，则比WTO所指的PTA应用更为广泛。本文以下在广义上使用区域经贸协定这一概念。

⑦ 东艳：《全球贸易规则的发展趋势与中国的机遇》，《国际经济评论》2014年第1期。

相对于既有的 WTO 规则模式，当前的国际经贸规则重构主要表现出下述特征。

（一）高水平市场开放实现全覆盖，服务业和投资市场开放成为关注焦点

首先，货物贸易市场开放历来是各类国际经贸谈判的基本议题。在全球价值链背景下，由于中间品贸易反复进出关境会产生明显的“乘数效应”①，《跨太平洋战略经济伙伴协定》（TPP）、《跨大西洋贸易与投资伙伴协议》（TTIP）等谈判均力求将大部分产品关税降至零，仅对少数敏感产品（如农产品）保留关税，本质是货物贸易市场开放的“负面清单”。

其次，统计显示，以传统国际收支方式衡量，服务贸易占全球贸易的20%左右，而贸易增加值核算表明，服务贸易已占全球贸易的40%左右，基本与制造业相当。② 由于 WTO 下《服务贸易总协定》（GATS）修订已基本停滞，2013 年美欧联合一些经济体启动了《服务贸易协定》（TISA）谈判。此外，TPP、TTIP 等谈判也关注服务贸易。③ 服务贸易自由化由此也成为当前经贸规则调整的重要焦点。

最后，相对于统一的国际贸易规则，全球国际投资规则碎片化特征显著。统计显示，到 2013 年底，各类国际投资协定总数接近 3240 个。④ 2008 年金融危机后，主要经济体更加重视依托区域合作开展投资议题谈判，成为近期经贸规则调整的又一焦点。例如，TPP 协定文本就提出了准入前国民待遇加负面清单、投资者可直接对东道国提起国际争端仲裁、投资资金自由汇兑等新规则。⑤

---

① OECD, WTO, and UNCTAD, *Implications of Global Value Chains for Trade, Investment, Development, and Jobs*, 2013.

② WTO, *International Trade Statistic 2014*, 2015.

③ 《跨太平洋伙伴关系协定》内容摘要，中国自由贸易服务网，2015 年 10 月 13 日。

④ UNCTAD, *World Investment Report 2014*, 2014.

⑤ 《跨太平洋伙伴关系协定》内容摘要，中国自由贸易服务网，2015 年 10 月 13 日。

（二）主要经贸谈判重视贸易与投资联动，“全生命周期”成为规则发展的重要方向

当前，全球约60%的贸易是中间产品和服务，这些中间产品和服务在不同阶段被纳入最终产品和服务的国际投资与生产过程，其价值已超过20万亿美元。[①] 与此对应，全球价值链催生了无国界的投资和贸易系统，呈现显著的贸易投资双轮驱动特征。这要求各国贸易和投资市场开放实现联动，协同促进全球价值链的发展。有研究就发现，目前美国的2012年BIT范本主要用于中美和美印（印度）谈判。与其他国家的投资协定谈判，美国自2000年以来已基本通过RTAs的方式“一揽子”推进。[②]

全球价值链的贸易投资双轮驱动也要求经贸规则不仅注重“边境措施”（border measures），也要关注“边境后措施”（behind the border measures）。这导致当前市场开放纪律呈现“全生命周期”特征，即从企业设立开始，到生产和贸易，再到最终退出，均要求有相应的国际规范予以约束。

历史上，WTO多哈回合谈判各方就“21世纪新议题”进行过长期争论，主要包括气候、劳工、电子商务、国有企业等“边境后措施”。此后，尽管多哈谈判停滞，但相关议题却通过横向规则的形式，在各类重要的区域性协定中渐成气候且已难回避。所谓横向规则（horizontal and cross-cutting issues），即从横平面方向对纵向议题全部或者部分产生影响的议题，某横向规则一旦形成纪律，就会成为贸易投资跨部门均适用的规则。[③] 代表性的有TPP、美韩FTA等确立电子商务监管标准；APEC、TPP、TTIP提出监管一致性要求；对国有企业和指定垄断制定纪律准则；将劳工、气候等可持续发展条款纳入贸易投资协定等。

---

① UNCTAD, *World Investment Report 2013-GVCs: Investment and Trade for Development*, 2013.

② 石静霞：《国际贸易投资规则的再构建及中国的因应》，《中国社会科学》2015年第9期。

③ 蔡鹏鸿：《TPP横向议题与下一代贸易规则及其对中国的影响》，《世界经济研究》2013年第7期。

（三）经贸规则约束力日趋严格，“公平贸易”备受重视

国际经贸规则在实践中发挥效应有赖于其实际执行力。当代高标准经贸规则也重视提升相关规则约束力，防止“搭便车”等问题出现，保证“公平贸易”。由此，各类区域协定在创新大量“WTO +”和“WTO - X”规则的同时，对相关条款的法律效力规定日趋严格，对贸易救济措施的使用更加频繁，并增加设立各类专门的争端解决机制。例如，TPP 协议文本第九章“投资”在正文部分就用了一半的篇幅（B 节）来规范投资者 - 国家争端解决机制，以确保相关规则法律的执行力。①

（四）发展合作重要性提升，政策手段亟待实现新突破

自 20 世纪四五十年代至今，发展中国家（南方国家）一直与发达国家（北方国家）致力于进行以发展议题为中心的南北对话，WTO 多哈回合贸易谈判也被称为多哈发展议程。但就相关实践而言，由于各方立场差异，具体效果难以尽如人意。例如，TPP 协议文本虽然也包含发展合作议题，但相关条款一般不具有强制约束力，发达国家的承诺弹性也较大。② 目前，主要国家正基于各自需求探索国际发展合作新模式，如中国推动“一带一路”发展合作等。近期部分发达国家调整政策吸引国际投资和制造业回流，也可被认为是对国际发展合作议题之新探索。

二 全球价值链“再平衡”压力推动经贸规则重构趋势发生新变化，中国面临较大挑战

从全球经贸治理的历史经验来看，相关规则的构建一般由贸易大国发起，先形成核心国集团，再向多边层面扩展。自 2008 年后，美国、欧盟、

① 《跨太平洋伙伴关系协定》内容摘要，中国自由贸易服务网，2015 年 10 月 13 日。

② 葛顺奇、刘蕊：《TPP 透视：“发展”议题剖析》，《国际经济合作》2015 年第 12 期。

日本等主要国家和地区开始重视彼此间合作并聚焦搭建引领全球贸易投资新规则的框架体系。中国作为最大的新兴经济体，近年来也加快自贸区（FTA）建设等，积极参与全球经贸治理。但是，随着近年来全球价值链“再平衡”压力增大，主要经济体参与国际经贸规则重构的方式有变，对中国的影响也较大。

（一）全球价值链下的“再平衡”推动规则重构出现新变化

当代全球价值链的形成过程同时也是全球产业，尤其是制造业份额的转移过程，其结果是发达经济体在全球价值链的高增加值层级占据优势，而新兴经济体则主导了全球价值链低增加值层级的工厂端。在此过程中，随着发达经济体向新兴经济体产业转移规模的逐步扩大，其在全球制造业中所占份额大幅下降，新兴经济体所占份额则同步上升。

由此，20 世纪 90 年代以来全球价值链的迅猛发展，一方面推动了世界经济与贸易的高速增长，但另一方面发达经济体向新兴经济体大规模的产能转移，特别是制造业产能的转移，也带来全球经济的巨大失衡。这种失衡集中表现为在全球价值链中居于引领和主导地位的发达国家和部分新兴国家之间日益扩大的货物贸易逆差，并给全球经济与政治格局带来广泛的影响。

具体到经贸规则领域，2008 年金融危机爆发后，主要发达经济体就开始依托区域合作平台构建新的全球贸易和投资体制，试图重振自身在全球价值链上的竞争优势，借此实现“再平衡”。其标志性事件就包括美国等推动 TPP、TISA、TTIP 谈判。但是，在上述努力推行多年之后，全球价值链下既有的不平衡状况却未显改善之势。

目前，随着全球“再平衡”进程的不断深入，一方面，以美国为代表的发达国家内部贸易保护主义势力显著抬头，典型如当前中美贸易争端等，已然对全球多边贸易自由化体系形成冲击；另一方面，主要发达国家推动全球经贸规则重构的进程还在持续，包括原北美自贸区协定（NAFTA）演变为《美加墨自由贸易协定》（USMCA）、日本推动达成“全面且先进的

TPP”（CPTPP）、欧盟和日本签署“经济伙伴关系协定”（EPA）、美欧日倡议 WTO 改革等。这也表明当前全球经贸规则重构仍在持续推进之中。

（二）中国加快构建全面开放新格局，参与全球经贸治理面临多重新挑战

改革开放以来，中国对外贸易持续高速增长，创造了世界贸易史上的奇迹。这一奇迹是在经济全球化背景下借助全球价值链的增长与发展获得的。党的十九大报告提出中国要“建设人类命运共同体”，“构建全面开放新格局”等，要成为“开放型世界经济的建设者贡献者”。[①] 但面对当前全球经贸形势新变化，中国参与全球经贸治理也面临一系列新挑战。

1. 中国前期与主要发达国家经贸合作成果有限，主动开放成为近期应对全球贸易保护主义及推动国际合作之重要手段

基于 OECD、WTO 贸易增加值数据库的研究表明，当前全球价值链分工与贸易主要集中在北美、西欧和东亚三大区域[②]，也是当代最重要经济体欧盟、美国、中国和日本之所在。有观点就认为，中国或许可以承受 TPP 带来的损失，但很难承受“TPP + TTIP + EPA”所共同造成的损失。[③]

首先，从 2008 年开始，中国与美国开展了 BIT 谈判，并于 2013 年开始按照准入前国民待遇加负面清单模式进入实质性出要价阶段，但目前尚无成果。其次，中国也通过《区域全面经济伙伴关系协定》（RCEP）及中日韩 FTA 谈判加快和本区域主要经济体间的合作进程。随着日本推动 CPTPP 达成，其与全球高标准经贸规则间的差距还较显著。最后，近年来中欧也积极开展双边经贸合作，中欧 BIT 谈判也在推进之中。

我们认为，面对当前贸易保护主义势力抬头及国际经贸规则重构新态

---

① 汪洋：《推动形成全面开放新格局》，《人民日报》2017 年 11 月 10 日。

② OECD，WTO，and UNCTAD，*Implications of Global Value Chains for Trade，Investment，Development，and Jobs*，2013.

③ 王莉、曲兵、余翔、李超：《评欧美“跨大西洋贸易与投资伙伴关系”前景》，《现代国际关系》2013 年第 3 期。

势，由于前期中国与主要发达贸易伙伴间规制合作成果有限，多边贸易体制（WTO）成为中国与美国、欧盟和日本等协调贸易关系的主要制度依托和保障。但是，正如上文所言，多边贸易体制目前又面临着权威性下降及制度建设不健全等困境，并与更高标准国际经贸规则存在差距。对于中国而言，进一步加快探索主动开放措施、对接国际更高标准，也将成为近期应对全球贸易保护主义及推动国际经贸合作的重要选项。

2. 国际规则调整反映国内制度演变，中国与主要贸易伙伴国间政策兼容性难题要求经贸改革加速

国际主义必须从国内开始。[①] 有研究在总结美国外交经验时就指出，一国在世界上具有某一领域领导力的前提，是在国内率先推动相关政策的单边实施。[②] 由此而言，当前更高标准之国际经贸规则，本质上也体现了主要规则制定者国内政策的演变方向。相较而言，由于中国在前期自贸区谈判中总体遵循与 WTO 相一致原则，目前已签署的自由贸易协定在规则层面基本依据 WTO 相关协定的标准。有研究就认为，在当前新形势下，中国自贸区建设正面临产业开放压力大、规则层面挑战多、对外开放体系不完善等困难。[③]

与此对应，主要发达国家内部经贸政策已逐渐向更高标准转型，而中国经贸政策总体还是以既有的 WTO 规则为基准。考虑到这些国家都是全球价值链的主要参与方，彼此还是对方最为重要的经贸伙伴之一，由此产生的后果是，各自内部经贸规则的差异就会带来制度协调的兼容性难题，成为诱发双方贸易摩擦的深层原因。例如，针对当前全球产业创新驱动走势，前期 TPP 协定文本就制定了较 WTO 更加严格的知识产权保护规则等。[④] 2017 年 8 月，美国 USTR 就知识产权问题针对中国开展 301 调查，将矛头直指《中国

---

① 〔德〕E. – U. 彼德斯曼：《国际经济法的宪法功能与宪法问题》，何志鹏、孙璐、王彦志译，高等教育出版社，2004。

② Robert L. , and Paarlberg, *Leadership Abroad Begins at Home*: *US Foreign Policy After the Cold War*, Washington D. C. : Brookings Institution Press, 1995.

③ 李光辉、袁波、王蕊：《加快实施自贸区战略的困难及对策》，《国际经济合作》2014 年第 11 期。

④ 《跨太平洋伙伴关系协定》内容摘要，中国自由贸易服务网，2015 年 10 月 13 日。

制造 2025》，目前还准备采取征收关税等措施，反映出美国贸易保护措施与全球经贸规则重构特征之显著关联性。对此，尽快与主要贸易伙伴国开展经贸制度的协调合作也成为当前中国对外开放所面临的迫切要求。

3. 全球“再平衡”下发展议题备受重视，中国要加快探索与发达国家间合作的“双赢方案”

全球“再平衡”不仅导致主要发达国家参与经贸治理的战略调整，也使全球开始更重视发展合作问题，并尝试一系列非常规措施试图引导跨国公司调整其全球价值链生产布局，典型包括主要发达国家的减税政策、鼓励吸收外资等。与此同时，目前中国也正在倡议并积极推动“一带一路”建设进程，不仅获得了广大发展中国家的积极响应与支持，也有利于自身在全球价值链上的战略升级。

2018 年英国首相特蕾莎·梅（Theresa May）访华时曾表示，中英应当共同努力以最佳方式在整个地区开展“一带一路”倡议的合作，并确保它符合国际标准。[①] 这也说明在当前全球“再平衡”形势下，发达国家不仅重视国际发展合作议题，同时也对相关工作提出了更高要求。考虑到发达国家依然是当前国际经贸规则重构的主导力量，在前期“一带一路”经验基础上，中国也需尽快考虑探索形成与发达国家间发展合作的“双赢方案”。

三 应对全球经贸规则重构新趋势，上海自由贸易试验区扩区后面临的新挑战与新任务

2013 年上海自贸试验区在全球经贸规则博弈变革的大背景中诞生，以“开放”起步、树国际标杆，创新推出外商投资负面清单及一系列扩大开放措施，开启了我国新一轮对外开放的序幕。按照中共十八届三中全会确立的改革路线图，自由贸易试验区是我国新一轮改革开放的试验田，其基本功能定位是集投资、贸易、金融和科技等领域开放创新于一体的综合改革试验区，

① 《英国首相拒绝书面支持“一带一路”》，FT 中文网，2018 年 2 月 1 日。

全面对接国际通行规则、全面检验综合监管能力、全面提升治理能力、彻底改变行政理念、大幅度提高行政效率。其主要任务是通过制度创新打造适应新一轮改革开放的体制机制，探索改革开放的路径，形成可复制可推广的制度体系；营造国际化、市场化和法治化的营商环境，激发市场主体的活力等。

此后，国家自贸试验区战略又在经济新常态的大背景中不断深化和扩展。上海自贸试验区从28.78平方公里扩大到120.72平方公里，全国自贸试验区也由1家变4家，试验空间更大、试验样本更多。自上海、福建、广东和天津自由贸易试验区设立以来，四大试验区以国际高标准经贸规则为标杆，在贸易、投资、事中事后监管、服务国家战略等方面大胆探索，积极推进各项体制机制改革，取得了一系列突破，起到了改革开放排头兵和创新发展先行者的重要作用，真正成为深化改革扩大开放的"试验田"。

随着国家"十二五"规划收官，"十三五"规划树立五大发展理念，自贸试验区在"十三五"规划和供给侧结构性改革的大背景中继续推进，不断探索改革开放举措的系统集成，全国自贸试验区也进一步发展至18家。此外，上海自贸试验区也进一步实现了扩区。[①] 针对全国自贸区战略发展新形势，我们认为，在当前全球经贸规则重构新趋势下，上海深化自由贸易试验区建设将面临以下三个方面的新挑战与新任务。

（一）积极探索主动开放新手段，再出"系统集成"新方案

针对全球经贸规则重构趋势，中国在中共十八大后提出要构建开放型经济新体制，对外与美国等贸易伙伴开展双边投资协定（BIT）及自贸区协定（FTA）等谈判，对内推进自由贸易试验区战略，并在上海率先设立中国（上海）自由贸易试验区。在相关工作进程中，中央领导也专门针对上海改革开放提出了"对标最高标准"及"系统集成"等战略思路。[②]

---

① 2019年8月6日，国务院印发了《中国（上海）自由贸易试验区临港新片区总体方案》，并同时发布了《国务院关于同意设立中国（上海）自由贸易试验区临港新片区的批复》。至此，面积约120.72平方公里的上海自贸区新片区正式亮相。

② 韩正：《上海将全面深化自贸试验区改革开放》，中国（上海）自由贸易区网站，2017年5月9日。

党的十九大提出要“构建全方位开放新格局”，“实行高水平的贸易和投资自由化政策”等。我们认为，针对当前全球经贸规则演进新趋势，上海自贸区扩区后也要为深化推动主动开放打造更高平台，从而有利于对接国际标准，加快形成“系统集成”新方案，助力国家应对全球贸易保护主义及推动国际经贸合作。

（二）加快适应全球经贸规则发展走势，国内改革对接国际标准

目前，全球经贸治理和产业发展呈现新走势，不仅使得中国在原WTO模式下的经贸治理能力受限，也导致与主要贸易伙伴间经贸制度出现兼容性差异，成为引发贸易摩擦的深层原因。对此，近年中国也在积极探索通过建设自贸试验区等手段以推动转型升级，目的是尽快实现与主要贸易伙伴间的经贸政策协调性。党的十九大报告也提出“推动供给侧结构性改革”“加快建设创新型国家”等要求。针对全球经贸政策变革及产业发展演进新趋势，实现这些战略目标也要求相关国内政策制度创新，以推动与主要贸易伙伴间的政策制度协调，同时强化对高端创新型要素的集聚和配置能力。

上海在“十二五”时期就提出了“创新驱动、转型发展”的战略目标，在国内较早开始探索创新发展实践。目前，上海正在全力推动“五个中心”建设，这也要求监管政策制度要对接国际最高标准，不断增强创新发展活力。借助自贸试验区扩区这一契机，上海也可依托内外联动的开放发展模式，加快实现供给侧改革与国际接轨，加速吸引国际顶尖创新资源集聚中国，加强探索内外政策制度兼容性。

（三）顺应全球发展合作趋势，“先试先行”为国际标准添砖加瓦

目前，全球“再平衡”导致各类型国家均重视国际发展合作议题。其中，美国于近期采取大幅减税等政策，重视吸收国际投资；中国则大力推进“一带一路”建设，鼓励中国企业“走出去”，召开中国国际进口博览会等。

就此而言，当前主要经贸大国开展合作也存在现实的基础。但是，2018 年 1 月，美国特朗普总统发表就任以来首份年度国情咨文，将中国定位为“对手”（rival）。[①] 这又使中美推动双边发展合作在政治和经济层面面临巨大的制度障碍与挑战。

从历史上看，上海在中美经贸关系发展中地位突出。20 世纪 90 年代上海作为“先试先行”地区，曾为中美开展中国入世谈判发挥了巨大作用。2013 年中美加速双边投资协定谈判，国家又率先建立中国（上海）自由贸易试验区，探索“负面清单”等制度。目前，面对全球“再平衡”新局面，上海自贸区扩区后的建设也要为主要经济体间发展合作注入新内涵，使上海“先试先行”战略功能再启新征程，继续为构建大国间新型经贸关系担当先行者和排头兵，并推动“中国方案”成为国际标准之重要组成。

四　对接国际标准，关于上海自贸区扩区后深化改革开放的政策思考

本报告针对当前国际经贸规则演进新趋势，借鉴典型自由港经验，从国家构建全面开放新格局战略目标出发，立足上海“五个中心”“四大品牌”建设，对深化上海自贸区改革开放提出政策思考。

（一）拓展政策试点的广度与深度，开放创新实现“全覆盖”

结合前文分析可见，目前国际高标准经贸规则在市场开放领域已经全面超越了原 WTO 在市场准入方面的水平要求，呈现显著的“WTO +”特征。上海要建设开放度最高的自贸区，就需要顺应国际趋势，拓展政策试点的广度与深度，在外商投资、服务贸易、货物贸易、金融服务等领域全面开放，

① “2018 State of the Union Address”，NBC News，https：//www. nbcnews. com/storyline/2018 - state - of - the - union - address.

率先实现对货物、资金、数据、人员等各类型商品要素开放政策创新的全覆盖。

（二）事中事后改革对接国际标准，监管创新兼容高水平对外开放

结合前文分析可见，对各类“边境后措施”制定国际标准已成为高水平经贸协定中“超 WTO 规则”发展的重要方向。目前，《中国（上海）自由贸易试验区临港新片区总体方案》也要求“深化创新事中事后监管体制机制”等。对此，上海自贸区对接国际标准开展改革开放创新，也要关注各类监管政策创新，开展知识产权、数字贸易、外汇监管等重点领域监管政策创新实践，通过积极对接国际更高标准，努力打造“全球价值链友好型”营商环境，实现对外开放与国内监管之系统集成。

（三）提升政策措施执行力，法制化建设再上新台阶

政策措施在实践中要发挥效应也有赖于其实际执行力。从当前更高水平经贸规则的演进趋势来看，主要规则也重视提升相关纪律约束力，防止“搭便车”等问题出现，保证公平贸易。

上海自贸区也要顺应国内外发展要求，充分发挥自身起点更高、适应能力更强等优势，对接国际更高标准，力争在相关法制化建设方面实现再突破。具体可考虑强化商事审判能力建设，重视增强国际条约、国际惯例之适用性；参照监管一致性的国际经验，以“良好监管实践”规范政府行政行为；考虑在自贸区基本法规中设定冻结、棘轮等条款，确保政策创新之稳定性与可预期性；建立科学合理透明的金融审慎措施体系，实现金融风险防范之法制化等。

（四）发展与合作持续扩展，探索“一带一路”等对接更高标准之有效路径

在全球“再平衡”新趋势下，尽管发达国家和发展中国家均存在深化

发展合作之诉求，但基于全球经贸规则重构的发展特征与演进路径，当前各类发展合作议题也需要对接国际经贸规则的更高标准。对于中国而言，前期“一带一路”等的推进已为自身引领国际发展合作奠定了良好基础。与此同时，目前美国等通过减税等措施吸引国际投资等政策经验也值得借鉴。上海自贸区也要依托制度优势和扩区契机，通过先行先试将既有的发展合作实践与更高标准的国际经贸规则对接，这也有利于中国与主要经贸国家达成共识，确立彼此发展合作的双赢模式。

B.4

浦东高质量改革开放对长三角区域一体化发展的影响

陈建华　刘　驰*

摘　要： 经过近30年发展，浦东新区在经济与社会发展方面取得举世瞩目的成就，对于推动长三角地区和长江经济带发展起到积极作用，也对我国经济对外开放起到较为重要的作用。在新时代，浦东新区将积极利用龙头地位，发挥上海自贸试验区特别是临港新片区的改革开放新效应，发挥内联与外引作用，促进长三角地区三省一市加强产业联动发展，推动长三角地区产业结构合理化与高度化。浦东新区将利用自身的区位优势，进一步发挥聚集与辐射效应，发挥制度高地优势，进一步提升浦东对内对外开放水平，充分发挥浦东在国家战略发展中的枢纽节点作用，促进长三角地区经济一体化，带动长三角城市群积极参与国内与国际经济循环，推进长江经济带发展，积极主动参与我国倡议的“一带一路”建设。这些必将对我国区域经济发展起到重要作用。

关键词： 浦东新区　开发开放　一体化

* 陈建华，经济学博士，上海社会科学院经济研究所研究员，主要研究方向为城市与区域经济学、空间政治经济学；刘驰，上海社会科学院经济研究所硕士研究生，主要研究方向为城市与区域经济学、电子商务。

1990 年浦东开发开放，党中央与国务院提出“开发浦东、振兴上海、服务全国、面向世界”的口号。到现在，浦东开发开放取得了举世瞩目的成就，成为上海改革开放的焦点和上海现代化建设的缩影。浦东开发开放在上海城市发展过程中居于十分重要的位置，对于推动上海城市转型与发展起到较为重要的作用。今后，上海将于 2020 年建成具有全球影响力的科技创新中心基本框架，基本建成国际经济、金融、贸易、航运中心和社会主义现代化国际大都市。① 为此，浦东计划到 2020 年，基本建成上海“四个中心”的核心功能区；基本形成具有全球影响力的科技创新中心核心功能区框架；基本建成体现社会主义现代化国际大都市风貌，开放型、多功能、现代化的新城区；率先构建与高标准投资贸易规则相衔接的法治化、国际化、便利化的营商环境。② 作为长三角地区和长江经济带的龙头，浦东新区继续开发开放和提升城市能级，对于促进长三角一体化、长江经济带发展和“一带一路”发展具有重要的作用。

一　长三角区域一体化进程中的浦东新区发展

目前，长三角地区经济与社会发展进入一个新的阶段。长三角地区除了安徽之外，第三产业的增加值已经超过了其他产业，长三角地区处于经济转型的重要时期。经过浦东开发开放近 30 年时间的带动与引领，长三角地区城市之间的边界逐渐模糊，分工以垂直延拓和水平延拓的形式展开，经济发展和科技创新的单元变成了整个区域。浦东新区作为上海经济的重要组成部分、作为长三角地区经济的龙头，率先转变经济发展方式，不断推进产业结构高度化，不仅可以增强上海的综合优势，使其成为我国其他地区的发展示范，而且为长三角的发展提供更强劲的动力，推进长三角地区经济一体化。另外，长三角地区一体化发展，区域

① 资料来源：《上海市城市总体规划（2017—2035 年）》。

② 资料来源：《浦东新区国民经济和社会发展第十三个五年规划纲要》。

经济分工与协作走向细化和深化，也是浦东新区向更高层次发展的重要支撑。

（一）浦东新区发展促进长三角地区经济生产分工与协作

长三角城市群的结构层次逐渐明晰，其中上海为中心城市，南京、杭州以及合肥为次中心城市，其他城市为支点。浦东开发开放促进了长三角地区经济生产的分工与协作。通过浦东开发开放，提升上海城市经济总量与产业结构，在长三角地区形成以上海为主轴的生产体系，也推进了城市群的分工与协作走向细化和深化。目前，长三角内部互补优势明显，三省一市经济分工与协作的局面初步形成。例如上海科技教育较为发达，而江苏有较为良好的实体经济基础，浙江拥有很强的市场活力，安徽则在新兴技术方面有较强的后发优势。如果三省一市能加强合作，就能有力地促进长三角地区经济进一步发展。再比如，上海的工业产品设计相对较好，浙江的互联网交易与服务发展十分迅速，江苏的电子信息制造业基础较为扎实，安徽的科技产业园区发展空间较大，这也是三省一市可以合作的地方。因此，应以浦东开发开放为龙头，充分发挥长三角地区各个城市的比较优势，加强地区之间的深度协作，形成互补互助、覆盖面广的区域创新体系。

首先，浦东进一步开发开放可以促进上海市在长三角地区发挥聚集与扩散效应。这使得上海作为长三角地区首位城市的聚集与扩散效应得到进一步发挥，从而推进长三角地区经济形成有机体系。目前，上海地区生产总值占全国的比重为3.6%左右，相对于南京与杭州，上海的优势还不十分明显和突出。相比之下，东京、伦敦与首尔在其国内生产总值的比重都超过了10%，有的接近25%。这些城市相对于周边的次级城市，在人口、国内生产总值和城市规模上都具有较大的优势。因此，浦东新区进一步开发开放，不仅有利于提升浦东的经济总量，而且可以大幅度提高上海的经济总量，提升上海城市能级。目前，浦东新区的GDP占上海经济总量的1/3左右，经济增长速度超过上海全市平均水平。浦东新区对于上海经济与社会发展起到引领和带动作用。它的发展有利于上海扩大经济体量，使其作为长三角地区的首位城市发挥聚集与扩散作用。

其次，浦东开发开放可以进一步优化上海城市产业结构，进而优化长三角地区的产业结构。在20世纪90年代浦东开发开放之初，上海工业在地区生产总值中占据较高的比重，产业结构不合理，这些产业结构使得上海城市的服务功能同党和国家对其的要求不太相符。通过浦东新区开发开放，至目前为止，浦东新区第三产业比重高于上海全市平均水平约5个百分点，直接带动了整个城市第三产业发展，也优化了整个产业结构。例如，进入21世纪以来，浦东新区不断深化改革，也举办了大型活动，例如2006年浦东综合配套改革、2010年世博会、2013年在全国第一个设立自贸试验区。这些改革措施和大型活动，都推进了服务业的发展，如会展业与旅游业是在世博会中直接受益的行业。通过服务业的强劲发展，上海的产业结构可以实现从重化工业向以服务经济为主的方向发展，提高城市的首位度，增强城市的辐射与聚集功能。

最后，浦东新区举办大型活动与旅游项目，有力地促进了长三角基础设施一体化，方便了人们的通行与货物运输。例如，通过2010年的上海世博会，上海投入数百亿元进行城市基础设施建设，包括跨越黄浦江设施。目前，长三角地区的交通基础设施一体化进程加快，目前上海跨越黄浦江的设施达到44个。同时，浙江与江苏大大加快接轨上海的交通、能源与通信基础设施建设步伐。目前，在上海浦东新区迪士尼乐园旅游人数居高不下的带动下，每年产生大量参观人次，要求长三角地区的交通实现一体化与便捷化。长三角地区通过交通基础设施一体化，营造良好的、协调的生产要素流动环境，围绕区域创新体系建设整合科技创新资源，加强各省市的交流与协作，进一步消除各种市场壁垒，有力推进长三角经济与社会转型。

（二）浦东新区先行先试推进长三角地区协调机制发展

浦东新区开发开放不仅使得上海成为长三角经济中心的龙头，而且也为长三角城市群的发展增加新的内在动力。浦东新区作为长三角经济增长的主要动力之一，2011 ~2018 年 GDP 平均增长率为 9.5%。[①] 这对于推进长三角地区经济增长与一体化具有积极作用。一方面，浦东新区发展有力地促进长三角地区经济发展；另一方面，浦东开发开放的成功依赖整个长三角广阔的市场和生产要素的有序流通。

浦东新区通过建设制度高地，促进长三角地区制度规章与政策对接，引领长三角地区经济一体化发展。制度创新是浦东开发开放成功的重要原因，是浦东开发开放成就跨越式发展的根本原因之一。目前，浦东新区的制度创新是上海自贸试验区发展的内在动力，也是对外提供的可复制的重要经验。在上海自贸试验区的试验与创新下，长三角地区可以借鉴与吸收、复制与推广并深入研究上海自贸试验区的制度创新，包括投资、贸易、金融、监管等方面的制度，着力各种消除体制机制障碍，营造良好的营商环境。例如，浦东新区从自身实际出发，加快政府职能转变，积极探索体现大区域、轻型化、扁平化特征的新型行政管理体制，不仅为浦东发展营造了良好的体制环境，也为地方政府体制创新积累了宝贵经验。这些制度创新可以供长三角地区其他省市所仿效，从而为长三角地区共同市场的建立与完善提供制度性基础。长三角地区可以借鉴浦东新区先行先试的经验，围绕区域创新体系建设整合科技创新资源，加强各省市政策的协调性，为生产要素自由流动创造制度环境。

再如，位于浦东新区的上海自贸试验区，正在加强市场体系建设，改善市场环境。这有利于破除地区间传统行政体制的束缚和制度壁垒的阻碍，进而在更深层次上推动国际贸易的区域一体化。同时，这也有利于破解长三角地区国际贸易一体化难题，实质上推动长三角地区从贸易的要素合作向体制与机制深化合作转变。简而言之，上海自贸试验区的实践创新除了有利于打造一个促进经济、金融、航运和贸易发展的综合性政策框架，还有利于促进长三角地区协调机制发展，推动长三角地区产业链上下游企业的协同发展，促进长三角地区经济一体化。

---

① 根据《上海统计年鉴》计算。

（三）浦东新区发展促进长三角地区经济转型发展

首先，浦东新区拥有相对于长三角地区其他三省较为大型的企业集团。据统计，浦东持牌类金融机构共有1000多家，各类金融机构总数达到1万多家，金融业的辐射功能随着金融机构的集聚大幅提高。目前，上海陆家嘴地区集聚了较多的国内外金融机构。此外，浦东还有大量其他服务业与制造业企业集团总部。随着上海国际金融中心建设的推进，会有越来越多的金融机构和企业集团将总部设立在浦东。浦东新区可以依托这些大型企业集团，同其他三省共同推进建设重大科技基础设施集群，选择与长三角地区重大支柱产业发展关联度高的产业技术领域，联合推进影响产业集群发展的基础性科研与关键性技术，打造长三角战略性新兴产业研发基地，创新长三角科技成果转化机制，构建长三角产业发展创新平台，率先打造我国区域协同创新共同体。这些企业集团同其他地区的企业一道以推动产业集群发展为突破口，优化长三角科技创新创业环境，打造科技创新创业的适宜区，共建区域产业共性技术研发基地。同时，这些大型企业集团具有总部经济与专业服务的资源配置功能，可鼓励它们横向联合，通过并购、参股、控股等方式，发挥高新技术开发区的溢出效应，共同推动产业结构优化升级。

其次，浦东新区高科技产业相对于其他省市具有一定的特色与比较优势，特别是张江高科技产业园区的产业，它对于引领长三角地区产业链与创新链向更高层次爬升具有重要作用。长三角地区可以位于浦东新区的上海自贸试验区高新技术产业为抓手，以张江高科技片区为引领，加强三省一市其他产业园区如宁波、温州、杭州、合肥、芜湖、蚌埠等六个国家自主创新示范区的合作互动，以合作方式共同建立科技园区或建立成果转化基地等，加强产业基于创新链的前后向联系，充分展现国家自主创新示范区的科技创新带动作用，打破区域壁垒与行政壁垒。例如，可以“园区共建”为抓手，以产业协调为重点，优化利益共享机制，推动长三角地区产业联动和产业转移，创新合作机制，促进产业分工与协作。在空间形式上，可以通过“沿江、沿海、沿路”科技产业带和集聚区，以点连线、以线建网，形成区域创新体系架构，构建科技创新增长极，促进长三角地区经济转型发展。

二　浦东新区发展促进长江经济带转型发展

长江经济带横贯我国东、中、西三大区域，覆盖11个省市，面积占全国的20%，GDP占全国的40%，是我国重要的先进制造业和现代服务业基地。长江经济带经济与社会发展对于我国新时代社会主义建设具有重要意义。2014年习近平总书记在中央工作会议上提出要重点实施“一带一路”倡议，以及京津冀协同发展、长江经济带两大区域发展战略。2014年国务院印发的《关于依托黄金水道推动长江经济带发展的指导意见》（国发〔2014〕39号）中，进一步把长江经济带战略定位为具有全球影响力的内河经济带、东中西互动合作的协调发展带、沿海沿江沿边全面推进的对内对外开放带和生态文明建设的先行示范带。[①] 2016年9月，《长江经济带发展规划纲要》要求：大力保护长江生态环境，加快依托长江黄金水道建设综合立体交通体系，以科技创新和制度创新来驱动产业转型升级，进一步构建长江流域的创新区域协调发展体制与机制。[②] 然而，长江经济带的区域合作机制尚不健全，区域壁垒还没有完全消除，发展不平衡问题较为突出，产业同构化现象长期存在，产业梯度转移效果不显著，经济转型升级面临的问题较为突出，生态环境状况形势较为严峻。在这个方面，浦东新区可以起到相应的积极作用。

（一）浦东新区发展有利于突破长江经济带发展瓶颈

目前，长江经济带亟须打破行政壁垒，加强整体统筹协调，健全完善协同发展机制，加快综合立体交通走廊建设。长江经济带具有资源优势互补的特征。目前，长江上游地区的汽车产业、电子信息制造业，中游地区的钢材

① 资料来源：《国务院关于依托黄金水道推动长江经济带发展的指导意见》（国发〔2014〕39号）。

② 资料来源：《长江经济带发展规划纲要》。

制造业、工程机械制造业，下游地区的科技研发、金融与贸易业以及其他现代服务业等各具特色，初步形成分工与协作的格局。可以通过发挥浦东与上海的龙头作用，促进长江经济带的分工与协作。在新时代的浦东开发开放进程中，浦东可以进一步促进长江经济带优势互补，降低产业同构化程度，推进资源要素自由流动，增强长江经济带在我国区域发展战略格局中的引擎带动及示范服务功能，使其在产业结构优化以及转型升级、交通走廊建设、生态环境保护等诸多方面发挥重要作用。

长江经济带腹地广阔、发展潜力大，长江经济带建设将进一步激活长江黄金水道的航运能力，盘活整个长江流域经济和沿江产业，为上海国际航运中心建设提供稳定的腹地货源支撑。浦东新区进一步开发开放可以有效地带动长江经济带发展，有效地利用经济腹地的资源，促进长江流域经济与社会发展。在航运方面，通过浦东开发开放，依托长江这一黄金水道、“长江战略”、浦东新区的对外港口（外高桥港口和洋山深水港），可以使临近上海的沿海港口与南京、武汉、重庆航运中心联动发展，使沿海运输与长江内河运输有效衔接，推进“水水联运”，降低运输费用，提高运输效率，从而拉动整个长江经济带的发展，促进长江经济带形成分工与协作的生产局面。

依托长江黄金水道，以浦东新区为龙头的长江经济带现代化综合交通运输体系可以率先建成。这一运输体系将以长江水道为主轴，以综合交通运输大通道为支撑，在保证长江干线与支线航道畅通高效的同时，将建成沿江高速铁路和国家高速公路，形成城市群轨道交通网络骨架。这十分有利于长江经济带成为我国经济发展的重要增长极。目前，上海与其他省市的“水水联运”比重还较低，港口集装箱运输及其转运主要使用集卡车，造成了城市交通拥挤与安全、空气与环境污染、道路过快磨损等问题。这种交通货运状况既同上海建设国际航运中心的目标矛盾，也同世界上其他港口的转运体系有较大的不同。如果能以长江水道为依托，大力推进较为廉价的“水水联运”与货物运输，可以有力地促进长江经济带经济与社会发展。因此，浦东作为长江经济带的龙头，可利用长江入海口区位优势，完善与上海港衔接的航运基础设施，建设具有多种运输方式一体化特征的现代港口集疏运体系，有效地拉动地区交通运输业发展，促进长江经济带的经济与社会发展。

（二）浦东新区发展产业结构高度化促进长江经济带资源优化配置

20 世纪 90 年代初，浦东开发开放拉开了长江经济带综合开发的序幕。历经近 30 年开发开放，浦东新区经济与社会发展取得举世瞩目的成就，浦东新区已成为中国对外开放的“新高地”。目前，浦东新区作为上海自贸试验区的承载地，随着上海“五个中心”核心功能区建设不断推进，浦东开发开放将对长江经济带进一步发展起到积极作用。随着上海自贸区特别是临港新片区经验向全国推广复制，新一轮的全面深化改革和对外开放也从浦东新区沿江而上，向长江经济带纵深腹地发展，使得长江中上游由被动开放转为主动开放，促进长江经济带走上整体式与一体化发展的道路。浦东在自贸区建设中构建了开放型经济新体制、促进贸易和投资便利化、出台了一系列改革措施，可以作为内陆与世界贸易的桥梁，带动长江经济带其他城市发展，形成全面开放新格局。

目前，长江经济带的重化工业过度集聚，钢铁行业过度集中，沿江分布全国五大钢铁基地、七大炼油厂以及众多石油化工基地。现阶段，长江沿江 11 个省市钢铁产量占全国的近 1/3，汽车产量占全国的 2/5，其中轿车产量占全国的一半。这些重化与钢铁工业以及相关的制造业产业链对长江的生态与环境产生较为严重的污染，由此产生了长江的生活生态岸线过少、岸线利用普遍粗放低效以及废污水排放总量不断增加等问题。这些都是值得注意的可持续发展问题。所以，长江经济带的产业转型升级与结构优化迫在眉睫，而浦东开发开放为长江经济带的转型升级提供了抓手。

首先，利用浦东新区外引内联作用，推进长江经济带资源优化配置，建立和完善创新驱动体系，降低长三角港口城市同质化竞争程度，降低长江经济带的产业同构化程度。要以长江经济带为经济整体，加强长江上游、中游与下游产业融合发展，推动建立更加科学合理的产业布局，努力形成优质高效、相互配合、分工与协作、竞争与合作的发展格局。新时代浦东新区发展的经验可用于推动长江经济带区域间产业转移、产业创新合作以及园区跨区域合作共建，科学引导长江经济带地区间产业升级，提高产业协同发展效益。浦东以上海建设全球科创中心的重要组成部分的角色，推进长江经济带的产业创新能力提升，引领长江流域产业转型升级，提升长江经济带的可持续发展能力。

其次，服务业对资源优化配置具有重要作用，要发挥浦东和上海服务业对资源的优化配置作用，推进长江经济带经济生产分工与协作。浦东通过发展金融保险、信息咨询、期货业、商贸流通、电子商务等现代航运服务业，大力发展长江经济带的航运物流服务，鼓励发展形成多层次的航运服务业体系，方便和促进了长江经济带的资源配置。由于服务业在浦东新区产业结构中比重不断提升，特别是物流业、金融服务业以及专业服务业不断发展，其对要素与资源配置的效率提升作用可以得到有效发挥。以服务业引领长江经济带产业结构优化升级，降低长江沿岸的产业同构化程度，可以提高资源利用效率，减少污染与排放，促进长江经济带的分工与协作、竞争与合作。

最后，发挥浦东新区和上海产业结构对长江经济带的优化与提升作用。长江经济带要形成区域性的分工与协作格局，要反对各省市自成一体的发展倾向。因此，长江经济带应以浦东为龙头、沿江省级以上开发区为载体，充分利用各地区中心城市的产业优势，最大限度地发挥其辐射带动作用，优化长江经济带产业布局及产业分工体系。长江经济带的东、中、西部地区根据经济发展阶段的梯度差异及资源禀赋条件，充分发挥政府合作平台及市场机制作用，促进产业有序转移。充分依托新一代信息科技，重塑产业分布格局，构建更加合理、更具竞争优势的新型产业分工协作组关系，充分发挥不同地区在资源要素、经济技术、市场等方面的不同比较优势，突破地理空间限制，跨地区建立产业链体系和集群。

目前，在浦东新区的高新技术产业带动下，长江经济带各个省市的生物医药、新材料、新能源等战略性新兴产业发展较为迅速，产业结构合理性得到较为显著提升。长江经济带主要城市的生物工程、信息技术、新材料工程、航天技术、激光技术、自动化技术等领域已经集中了较多企业和研发机构，这些行业发展较为迅速。这些企业和机构已经拥有许多自主知识产权。在长江经济带之中，南京“软件谷”、武汉“光谷”、重庆“车谷”、无锡物联网、苏州生物纳米等都已成为沿江地区经济的亮点。

三　浦东新区发展推进我国倡议的“一带一路”建设

浦东新区不仅是我国倡议的“一带一路”建设的核心节点，而且是“一带一路”的桥头堡。新时代浦东新区的开发开放将促进“一带一路”建设，促进沿线各国与我国的经济分工和协作。经过近 30 年开发开放，浦东新区快速发展的经济不仅改变了上海城市本来面貌，而且带动了上海经济与社会进一步发展，城市能级得到大幅度提升，推进了上海“五个中心”建设。从产业组织发展来看，浦东新区在开发开放过程中培育了四大国家级开发区，产生了一批大型企业集团，也积累了丰富的管理与制度建设经验。这些组织与管理经验必将有助于在“一带一路”沿线建设境外合作园区与自贸区，推进我国与“一带一路”沿线国家的经济合作。另外，浦东新区金融改革创新成果也可以为“一带一路”基础设施建设提供跨境金融服务。

（一）浦东新区在“一带一路”建设中的支点与节点作用

浦东新区是“一带一路”建设的桥头堡，具有支点与节点作用。现阶段，浦东开发开放在城市建设与经济社会治理上积累了许多经验，包括自贸区建设、综合配套改革、经济开发区建设经验等。浦东新区以上海自由贸易试验区为制度创新载体，以经贸合作为突破口，加快与国际规则接轨。上海自由贸易试验区特别是临港新片区是“一带一路”建设非常重要的平台和载体，借助上海自由贸易试验区制度高地以及改革开放新举措，可以为我国倡议的“一带一路”建设提供制度与产业方面的支持。目前，上海自贸试验区有100多项制度创新复制推广到我国其他地区，包括投资管理制度、金融创新制度、贸易监管制度以及事中事后监管制度。沿线各个国家可以根据实际发展情况，结合现实的需要进行借鉴并加以改进。

借助于浦东新区是上海建设国际金融中心的核心功能区这个优势，要充分利用浦东新区的金融资源。沿线国家政府或者企业可以选择在上海证券交易所发行债券融资，浦东优质企业也可以选择到沿线国家投资，共建“一带一路”。同时，浦东新区也是上海建设全球科创中心的主要功能区，浦东新区要以全球科创中心建设为目标，以金融服务为支撑，以科技创新为要务，支持自主技术和品牌创新“走出去”，走进“一带一路”沿线国家，促进我国与其他国家的技术合作。

从基础设施来看，我国倡议的“一带一路”建设中，港口是重要的支点，航线是关键，这些都是“一带一路”建设成功的重要载体。2018年，上海港货物吞吐量达73047.94万吨，集装箱吞吐量达4201.02万国际标准箱。集装箱“水水中转”比例达46.8%，其中，国际中转比例为8.8%。上海浦东、虹桥两大国际机场全年共起降航班77.16万架次，进出港旅客11763.43万人次。其中，国内航线进出港旅客7665.00万人次，国际及地区航线进出港旅客4098.43万人次。上海港是世界上最大的港口之一。[①] 以上海港为领头的长三角组合港对“一带一路”发展具有重要意义。浦东和周边港口合作，加强港口吞吐能力发展，可以更好地为“一带一路”建设服务。

（二）浦东新区发展促进“一带一路”沿线国家产业分工与协作

浦东新区和“一带一路”沿线国家与地区，具有较为明显的产业互补性。取长补短，可以更好地促进我国长三角地区经济和社会发展，也可以更好地促进“一带一路”建设。因此，促进浦东新区、上海、长三角、长江经济带、我国与沿线国家产业资源互补，不仅可以使长三角以及我国

① 资料来源：《2018年上海国民经济和社会发展统计公报》。

的产业结构向积极方向调整与优化，而且可以推进“一带一路”建设。浦东应该结合自身的比较优势，积极探索合适的产业结构调整模式，有选择地转移出一些传统产业与衰退产业，同时有选择地承接国际上技术水平与服务水平较高的产业，例如高新技术产业和金融专业服务业。因此，浦东新区要在“一带一路”大发展的背景下，推进自身产业结构不断高度化，使自身产业能够支撑“一带一路”桥头堡的功能。另外，浦东新区应该在“一带一路”的建设过程中发挥标杆优势，充分利用其自贸区的制度创新高地优势以及全球科技创新的经验，不断探索产业发展新方向，提升服务水平与质量，从而为“一带一路”的标准化建设提供助力，消除原有的国家间贸易壁垒，推进“一带一路”统一大市场与大经济体建设。

对于浦东新区、上海、我国和“一带一路”沿线国家而言，要充分取长补短，建立浦东发展与“一带一路”沿线国家有效衔接的资源整合体系。浦东可以利用其多年发展优势，主动争取在相关授权以及优惠政策上的国家支持，努力构建“一带一路”多层次、多机制的合作平台。同时，上海应积极推进区域合作，如中国—东盟自贸区、上海合作组织、金砖国家合作机制等，积极与次区域开展经济合作。通过以上机制与活动，可将我国东部与西部、发达地区与欠发达地区联系起来，将长三角与“一带一路”建设联系起来，提升“一带一路”经济合作水平，加强长三角地区与其他地区经济活动的联系，增强上海的国际影响力。

要充分利用浦东先进的服务业和制造业发展优势，为“一带一路”建设提供先进的产业支持。浦东具有相对发达的现代产业结构，产业结构不仅包括电子信息、生物医药、新能源、新材料、汽车、造船等，还包括金融、航运、贸易、信息服务等新兴的现代化产业，从而能为“一带一路”建设提供较好的产业基础。以张江高科技园区为核心的高科技产业是上海建设全球科创中心的核心力量，浦东可以充分发挥其作为科技创新中心的优势，服务于参与“一带一路”建设的中国企业。浦东拥有众多领先于全国甚至领先于世界的科技企业，覆盖范围广，技术含量高，包括众多国家科研机构、企业研发机构，覆盖范围包括工业制造、电子信息、生物医药等，具有极强的技术优势，可以为“一带一路”沿线国家提供技术支持。

参考文献

彭震伟：《上海大都市新城发展与规划的思考》，《城市》2007年第2期。

徐美娜：《上海自贸区建设对长三角区域发展的带动效应研究》，《中国商论》2016第18期。

徐文震：《上海率先提高自主创新能力的辩证思考》，《当代经济》2007年第11期。

俞可平：《更高　更快　更好——海外学者论浦东开发开放》，《马克思主义与现实》2002年第6期。

姚兢、郭霞：《东京新城规划建设对上海的启示》，《国际城市规划》2007年第6期。

姚锡棠：《浦东开发开放十年实践的理论回顾》，《社会科学》2000年第5期。

尤安山：《试论浦东开发开放的基本模式、效应及发展趋势》，2011年中国经济特区论坛——“经济特区与中国道路”国际学术研讨会，2011年11月5日。

张建华：《上海自贸区加强事中事后监管的实践与思考》，《中国工商报》2015年8月4日。

张东保：《浦东开发开放的先行先试战略》，《上海党史与党建》2015年第2期。

王红霞、陈建华、何志华：《浦东之路：城市空间发展经验与展望》，上海人民出版社，2010。

万曾炜、袁恩桢：《透视浦东、思索浦东》，上海人民出版社，2001。

B.5

科创板市场发展对浦东发展的影响

许望伟　韩汉君*

摘　要： 在上海证券交易所设立科创板并试点注册制，是中央交给上海的重大任务之一，是落实多项国家战略的重大改革举措。科创板在上市审批、交易制度、投资者门槛等方面较原有的A股市场具有明显的改革创新。我们比较了科创板注册制和中国香港、美国等境外采用注册制的发达市场的区别，科创板市场在信息披露等许多方面仍有改善空间。科创板市场的推出，对配合浦东新一轮改革开放、加强科技产业和人才集聚也具有重大的积极意义。

关键词： 科创板　注册制　信息披露　证券市场

在上海证券交易所设立科创板并试点注册制，是习近平总书记交给上海的三项新的重大任务之一。能否加快落实这一重大任务关系到上海国际金融中心建设能否在新时代取得新发展、呈现新气象，关系到上海科创中心建设能否取得突破性进展。科创板的成功推出，与长三角一体化的国家战略同样高度协同。长三角作为先行发展区、生产力高度发达地区和改革开放的前沿地带，要加快落实新发展理念，为全国高质量发展做出榜样，为构建现代化经济体系做出示范，率先推进更高起点的深化改革和更高层次的对外开放。

* 许望伟，上海社会科学院经济研究所博士研究生；韩汉君，上海社会科学院经济研究所研究员。

上海是国际金融中心和改革窗口，拥有巨大的资本优势和政策优势，科创板正是这一区域发展核心优势的体现。

一　设立科创板是落实多项国家战略的重大改革举措

科创板作为独立于 A 股主板市场的一个全新的上市企业板块，是我国资本市场发展历程中的一项重大创新举措，肩负了试点注册制的重要任务。中央决定设立科创板并试点注册制，对于完善多层次资本市场体系、提升资本市场服务实体经济的能力、促进上海国际金融中心和科创中心建设具有重要意义，同时也为上海证券交易所充分发挥资本市场功能、弥补制度短板、增强包容性提供了至关重要的突破口和实现路径。

（一）设立科创板的提出

2018 年 11 月 5 日，国家主席习近平出席首届中国国际进口博览会开幕式并发表主旨演讲，宣布在上海证券交易所设立科创板并试点注册制。2019 年 1 月 30 日，证监会发布《关于在上海证券交易所设立科创板并试点注册制的实施意见》，对科创板的上市条件、注册制运行、发行承销交易、并购重组和退市制度的设置方向进了纲领性设定，上海证券交易所同时发布 6 份配套业务规则进行相应落实。2019 年 3 月，《科创板首次公开发行股票注册管理办法（试行）》审议通过并公布施行，随后《上海证券交易所科创板股票发行上市审核问答》正式发布，科创板配套规则进一步明晰，科创板发审系统完成上线。2019 年 6 月 13 日，科创板正式开板。2019 年 7 月 22 日，历时八个月筹备，首批 25 家公司于科创板正式上市，中国资本市场迎来了一个全新的板块。截至 2019 年 7 月 22 日，已受理 149 家企业申请，25 家企业已成功发行，1 家中止审核，1 家主动撤回。2019 年 8 月 8 日，第二批两家公司上市。截至 2019 年 10 月 31 日，科创板上市公司已达 40 家。

《人民日报》指出，从市场定位看，设立科创板是落实创新驱动和科技强国战略、推动高质量发展、支持上海国际金融中心和科技创新中心建设的重大改革举措，是完善资本市场基础制度、激发市场活力和保护投资者合法权益的重要安排。从市场功能看，科创板应实现资本市场和科技创新更加深度的融合。补齐资本市场服务科技创新的短板，是科创板从一开始就要肩负的重要使命。从市场发展看，科创板应成为资本市场基础制度改革创新的“试验田”。监管部门已明确科创板是资本市场的增量改革，可助推资本市场基础制度的不断完善。就注册制来说，2015 年 12 月，全国人大常委会对实施股票发行注册制已有授权，在科创板试点注册制有充分的法律依据。其在市场中已经讨论多年，此次明确在科创板试点注册制，真正呼应了市场需求。注册制的试点有严格标准和程序，在受理、审核、注册、发行、交易等各个环节会更加注重信息披露的真实全面、上市公司质量，更加注重激发市场活力、保护投资者权益。在科创板试点注册制，可以说是为改革开辟了一条创新性的路径。从市场生态看，科创板应体现出更加包容、平衡的理念。在投资者权益保护上，科创板一方面要针对创新企业的特点，在资产、投资经验、风险承受能力等方面加强投资者适当性管理，引导投资者理性参与。同时，应通过发行、交易、退市、证券公司资本约束等新制度以及引入中长期资金等配套措施，让新增资金与试点进展同步匹配，力争在科创板实现投融资平衡、一二级市场平衡、公司的新老股东利益平衡，并促进现有市场形成良好预期。

（二）设立科创板的契机

科创板从提出到落地，总共用了不到一年的时间，充分体现了该任务的重要性和改革的紧迫性。从我国宏观经济背景来看，科创板的推出有其发展的必然性。

1. 我国正处于经济结构转型的关键期

2018 年中美爆发贸易摩擦，中长期来看中国经济对外需的依存度进一步下降，迫切需要通过内在驱动完成结构转型。依靠基建、房地产大幅投资和货币政策宽松驱动的粗放型增长模式同样难以为继，提升居民部门的消费活力以扩大内需，增强企业部门的创新动力并减轻负担，是经济转型的重要抓手。近年以来，控制和降低杠杆水平、房地产长效机制的建立、企业减税降费政策的落实，以及各种消费刺激政策的推出都表明中央对转型的坚定信念。在这种背景下，一个完善的多层次的资本市场必不可少。结合国外经验来看，金融市场，特别是股票市场，是帮助各种类型的企业解决融资问题的重要渠道。长期以来，我国的直接融资在社会融资总量中的占比过低，以银行信贷为代表的间接融资是企业发展的主要融资手段，而银行的规模和风控门槛天然限制了广大中小企业、民营企业、创业企业。这些企业在融资初期，亟需直接融资市场给予支持，解决其融资难、融资贵等问题，帮助其渡过关键阶段，实现可持续发展。多层次资本市场的建立应当以服务和满足广大企业的投融资需求为导向。规则健全、制度规范的资本市场，同样会反哺投资者，无论是机构投资者还是广义的居民投资者，参与资本市场运行，分享企业和经济发展的成果，有利于国民经济发展质量的提高和经济结构转型的实现。

在通过投资拉动经济高速增长的时期过去之后，如何提升内在创新驱动力是大国经济体必须面对的课题。从制造大国到制造强国、科技强国，科学技术的发展进步既离不开自上而下完备的顶层设计，也非常需要自下而上的企业内在创造力的积极迸发。而法律、制度、金融等领域的基础设施建设正是对这种科创企业发展的有力支持，科创板的推出正是对这种支持的强化和补充，有利于企业优化资源配置，有效运用金融资源助力实体经济科技攻坚、稳步转型。

2. 我国存量股票市场的发展也走到了需要改革的关口

我国A股市场发展历史并不算短，投资者也已具备了一定的金融基础教育水平，然而长久以来，市场参与者和各方对于A股的批评不绝于耳。长期存在的问题包括：缺乏做空机制导致的投机、交易规则限制和政策不透明导致的内幕交易、投资者结构以散户为主导致的股市价值发现功能的紊乱、新股发行节奏波动、上市标准不统一、再融资和减持制度不完善造成的圈钱诟病、上市公司欺诈和财务造假等诚信问题、投资者保护机制和股票退市制度不健全等，以及对于这些问题的监管缺位。历经多年发展，A股先后推出了主板、中小板、创业板等以容纳相关不同类型的上市公司，对股票上市发行、交易、信息披露、持续监管等各方面的制度都不断进行完善。2015年，在A股市场推行注册制本已呼之欲出，在法律上已具备充分性。然而复杂的经济环境、杠杆高企的影子银行体系、巨幅波动的股票市场都阻碍了改革的进程，“新三板”市场经历短期爆炒后成交萎靡、做市艰难，国内市场从承受能力上对注册制推行后的股票供给大量增加尚未做好准备。因此增量市场改革是一个非常好的战略。

科创板作为一个增量市场，成为注册制改革的试验田，可以供上市公司、市场参与者、投资者、监管者先行观察和学习。其注册制的审批流程和上市标准、交易门槛、更灵活的交易规则等在增量市场里对存量市场的情绪冲击和实质冲击都有限。如果增量市场的创新模式和制度卓有成效，完全可以复制、转移和替代存量市场有缺陷的原有制度；如果增量市场的某些政策或者规则在试运行过程中发现了问题，同样有充分的空间给予修正、试验和改进，再推向存量市场。存量市场在渐进式的改革过程中，参与者和投资者所受教育也会更为充分，做好接轨的准备。预计科创板的注册制试点及相关制度安排，有望先复制到创业板，进而再考量主板的情况。在这样的安排下，我国资本市场的创新改革既坚决又脚踏实地。

3. 长三角一体化战略提升到国家战略的高度

长三角地区作为我国经济发展较快、经济质量和水平较高的区域，集聚了大量优质上市公司和潜在上市公司的资源，也集聚了机制灵活、效率领先的金融资源和政策资源。上海一直是国内改革开放、金融开放先行先试的排头兵。浦东新区、陆家嘴金融贸易区、上海自贸区等从无到有，见证了上海大都市圈的繁荣，也见证了上海和其他国际金融中心大都市的差距不断缩小。此次科创板在上交所推出，将使上海在金融深度上进一步与国际成熟金融市场接轨，聚拢优势资源，助推产业升级。科创板的制度创新与长三角一体化的国家战略必然会产生高度的协同效应，吸引和帮助更多有需要的企业，构建我国未来的实体经济的中坚力量。

二　科创板的主要交易制度

（一）审批流程

科创板采用发行审核和上市审核合二为一的审批流程。根据《科创板首次公开发行股票注册管理办法（试行）》的规定，上交所履行发行上市审核的职能，即发行审核与上市审核均由交易所进行，这是对我国香港地区双重存档制的借鉴。所以交易所与证监会共同承担科创板发行上市审核的公共职能，不仅要求公司信息披露材料真实、准确、完整，也要求公司必须遵守法律规定的许可条件。规定的审批流程如下：申请—受理（5 个工作日内）—审核（3 个月内）—发行人及中介机构回复问询（3 个月内）—证监会注册（20 个工作日内）—发行上市。具体内容如下：①拟上市公司将申请材料提交给交易所的上市审核业务部门，内部职员对公司的上市条件和信息披露进行审核。审核时限为三个月，不包括发行人和中介机构回复问询的时间。②交易所若有反馈意见，可向申请人进行问询，相应申请人需要及时回复。问询与回复作为招股说明书之外重要的信息披露类别，可以历史性地、完整性地展示注册审核的动态流程。若无反馈意见，则递交初审报告。③交易所增设了主要由外部人士组成的股票上市委员会、科技创新咨询委员会和公共发行自律委员会。其中，上市委员会负责对上市审核业务部门的初审报告进行上会复审，审核意见是交易所决策的重要依据。但是否做出同意发行上市的审核意见的最终决定权，由交易所掌握。④证监会通过在 20 天的时限内审查交易所报送的审核决定和申报文件的方式，来行使注册权。

（二）上市标准

科创板与注册制对应的是 5 套以市值为核心的上市标准，突破原来 A 股的原则，允许属于负盈利、同股不同权、VIE 架构等条件的硬科技企业上市。

表1　科创板上市标准

指标	标准1	标准2	标准3	标准4	标准5	标准6
估值	>10亿元	>10亿元	>15亿元	>20亿元	>30亿元	>40亿元
收入	—	—	收入2亿元	收入3亿元	收入3亿元	—
盈利	连续两年盈利，两年累计扣非净利润5000万元	连续一年盈利，一年累计扣非净利润1亿元	—	—	—	—
研发投入	—	—	三年研发投入占比10%	—	—	—
现金流	—	—	—	经营性现金流超过1亿元	—	—
其他	—	—	—	—	—	主要业务或产品需经国家有关部门批准，市场空间大，目前已取得阶段性成果

资料来源：上海证券交易所。

（三）交易规则

在交易方式上，科创板设置了竞价交易、盘后固定价格交易和大宗交易三种模式，其中盘后固定价格交易为新增交易模式。对比主板的交易规则，科创板的竞价交易、大宗交易在报价类型、微观交易机制等方面存在差异。在交易规则上提升了投资者准入门槛，同时放大波动性、优化融券交易机制，向灵活性交易规则趋近。

（1）科创板所增加的新的交易模式即盘后固定价格交易，是指在收盘集合竞价结束后，交易系统按照时间顺序对收盘定价申报进行撮合，并以当日收盘价成交的交易方式。每个交易日的15：05～15：30为盘后固定价格交易时间，当日15：00仍处于停牌状态的股票不进行盘后固定价格交易。相较主板，投资者仍可在收盘之后按照收盘价参与科创板股票交易。

（2）科创板还增加了新的市价申报类型。科创板竞价交易中新增了“本土最优价格申报”和“对手最优价格申报”。选择这两种市价申报类型的投资者，在申报后可立即与市场最优价格成交撮合。而与主板相比，科创板股票的大宗交易仅有“意向申报”和“成交申报”两种模式，减少了“固定价格申报”类型。

表 2　科创板三种交易方式比较

交易方式	竞价交易	盘后固定价格交易	大宗交易
申报时间	开盘集合竞价： 9:15～9:25 连续竞价： 9:30～11:30 13:00～14:57 收盘集合竞价： 14:57～15:00	每个交易日 9:30～11:30 13:00～15:30	每个交易日 9:30～11:30 13:00～15:30
交易时间	同申报时间	每个交易日 15:05～15:30	同申报时间
申报类型	限价申报、市价申报	限价申报	意向申报、成交申报
成交原则	价格优先、时间优先	时间优先	对成交申报确认成交

资料来源：上海证券交易所。

（3）其他交易机制。科创板为稳定发行价格，实行“T＋1”交易机制，但提高了涨跌幅限制。较主板 10% 的涨跌幅限制，科创板放大波动性，将幅度调整到 20%，且新股上市 5 日内不设涨跌幅。前 5 个交易日设有 30% 与 60% 两档临停机制。30% 指无价格涨跌幅限制的股票盘中交易价格较当日开盘价格首次上涨或下跌达到或超过 30% 的股票；60% 指交易价格较当日开盘价格首次上涨或下跌达到或超过 60% 的股票。单次盘中临时停牌 10 分钟，复牌时对已接受的申报实行集合竞价撮合。科创板设立“价格笼子”应对操作风险，设立 2% 的浮动区间报价限制，即在连续竞价阶段的限价申报应为基准价格的 ±2%。科创板“保护限价”，兼顾快速成交和成本。在连续竞价阶段的市价申报，申报内容应当包含投资者能够接受的最高买价。

科创板不再要求单笔申报数量为100股及其整倍数，对于市价订单和限价订单，规定单笔申报数量应不小于200股，可按1股为单位进行递增；市价、限价订单单笔申报最大数量为5万、10万股。科创板设立异常波动与严重异常波动的警示。收盘价格涨跌幅偏离值为单只股票涨跌幅与科创板指数涨跌幅之差。

（四）投资者准入门槛

科创板的交易规则更灵活、波动性更大，这对投资者的专业性提出更高要求。因此科创板提高了投资者准入门槛，个人投资者如需参与科创板股票交易，证券账户及资金账户的资产不得低于人民币50万元，并符合参与证券交易满24个月的条件。

监管层在制定这一门槛时，应是充分考虑了科创板股票对于风险偏好适配的投资者的参与问题，尽量规避了投资者教育和保护不充分可能导致的问题，同时又保证科创板交易在普遍层面上具有适当的流动性。

此外，科创板股票自上市后首个交易日起可作为融券标的，且融券标的证券选择标准将与主板A股有所差异。

三　科创板与境外采用注册制的发达资本市场的比较

科创板从提出、筹备到落地总共只用了不到一年的时间，除了在法律上已经具备充分性之外，在制度、规则等具体设计上，既需要借鉴海外发达资本市场的成熟经验，又必须考虑我国当前政治经济发展阶段的实际情况。中国香港和美国是注册制运行较为成功、市场发展经验较为丰富的两大境外资本市场，可以看到科创板在发行审核、上市、交易、监管等许多方面都在学习它们的经验，但仍有制度不够完备之处。梳理这两个市场有助于我们更好地理解标准意义上的注册制。

（一）中国香港市场的交易所与证监会双重存档机制和发行承销市场化

香港的资本市场历史悠久，1986 年四大交易所合并为联交所，掌握上市监管权，政府负责制定金融政策，1989 年成立的香港证监会是独立监管机构，由此形成了三层架构。在 2002 年爆发“725 细价股风波”后，香港最终形成港交所与证监会的双重存档机制，发行与上市一体化，交易所掌握审核权。上市申请人均须向香港联交所提交上市申请及信息披露材料，联交所会将副本交送证监会，以作存档。证监会进行形式审核。证监会根据《证券及期货条例》仅对申请人披露的业务、资产、负债、财务状况，以及申请人的利润与损失和依附于该等证券的权利有要求。如果香港证监会批准公司的发行和上市申请，则出具无异议函。若不同意，则行使否决权，拒绝公司的首发上市申请。

联交所进行两轮实质审核。为降低审查人员主观裁量的影响，联交所内设上市科、上市委员会和上市上诉委员会。上市科负责预审上市资格，指标包括财务、市值、公司治理、公众筹股数量。上市委员会进行适应性审查，这一部分没有明确性准则，联交所通过发布指引信和上市决策传递监管信号。上市上诉委员会负责复核异议。香港采取累计投标询价和固定价格发行的混合定价机制，融资规模和发行由市场决定。承销商根据向机构投资者询价的结果，自行制定发行价格。承销商具有发行定价权，并自主决定股票的分配，因此发行成功与否与市场投资者紧密相关。

然而，联交所在退市制度上更为谨慎，退市率低，导致存在不少市值低于面值的仙股。交易所认为发行人存在不再适合上市、缺乏足够业务或财务运作条件、资不抵债等情况时，可以将该证券除牌，但缺少定量标准，主观性较大。

退市程序冗长。香港主板退市分为三个阶段，每个阶段至少六个月，中间可以通过重组或卖壳复牌，对投资者保护不足。香港没有设场外市场，退市股票无法流通，对投资者利益影响重大，监管部门投鼠忌器。香港虽未设集体诉讼制度，但经过多年建设已形成由立法保护、行政保护、司法保护、行业自律保护、投资者自我保护和社会监督相结合的多层次证券投资者保护体系，即在香港证监会与交易所协同合作的同时，成立金融纠纷调解中心、投资者赔偿基金和投资者教育中心等特色机构，形成了覆盖事前、事中和事后的全流程投资者保护机制。

注册制推出后的香港市场在制度创新上并没有停下脚步。2003 年注册制正式推出，2018 年又出台上市新规。港交所在上市制度方面面临多方面压力。近年来，受上市制度所困，诸多新经济企业、具有高增长潜力的医药生物公司和已上市的企业始终无法在港顺利上市，这对于港交所、投资者和公司都是一种损失，尤其是 2013 年港交所错失阿里巴巴后，使港交所逐渐认识到上市制度需要变革。此外，美国富有竞争力的上市环境、中国大陆推出 CDR 和六大银行代销“‘独角兽’基金”以吸引“独角兽”企业回归 A 股，也给港交所实施上市制度变革增加了外部压力。

2018 年，港交所继续推进上市制度改革，上市新规顺利通过并于 4 月 30 日正式执行。2018 年 2 月 23 日港交所公布新兴及创新产业公司赴港上市的第二轮市场咨询方案，为拓宽香港上市制度拟定发展方向，目前主要有三方面改革：①允许尚未盈利或者没有收入的生物科技公司来香港上市，②允许同股不同权，③突破第二上市限制。生物科技公司将扩大在港上市规模。针对未有盈利的生物科技公司，港交所在建议方案中，就从事医药（小分子药物）、生物制药和医疗器械（包括诊断）生产和研发，但尚未盈利或未有收益的生物科技公司上市提出了具体指引。同股不同权有利于新经济公司上市。对于拥有不同投票权架构的公司上市，港交所对申请人和不同投票权受益人提出了限制。第二上市规则则可以吸引境外上市公司。上市新规为第二上市申请人资格设计了指导要求：①在符合资格交易所上市，如纽约交易所、纳斯达克及伦敦交易所主市场；②合规记录良好，在符合资格交易所上市最少两个会计年；③高市值，非大中华公司，预期市值至少 100 亿港元；大中华公司，预期市值少于 400 亿港元，则其最近一个财年至少获得 10 亿港元收益。

从香港的案例可以看出，无论市场的发展处在什么阶段，都必须保持与时俱进的姿态，符合实体经济对金融资源支持的实际需求。如果拘泥在一种僵化的规则框架里，很容易错失新经济的发展机遇。经济体、产业和企业的不断发展对政策和规则制定者提出了更高的要求，必须在服务、估值、流程等各方面适应新的需要。

（二）美国公开发行与上市分离的注册制和双重监管审核制度

1. 源于美国联邦政府与州政府共享权力的联邦制，美国形成了联邦与州政府对证券注册实行双重监管的制度

美国公开发行股票由联邦和州的监管机构执行审查并注册，上市则由相关机构负责审查。美国注册制的优势在于不设发行实质条件，没有规定一种证券必须在质量上达到何种标准方可发行，只要求发行人对证券的质量进行充分披露。美国证券交易委员会（SEC）的职责只是确保发行人的信息披露符合法律规定的内容和格式，但这并不意味着 SEC 只是消极地检查材料，SEC 促使企业披露对普通投资者有实质影响的因素，州政府确保投资者在风险与回报方面得到公平对待，交易所从商业利益的角度要求上市公司在财务、流动性、公司治理等方面满足标准。SEC 在发行端的工作是审阅注册文件，看其是否符合披露规则并提出意见，体现“形式重于实质”的特点。

事实上，SEC 对公开发行的审查不仅是从形式上保证材料的合规性，而且是通过反复问询并要求发行人如实回答，使企业充分展示其商业模式、运营合规性和潜在风险。相对中国证监会反馈意见重点关注企业的持续盈利能力、经营的合法规范、信息披露和财务数据的真实和准确，SEC 更关心披露材料能否充分揭示企业经营的商业模式、未来机遇和风险，能否帮助投资者准确判断企业的投资价值。所以，SEC 对注册申请书的审查并非纯粹的书面审查，而是在披露基础上嵌入一定的实质审查。

美国各州对证券发行的实质审核的原则是证券发行对投资者必须公平、公正与平等。按照审查力度，可将各个州的监管体系粗略分为三种类型——通知注册型、协调注册型和审查注册型，力度由低到高。监管机关

审核的关注点包括承销费用和发行价格是否合理、是否存在利益冲突、期权与权证的分配比例是否合理、固定权益是否能够得到充分保障等。在采取审查注册方式的州，如果证券发行不能保证发行人和投资者之间的公平，或是未能确保投资者拥有风险与回报之间的公平对待，则该证券将不能得到注册。

证券上市属于纯粹的商业行为，体现“实质重于形式”。交易所通过设立上市门槛，审查拟上市公司的资质、财务数据、发行规模和盈利前景等要素，对其是否符合交易所的质量要求进行资格认定，保证在该市场交易的证券具有一定的素质，保证二级市场的活跃度，从而为交易所收取佣金创造条件。交易所对拟上市公司的申请材料仅在财务指标和公司治理方面进行合规审核，而不对公司的盈利前景、募集资金用途合理性提出实质性审核意见，因此交易所一般情况下不会否决符合条件的上市公司申请。

2. 美国的证券发行定价机制采取市场化的“询价—自主配售”制度，同时存在两方面的特点，较好地克服了累计投标询价制和自主配售带来的问题，更好地为市场化定价服务

一方面，以累计投标询价机制为主导，灵活搭配少量固定价格定价机制。累计投标询价是最主要的定价方式，但对于融资额在1000万美元以下的小规模融资项目，承销商基于发行成本及发行对象主体特征的考虑，发行定价更多采用固定价格允许配售的方式。发行价格的市场化包括不同定价方式的选择可能性，针对不同发行项目的特征匹配定价方式更能契合发行需求。另一方面，美国金融业监管局明确规定自主配售过程中的利益输送乱象，规范承销商自主配售权过大导致的问题，在最大化询价制优点的同时，最小化自主配售带来的问题。

3. 美股退市规则涉及自愿退市和强制退市

强制退市情形包括交易类指标、持续经营能力指标不达标的情况，一定程度上缩小了交易所的自由裁量权，但可操作性强。美国退市率较高，保证了市场过剩产能出清。

4. 投资者保护制度完善，严格对待证券欺诈，并设置多样化的赔偿机制

美国设有集体诉讼和公平基金，SEC 对证券欺诈进行刑事、行政、民事全方位追责。针对投资者保护出台《证券投资者保护法》，并根据突发事件加以完善补充，而且设立美国证券投资者保护公司（SIPC）作为投资者保护的专门机构。此外，美国有健全的证券市场商业保险机制，可以为客户超过证券投资者保护公司限额的损失提供保障。

因此，纵观美国市场，1971 年纳斯达克诞生，为早期、小型高科技企业融资服务；正式意义上的美国注册制早在 1933 年就已落地；而世人熟知的纳斯达克市场则在 20 世纪 70 年代应运而生，其也正是注册制改革完成后的科创板或创业板市场的远期对标。

纳斯达克（NASDAQ）全称美国全国证券交易商协会自动报价系统，是全世界第一个采用电子交易并面向全球的股票交易市场。它是美国全国证券交易商协会为了规范 20 世纪 60 ~ 70 年代混乱的场外股票交易，为小企业提供融资平台于 1971 年创建的。围绕注册制，纳斯达克专门为早期、小型高科技企业融资服务设计了一套制度体系：①在上市标准方面，采用多维指标，淡化盈利能力要求，注重公司的成长性和发展前景，同时实行注册制；②在分层制度方面，包括全球精选市场、全球市场、资本市场三个层次，各子市场设置不同的上市标准，以供企业自行选择；③在退市制度方面，三个层次市场设置不同标准，使不符合持续上市标准的公司能够及时退出市场，但可以进入场外交易市场挂牌；④在信息披露制度方面，包括美国国会颁布的有关法律、SEC 制定的有关规则或规定、纳斯达克制定的有关市场规则三个层次。

1982 年美国对证券发行注册制进行了改革，实行一次性注册，允许公司在 1933 年《证券法》第 415 条法规下对其计划在以后两年发行的所有证券进行一次性注册以提高发行证券注册程序的效率。这项制度被称为“货架注册制”。到 1984 年初，此种注册制度成为发行人的一种永久性选择权。如果一个公司想公开发行证券，可让拟承担此项目的投资银行进行竞标，并由选定的投资银行对其两年内计划发行的证券向 SEC 注

册。当发行人准备再融资时，就可以将此前已经注册过的证券从“货架”上取下来直接向公众发行。发行人只需要更新过去的财务数据而并不需要进行更多披露。“货架注册制”不仅简化了注册程序，而且给了发行人更大的灵活性。

对我国的科创板来说，作为资本市场的一个新生事物，尽管有已知的经验可以借鉴，但经济增长中枢下移、结构转型以及制度改革渐进式推进的国情是独特的。可以预见，在未来的发展历程中，必然会有更多的政策配套和规则补丁出台，帮助科创板更好地完成改革试点、金融服务实体经济的工作任务。

（三）我国科创板与发达市场的制度差距

对比美国和中国香港的注册制，科创板与香港的双重存档制度在发行上市一体化、监管制度等方面存在相似之处，但仍存在一些差距。这些差距主要体现在信息披露、社会监管、交易机制等方面。

1. 信息披露不够完善

首先是风险披露不充分。上市公司风险披露问题一直是证券监管机构和投资人关注的热点。风险信息披露的力度与质量存在差异。美国招股说明书中很大一部分内容是律师所写，而中国招股说明书主要由中介投行所写，由于立场和职业背景的差异，风险披露差异较大。科创板风险披露在招股说明书中所占比重不高；在信息质量上对问题避重就轻，缺乏定量分析，不愿涉及过多实质性风险。风险披露的时效性与针对性也存在差异。科创板公司目前缺乏预见性的潜在的风险披露，或是针对公司的异常波动公示内容千篇一律，针对性不强。交易所问询回复是除招股说明书外重要的信息披露类别，但很多情况下并未充分发挥效果。很多公司面对交易所提出的问询，没有针对性回应所提问题的关键点，甚至遗漏问题。

其次是信息披露成本过高。从上市公司角度讲，虽然信息披露可以减少与投资者之间的信息不对称，提高股票的流动性和定价效率，从而降低资本成本，提高公司价值。但信息披露可能会使竞争对手获取收益，削弱公司的竞争力。上市公司需要为信息披露付出代价、支付成本，须对披露的信息进行选择和取舍，导致上市公司的可信度经常受到公众的质疑。美国信息披露规则偏定性，中国偏定量。定性规则符合成熟资本市场的发展需要，但对监管提出更高要求；定量规则虽易于实践操作，但也容易被规避。定性规则考验监管对象的自觉性和监管机构的专业性，以应对层出不穷的违规行为，符合现代资本市场的发展需要。

信息披露制度是保证上市公司质量的基石，是投资者做出价值判断的标尺。美国信息披露规则成熟完善、自律组织和举报制度健全；我国信息披露规则的制定和执行还存在漏洞，实践中上市公司信息披露流于形式，自律组织协同度、参与度不高，在风险揭示、充分性和语言格式等方面都有改进的空间。

首先，科创企业普遍具有投入大、迭代快、风险高等特点，需要特别注重风险揭示是否充分到位。目前不少招股说明书风险揭示不到位，泛泛而谈、避重就轻。有的风险因素披露违反规则要求，包含发行人竞争优势及类似表述，风险揭示变成自我表扬。针对现状，应提高上市公司信息披露详细程度，增加篇幅，可在招股说明书和企业年报醒目位置增加独立章节作为风险信息披露。

其次，有些企业对科技创新、商业模式创新的相关事项披露不够充分。核心技术、研发人员、研发投入等指标是科创企业的重要特征，是投资者了解和判断发行人是否具有科技创新能力的重要依据。科创板企业中，存在一些采用较为新颖的业务模式和盈利模式、投资者不太熟悉的企业。相较其他板块，科创板招股说明书应更加注重对科技创新相关事项的披露，但目前不少企业存在披露不充分的问题。在今后的信息披露过程中，应对科创板上市企业就科技创新及商业模式的信息披露做出更详尽的要求：如研发团队情况、技术先进性程度、在国内市场的竞争优势等。此外，信息披露的语言格式可以更加规范。科创板招股说明书准则明确要求应便于投资者阅读，浅白易懂、简明扼要、逻辑清晰，具有规范性、可读性和可理解性。

总体而言，目前招股说明书信息披露不友好的问题较为突出：部分招股说明书未能使用事实描述性语言突出事件实质，而使用市场推广的宣传用语；招股说明书使用很多晦涩难懂的专业术语，有的未能尽量使用图表、图片或其他较为直观的披露方式；还有的引用第三方数据或结论未注明资料来源等。因此，需要对信息披露的语言、格式做出更详尽的要求，以提高信息的可读性、易读性，降低投资者的信息获取难度。财务指标披露尤其需要完善。对比之前的上市要求，科创板的上市要求更为灵活，企业满足5项标准之一便可上市。但这在贴合科创类企业特点的同时，也对监管部门的审核与信息披露提出更高要求。

2. 社会力量监管不足

中美金融业在自律组织的自主性、系统性和社会监管的积极性等方面都存在差异。相比于美国证券监管参与者的多元化，我国对证券市场的监管更多依赖行政力量。美国法定自律监管组织包括美国金融业监管局（FINRA）和美国公众公司会计监督委员会（PCAOB），均由法律设定，受SEC监督。FINRA旨在保护投资者权益，包括会员注册、规则制定、监督检查、自律惩戒、投资者教育等。PCAOB旨在监督公众公司的审计师编制公允和独立的审计报告。尽管目前中国有证券交易所、证券业协会、期货业协会等行业自律组织，但尚未与行政监管形成合力。证券交易所作为一线监管部门，本应最直接、及时地发现问题，但由于内部风险控制层级较低、监管缺位，轻微违法违规事件不能及时纠正。美国在《多德－弗兰克法案》颁布后，设立吹哨人制度，激励内部知情人士举报公司的违法行为，同时对举报人严格保护。中国的相关制度和政策效果并不明显。

因此加强证券业监管和社会联合监督也是我们在发展中必须重视的问题。注册制相较核准制而言，发审部门的审核责任相对较轻，而发行人与中介机构责任更加重大。科创板在发行的硬条件准入方面有所放宽，增加了包容性，所以对中介机构责任要进一步强化。但就我国实际情况而言，目前《证券法》与股票发行核准制相匹配，与科创板试行注册制可能会产生规制冲突。因此相关法律、监管制度应围绕科创板注册制，对中介机构责任等进行制度重构：①在注册制下需要加强中介机构行政责任与民事责任的可落实性；②明确不同中介机构在虚假陈述中的责任划分，如明确规定保荐机构应对发行人信息披露材料中的虚假陈述承担由牵头责任所带来的主要责任；③明确会计师事务所等证券服务机构责任，做到其承担责任大小与其承揽业务所得金额相匹配。对比美国社会各界对证券业的监管和严格的惩处力度，我国对证券业的社会监督参与度不高，对违法违规行为的惩罚力度不够。虽然在科创板媒体监督问答会上，上交所表示欢迎社会监督，但仍未出台完善的法律法规予以落实。2018 年以来，多起上市公司财务造假案例浮出水面，也将会计师事务所的责任问题凸显出来。近年来我国众多会计师事务所在上市公司的审计过程中涉及造假丑闻，因此需要明晰会计责任认定以及加大惩处力度。

此外，可以合理营造舆论，强化投资者风险意识。舆论是监管部门与公众的沟通渠道，监管部门可通过大众传媒广泛听取社会意见和传递政策信息，合理利用好舆论平台对市场进行监管：①高度重视证券市场报道信息和数据的真实性，明确财经媒体发布不实信息的法律责任；②由于科创板受到社会公众的高度关注，一方面要合理利用舆论引导正确预期，另一方面要通过舆论加强科创板投资风险披露，树立投资者风险意识。

3. 交易机制不同

美股交易机制规定投资者可实现当日买入、当日卖出的“T+0”交易。我国科创板实行“T+1”交易，即投资者在当天买入后，无论盈亏要到第二天才可以卖出。中国股市散户众多，为防止股票价格暴涨暴跌，抑制投机，限置了涨跌幅并实行“T+1”交易制度。但这种制度设计也存在弊端，导致市场长期畸形发展。实施“T+1”交易不利于投资者买错股票之后的纠错。“T+0”交易相当于减少了对投资者交易权利的限制，而“T+1”交易并不能更好地保护下行行情中从事股票交易的投资者利益，甚至导致投资者的交易风险有扩大趋势。其他国家和地区均实行“T+0”，唯独我国大陆实行“T+1”交易制度，这对境内外投资者造成诸多不便，也不利于我国资本市场开放。实施“T+1”操作也存在制度上的漏洞，证券信用交易使证券交易可与证券登记结算在特定时间产生背离。

科创板的交易规则已经相较主板做出了灵活的调整，放宽了涨跌幅限制；而注册制的本质必然意味着市场必须依赖自身的价格发现功能，对上市企业进行合理定价。如果存在交易规则的限制，多少会制约价格的有效发现。涨跌停板制度和“T+1”交易制度对市场投机行为和流动性都有一定程度的抑制，但只要引导得当，与国际市场接轨放开涨跌停板和实现“T+0”是必然的结果。科创板既然设立了投资者进入门槛，又放宽了涨跌幅限制，在试运行一段时间后，如果放开“T+0”交易，股票价格可以更迅速地找到定价依据，投机行为不太可能持续，也有利于优秀企业和劣质企业更有效地分化，就像港股市场一样，市场有结构性分层，但不用担心投资者匹配问题。由于科创板是一个增量改革市场，已经试点了注册制，如果成熟市场的交易规则也能在这块市场中有效试点，无疑对我国资本市场改革发展具有重大意义。长远来看，如果在交易机制上无法完全实现价值发现功能，股票市场的融资信息不对称将始终存在，金融泡沫对实体经济活力的抑制也将始终存在，注册制的初衷就没有真正得到兑现。

（四）部分股票市场推出注册制后对市场交易层面的影响

注册制作为资本市场的一项重大改革，对股市中长期风险偏好能够起到显著提升作用。其注册制对资本市场带来的最直接冲击是上市效率提升、供给放大。从行业影响拆分看，IPO 扩容速度加快、偏成长性行业上市占比较高、稀缺性承压，导致相关行业估值下修明显。

以香港为例，2003 年注册制推出后 1 年内，IPO 提速共上市 62 家，首日总市值达 2887.48 亿港元，其中市值占比前三的行业为金融业（51%）、资讯科技业（19%）、工业（9%）。以注册制推出后 1 年期行业相对恒生指数涨跌幅来看，这些 IPO 市值较高的行业对存量稀缺性造成一定冲击，行情排名靠后（如金融业、工业超额收益分别为 -0.41%、-11.97%）。

以中国台湾为例，2006 年注册制推出 1 年内，IPO 共上市 38 家，基本以电子行业为主，而 1 年期电子行业相对台湾加权指数跌幅为 -4.56%。由于成长性行业稀缺性承压，上市较早、格局稳定的周期行业相对占优。

同样以注册制推出后 1 年期为视角，以中国香港为例，行业相对恒生指数涨跌幅排名前三的为原材料业（122.30%）、能源业（36.14%）、地产建筑业（32.24%）；以中国台湾为例，行业相对台湾加权指数涨跌幅排名前三的为建材营造（60.83%）、食品（49.39%）、水泥（31.97%）。

在注册制改革提升市场中长期风险偏好的背景下，弹性更大的小市值股票长期跑赢市场的概率更大。以香港为例，恒生小型股注册制1年期相对恒生指数涨幅高达31.82%，引领市场走牛；以台湾为例，台湾柜台指数注册制1年期相对台湾加权指数涨幅为1.57%，而台湾50指数、台湾中型100指数的超额收益均为负。

需要明确的是，股市的牛熊有其自身的经济规律，不能脱离宏观经济环境、政策背景、上市公司质地等基本面以及资金面多重因素而作单一的归因。一种新制度的推出，可能会给短期股市交易带来一定的影响，但更多的作用还是在中长期体现，交易风格、行业倾向都可能会展现阶段性的特征，但是中长期的制度不断完善的过程最终会使股票的波动回到基本面和供求关系决定的价值中枢。

就A股而言，科创板作为一项增量改革试点，隐含了监管层对注册制可能引发的市场冲击的考察意图。如果注册制试点从增量市场扩展到存量市场，从科创板复制到创业板，未来再全面推行，对A股市场的交易一定会产生深远的影响。随着股票供给的增加，公司的壳价值可能会大幅缩水，中小市值股票的估值中枢也会下移。在投资者保护机制建立和完善之前，改革必须是渐进的，因此股票发行速度和节奏的控制就显得较为关键。

（五）注册制的成效评价

注册制上市条件相对宽松、上市效率大大提升、退市严格等制度优越性将导致企业上市与退市流通速度加快，资本市场融资功能充分发挥，上市/退市数量、首发募集金额的增长可以作为对注册制影响最直接的评价指标。

以美国为例，得益于成熟的注册制制度匹配，20世纪90年代初股权融资规模快速扩大。同时美国吸引全球优质企业上市，美股历史上吸引境外企业上市共1098家，占总上市家数的20.54%。注册制匹配退市制能够保证资本市场整体质地，根据万得数据，2005年至今美股共退市1081家公司，2013年以来美股退市公司数量每年都在200家以上，2013年当年最高退市

326 家。美股的退市制度更为市场化，除了企业经营不善、违法违规等强制退市原因之外，市值萎缩、交易量僵化等反映投资者对公司认可度不高的市场化指标也会被纳入退市的考量标准。美股退市率约为 10%，A 股却不到 2%。

以中国香港为例，2003 年双重存档制度推出后，IPO 和退市双向实现常态化，2003 年至今平均每年 IPO 数量在 96 家左右，平均每年首发募集资金 2000 亿港元左右，平均每年退市 10 家左右，占 IPO 的 10% 左右，融资功能充分发挥，资本市场健康运行。

注册制改善资本市场融资功能的最终落脚点还是服务实体经济、引导产业转型升级，因此，我们也可以通过上市公司的产业市值占比是否与经济转型方向相匹配来衡量注册制的有效性。以美国为例，经济产值占比中“科技上、消费下”的趋势在美股市值中得到呼应。美股市值结构与经济产业背景变迁形成良好映射，美股科技成长类行业市值占比从 1980 年的 20.6% 上升至 2019 年的 43.4%，而消费类行业的市值占比相应下降。

注册制匹配退市制度会对市场形成优胜劣汰的反馈趋势，优质龙头企业融资更为便利，最终反映在业绩上，进一步驱动股价，形成良性循环，因此观察企业盈利增长也是注册制影响的后验指标。注册制同时拓宽了私募股权和风险投资基金的退出通道，有助于促成“投资—退出—再投资”的良性循环，缓解早期投资者的退出困境。一级市场优质热门公司上市、二级市场股价反映即“一级市场映射有效”，可以看作注册制功效之一。

我们考察 2019 年 7 月 22 日科创板首批上市的 25 家公司。在 7 月 22 日上市的公司中，营业收入增速的差距较大。2018 年收入增速最高的为睿创维纳，同比增速高达 147%；有 3 家公司 2018 年收入增长为负，分别为华兴源创、西部超导和福光股份。ROE 水平普遍较高，其中 2018 年 ROE 最高的为瀚川智能，为 47%，而其余公司的 ROE 则普遍在 10% 以上，仅有 3 家公司的 ROE 在 10% 以下。首批上市的公司研发投入水平普遍较高。2018 年研发费用/营业收入最高的为虹软科技，比例高达 32%；比例最低的为中国通号，仅为 3.3%，然而中国通号的公司规模较大，2018 年营收高达 400 亿元，3.3%的比例即意味着高达13亿元的研发投入。从行业分布看，归属于机械、电子、计算机、医药和钢铁材料行业的企业分别为12家、7家、2家、2家和2家。机械和电子将成为此次首批挂牌上市企业中数目最多的两个行业。

市场最为关注的估值水平方面，对比创业板整体大约42倍的市盈率水平，科创板22日首批发行的公司中市盈率最低的为中国通号18.8倍，最高的为中微公司170.8倍。而在42倍发行市盈率以下的股票有10只，占比为40%。

总体而言，科创板作为我国资本市场的新生事物，在设立初期必然会遇到上市企业质量参差不齐、个别股票可能遭遇非理性爆炒等情况，这在市场的培育和成熟过程中都属于很正常的现象。科创板运行一段时间后，我们更应采用科学的方法来评价科创板的总体功能效果，包括其对企业融资和产业发展支持的效果，注册制在流程、制度安排上为企业上市带来的便利性，市场整体机制是否健全及对投资者的友好程度等。预计科创板的发行节奏和总体规模将会有条不紊地维持在适当水平，运行较长一段时间，并平稳地将注册制的操作特性向创业板或其他市场扩散。

四　科创板市场发展对浦东新区改革开放再出发的促进意义

（一）浦东改革开放再出发是新时代的使命要求

2019年6月，上海市政府出台《关于支持浦东新区改革开放再出发　实现新时代高质量发展的若干意见》（以下简称《若干意见》），这一文件对浦东改革开放再出发、对上海改革开放再出发具有重大意义。改革开放以来，浦东承担了很多国家战略，先行先试的示范带动作用显著。从全国第一个综合配套改革试点城区，到全国第一个自贸试验区、自主创新示范区等。在这个过程中，浦东一路秉持敢闯敢试、先行先试的精神，这也是再出发走向未来的强大精神动力。当前，中国的改革开放处在历史关键时期，浦东开发开放也迎来30周年。在这样的背景之下，中央明确要求上海要为全国改革发展做出更大贡献，而浦东改革开放有集成性、聚焦性，支持浦东进一步开发开放有纲举目张的作用，可担负起“排头兵中的排头兵、先行者中的先行者”的作用，从而为上海服务国家战略，为全国深化改革开放实现高质量发展做出更多贡献，创造更多经验。

《若干意见》提出20条支持举措，全方位支持浦东新区。其中，深化改革、扩大开放领域主要聚焦浦东作为改革开放排头兵的重任；科技创新、产业升级领域聚焦更高质量发展；现代化城区建设聚焦高品质生活，体现以人民为中心的发展理念。

一是当好全面深化改革的探路尖兵。支持浦东新区以制度创新为核心，对标最高标准、最好水平，大胆试、大胆闯、自主改，打造国际一流营商环境。主要举措共5条：依法赋予浦东新区市级经济管理权限，深化市场准入管理制度改革，深化“互联网＋政务服务”改革，深化政府综合监管创新，深化产业用地制度改革。

二是打造全方位开放的前沿窗口。积极探索从商品和要素流动型开放向规则等制度型开放拓展，加大开放型经济风险压力测试力度，在更深层次、更宽领域，以更大力度推进全方位高水平开放。主要举措共4条：深化重点领域开放先行先试，提升投资贸易自由化便利化水平，打造联通全球的大平台，更好服务国家“一带一路”建设和长三角一体化发展战略。

三是建设具有全球影响力的科创中心核心承载区。强化科技创新前瞻布局和融通发展，完善技术创新体系和科技服务体系，参与全球协同创新，打造集聚全球创新资源的“强磁场”、不断推出创新成果的“原产地”、促进成果高效转化的“首选区”。主要举措共3条：加快提升科技创新策源能力，构建更具吸引力的创新生态，打造更具竞争力的人才综合服务环境。

四是建设具有国际竞争力的产业新高地。坚持把高质量发展着力点放在实体经济上，着力提高经济密度，打造一批战略领先的现代产业集群和充满生机的创新企业集群，增创国际竞争新优势。主要举措共2条：打造世界级先进制造业集群，提升高端服务业全球竞争力。

五是建设高品质的现代化城区。生态优先，绿色发展，全力提升城市精细化管理水平，增强城市吸引力。主要举措共 3 条：构建国际一流的枢纽型、网络化综合交通体系，加快实现更高水平的城乡发展一体化，建设更加完善的“城市大脑”体系。

综观上述要点，制度建设、基础设施建设、人才、环境、服务和产业集群可谓重要关键词。而位于浦东新区的上海证券交易所及其新上市的科创板市场，肯定能在这些方面对浦东改革开放再出发给予支持和促进。

（二）科创板建设对浦东改革开放再出发的积极作用

1. 科创板交易和注册制的创新改革与浦东新区深化改革、制度创新的内在精神一脉相承

首先，中央支持浦东新区以制度创新为核心，对标最高标准、最好水平，大胆试、大胆闯、自主改，打造国际一流营商环境。科创板的提出和设立同样是这一宗旨的体现，而且科创板市场是金融、市场基础制度、科技商业等领域改革模式的有机结合产物。

其次，金融开放是当前不断推进的新形势，科创板市场具备得天独厚的制度优势，同时又处在浦东这一深化重点领域开放先行先试、提升投资贸易自由化便利化水平、打造联通全球的大平台、更好服务国家“一带一路”建设和长三角一体化发展战略的战略高地。可以说，两者是“天时”“地利”的交汇。科创板必将为浦东吸引更多更重要的投资主体、融资主体，建设符合国家战略要求的商业贸易开放大平台做出贡献。

2. 科创板有助于推动浦东的科技创新和产业集聚

众所周知，陆家嘴金融贸易区、张江高科技园区是浦东改革开放以来建设的重大成就，是金光闪闪的城市名片和经济驱动力。科创板的设立对于我国加强自主可控、扶持科技企业、推进科技创新具有重大意义。浦东和张江高科技园区多年以来孵化了非常多真正的科技企业和创新企业，有望为科创板持续输送优质的上市公司资源。

当前浦东经济建设主要推进“六大硬核产业”集聚发展。①“中国芯”，集成电路规模突破了千亿元，占全市的73%，正在推进上海集成电路设计产业园建设，力争集聚千家企业、形成千亿规模、汇聚十万人才、新增百万空间。②“创新药”，产业规模672亿元，占全市的46%，正在建设张江创新药产业基地、张江医疗器械产业基地等10平方公里的产业空间。③“智能造”，正在以张江人工智能岛和临港国际智能制造中心为载体，加快工业互联网、人工智能技术发展，建设全国人工智能创新应用先导区。④“蓝天梦”，航空航天产业持续保持两位数增长，正在加快启动建设祝桥航空产业园，推动产业不断向价值链高端提升。⑤“未来车”，汽车产业规模超过2000亿元，正在加快发展新能源、智能网联汽车，特斯拉超级工厂力争年内建成投产。⑥“数据港”，软件和信息服务业增加值达938亿元，占全市48.7%，正在推进“卡园+软件园+信息产业园”三园融合，加快5G技术示范应用。

上述六大产业，无一不是资本市场聚焦和支持的重点所在。资本和产业应是鱼水共生的关系，在脱虚向实的政策导向下，推动金融反哺实业、金融支持科技行业和实体企业。科创板交易市场为企业提供了重要的融资渠道，为前期支持企业发展的产业资本提供了重要的退出渠道，为后续进入的投资者提供了参与持续建设、分享企业成长成果的投资渠道。我们将看到，有积极扶持的产业政策、有健全的市场基础设施、有吸引金融资本自由进出的土壤，浦东新区的产业集群和广大科创企业将会迎来发展壮大的重要机遇，这也是上海科创中心建设的里程碑。

3. 科创板的改革与发展可以为浦东吸引人才

对于浦东来说，发展过程中最重要的一个因素就是人才，《若干意见》给了浦东很多支持，也提出了更高的要求，比如打造高能级的人才服务综合体和人力资源配置枢纽。2019年4月，浦东国际人才港已经在张江正式开港，这是为人才服务的重要平台，让企业和人才获得最佳体验、最高效率和最优服务，努力构建人才服务最优生态圈。

浦东以上海科创中心建设为动力，全力推进高质量发展。包括活力四射的张江科学城建设加快，上海光源二期、硬X射线等一批大科学设施顺利推进，微软全球最大的人工智能和物联网实验室、Plug & Play 全球第二大科技创新中心等一批重要的研发孵化平台落户，创新创业生态体系不断完善。在这些举措和成果背后，充满了国内外重要人才向浦东集聚的身影。上海历来高度重视吸引和培养人才，也是实干家的乐土。浦东新的自主权更大的人才引进战略和便利政策也是塑造优质营商环境的条件之一，有利于人力资源的开拓和创新创业。科创板市场的创新改革则将为此进一步提供吸引力。上市公司的股权激励、员工持股计划等正向激励手段是绑定人才团队的重要砝码，而未来可能的对科创板企业股东减持等更新的规定也会让金融反哺实业、金融支持人才的制度落实更加规范和有效。如前所述，在浦东这一“天时”“地利”融合的环境里，具备创新能力的高素质科技人才团体、创业团队以及金融人才都将更有动力前来为上海科创中心建设添砖加瓦。

今后，预计会有更多的上市、并购重组、再融资、减持等相关规定出台。通过科创板和注册制试点的不断完善，充分发挥价值发现功能，联结投融资的两端需求，真正落实创新驱动和科技强国战略，推动上海国际金融中心和科技创新中心建设，促进浦东新一轮改革开放，实现多层次资本市场建设。

参考文献

倪赓、戴康：《广发科创板一周全景》，《广发证券研究报告》2019 年 8 月。

胡继之：《海外主要证券市场发行制度》，中国金融出版社，2001。

任泽平、曹志楠、马图南、黄斯佳：《注册制：一场触及灵魂深处的改革——中美股市监管比较视角》，《恒大研究院研究报告》2019 年 4 月 16 日。

谭可、王紫：《港股启示录：从港股注册制看科创板》，《东兴证券研究报告》2019 年 4 月 19 日。

刘君：《美国证券公开发行如何做到“注册制”》，《中国证券报》2013 年 11 月 18 日。

周松林：《上交所表示积极稳妥推进科创板和注册制试点》，《中国证券报》2018 年 11 月 6 日。

B.6
“五个中心”融合发展实践与展望

上海社会科学院课题组 *

摘　要： 融合发展是社会发展的重要规律之一。研究发现，浦东新区“五个中心”融合发展是在浦东新区核心功能区建设新阶段，中心功能在广度、深度和密度三个维度都出现新的特征，即由要素集聚、扩散向能量辐射阶段过渡，由产品、机构融合向要素融合提升、功能融合（复合）增强、空间扩大融合阶段过渡，由政府引导向市场过渡。浦东新区“五个中心”融合发展来自浦东新区自身发展要求，是浦东新区自身与自身竞争的结果，具有创新性、探索性和浦东特色。

关键词： 融合发展　“五个中心”　浦东发展

融合发展是社会发展的重要规律之一。不仅能缓解特殊利益与共同利益之间的矛盾、实现共同活动的自愿分工，而且能推动社会发展的第一生产力力——科技创新。

党的十八大以来，以习近平同志为核心的党中央把融合发展思想提高

---

* 本课题系浦东新区人民政府研究室委托课题。课题组负责人：徐美芳，经济学博士，上海社会科学院副研究员，《社会科学报》副主编、副社长，主要研究方向为金融发展。课题组成员：雷新军，经济学博士，上海社会科学院经济研究所副研究员，主要研究方向为产业经济；李双金，经济学博士，上海社会科学院经济研究所副研究员，主要研究方向为制度经济学；王鹏翀，上海社会科学院经济研究所研究生，主要研究方向为数字货币。本报告执笔人：徐美芳。

到新的高度。中央在各个领域、各个方面、各个层次制定的战略、策略、方针、政策，无不贯穿着融合发展的重要思想。上海在贯彻落实相关国家战略、策略、方针、政策时，越来越重视融合发展的重要意义。以融合发展思路加快推动“五个中心”建设，成为新时代的基本特征。浦东是国家改革开放战略的产物，浦东开发开放的意义在于发挥窗口作用，在于发扬敢闯敢试、先行先试的精神，在于发挥排头兵、试验田的作用。这是浦东发展最根本的使命和责任，也是浦东探索“五个中心”深度融合发展的意义所在。

一　浦东新区“五个中心”融合发展实践现状和成效分析

（一）基本判断

浦东新区“五个中心”融合发展，是浦东新区核心功能区建设新阶段，中心的功能在广度、深度和密度三个维度都出现新的特征，关键动力来自浦东新区自身发展要求，是浦东新区自身与自身竞争的结果，具有创新性、探索性和浦东特色。

浦东新区“五个中心”融合发展正在由要素集聚、扩散阶段向能量辐射阶段过渡，由产品融合、机构融合向要素融合提升、功能融合（复合）增强、空间扩大融合阶段过渡，由政府引导向市场过渡。

（二）融合机制现状

1. 政府引导是关键

作为国家战略，“五个中心”建设受到各级政府和相关部门的高度重视，但“五个中心”在上海市层面分别对应科委、金融局、商委、交通委等各个部门。部门间的条块分工，难免在引导、管理新兴产业、新兴业态、新兴模式时，主观上或客观上造成管理低效问题，如区域管制、信息碎片化、政策的不协调现象时有发生，涉及多部门的综合问题有时出现多重管理有时又出现监管真空。对此，上海市政府明确提出“五个中心”融合发展，重大举措的实施方面也体现了融合发展思想。

（1）市、区两级政府报告明确提出“五个中心”融合发展

上海市和浦东新区政府在一些重要的文件中明确提出，“五个中心”融合发展。如上海市“十三五”规划明确提出，“经济中心城市的国际地位不断提高，金融、贸易、航运和科创等重要功能有机融合、互为促进”。浦东新区2019年政府工作报告则进一步明确提出，积极促进“五个中心”深度融合发展，推动建设现代化经济体系，增强核心功能优势，推动“五个中心”功能互为机遇、互为供给、互为支撑、互为动力，全面提升城市能级和核心竞争力。

上海将“五个中心”融合发展写入政府文件或报告，不仅表明了融合发展的重要性，而且也为“五个中心”融合发展的实践提供了最大的支持。

（2）若干重大战略举措体现“五个中心”融合发展

近年来，若干在浦东新区实施的重大战略举措尽管没有明确提出“五个中心”融合发展，但其理念或目标是与“五个中心”融合发展相一致的。

第一，以上海自贸试验区建设为契机进行的融合发展体制探索。制度创新是自贸试验区建设的核心，不仅推动中国全方位对外开放，也为“五个中心”融合提供了制度保障，为“五个中心”辐射长三角、服务全国打下体制基础，主要表现如下。

政策支持。如2013年国务院出台的《中国（上海）自由贸易试验区总体方案》，明确提出上海自贸试验区第一项主要任务是“加快转变政府职能，改革创新政府管理方式，按照国际化、法治化的要求，积极探索建立与国际高标准投资和贸易规则体系相适应的行政管理体系，推进政府管理由注重事先审批转为注重事中事后监管”；2019年6月，上海市发布的《本市贯彻〈关于支持自由贸易试验区深化改革创新若干措施〉实施方案》提出，支持浦东新区制定新业态等领域非标准就业形式下劳动用工管理和服务规

则，以“四新经济”为重点开展相关试点。

政府相关部门体制改革。如成立上海自贸试验区市场监管局、推动“放管服”改革、成立相关平台服务产业融合。一方面，浦东通过政府职能的转变，将企业需求放在首位，审慎引导，全面梳理国家、市、区三级企业市场准入审批事项，建立全覆盖事项清单。随后将事项清单按行业分类，推送给行业内企业，通过企业“众筹”改革事项。再梳理企业建议，围绕重点产业，针对企业痛点研究确定改革方式，并问效于企业，全面了解企业感受度和满意度，持续优化完善改革举措。另一方面，浦东注重信用支撑，通过发展中介机构等方式完善信用机制建设，把以信用监管为支撑的告知承诺作为“证照分离”改革的主要方式；推行分类管理，把信用评级一般的列为监管重点；将告知承诺事项的跟踪核查和监管记录纳入信用评估体系，进行预警提示和联合奖惩。这些改革极大降低了“五个中心”深度融合成本。2018 年 11 月，上海自贸区融资租赁产业发展服务中心（平台）正式揭牌，通过发挥政府部门组织协调优势，整合上海自贸区和浦东新区现有各类融资租赁服务团队、力量和资源，为融资租赁企业提供服务支撑。

促进财政、金融、科技等政策协同发展。利用自贸试验区海关特殊监管区的政策优势，上海自贸区保税区片区加快发展重点项目公司（SPV），在促进金融与科技结合的同时，使其享受离岸中心的法律赋予的各种低税率优惠。

第二，“双自联动”增强创新策源能力推动“五个中心”深度融合。2015 年 11 月，上海出台《关于加快推进中国（上海）自由贸易试验区和上海张江国家自主创新示范区联动发展的实施方案》，为创新政策叠加、体制机制共用、服务体系共建提供了机遇。政府在推动自贸试验区经济活力提高的同时，加强了制度机制改革创新，从而产生“1 + 1 远大于 2”的效果，进一步推动了“五个中心”深度融合发展。例如，2015 年率先试点药品上市许可持有人制度，德国制药巨头勃林格殷格翰与张江生物医药基地合作建设的勃林格殷格翰中国生物制药生产基地，成为国内首个开展生物制药合同生产（CMO）的试点。该基地突破了产业链中的“生产瓶颈”，通过利用得天独厚的贸易条件，运用跨国公司成熟的生产平台，生产出符合国际标准的新药。

以人才集聚为核心，增强“五个中心”深度融合的关键要素保障。2016 年 5 月，上海市委组织部等部门发布了《关于“双自”联动建设国际人才试验区的实施意见》，进一步明确国际人才试验区的改革目标和任务。10 月，上海与国家外专局签署了共同推进张江国家自主创新示范区国际人才试验区合作备忘录，提出建立健全国际化运行机制等 4 个方面 23 项创新举措，建立了接轨国际的合同管理、议价薪酬、异地工作的用人模式，依托干细胞、量子通信、医学大数据、先进传感器等重大项目，集聚全球高层次人才近 500 名。另外，“双自”联动在园区建设、场景应用、产业发展、空间拓展等方面持续发力，不仅增强上海的创新策源能力，还有助于加大科技成果转化力度，也有利于推动“五个中心”深度融合不断发展。

第三，以“双城联动”建设推动金融中心和科创中心深度融合。陆家嘴金融城和张江科学城分别作为上海金融中心建设的“桥头堡”和上海科创中心的重要策源地，在政府的引导下建成“双城联动”机制，对于推动金融中心和科创中心深度融合具有积极的作用。

首先，推动金融科技发展。调研发现，陆家嘴金融城的政策思路主要是发展金融科技，使科技赋能金融业。其政策思路主要依据在于，陆家嘴金融城认为金融机构衔接科技如同军工之于民用一般，具有天赋优势，成熟的技术成果从金融业扩展到其他服务业，更利于促进技术的普及和革新，从而通过科技和金融的融合，使科技拥有更为优良的应用场景，使金融更为高效，有利于发展实体经济。具体在于利用科技提高金融业服务效率，提升服务能级，扩大服务范围，降低服务成本，从而显著提升金融服务的辐射力和影响力。

其次，继续推动科技金融发展，包括科技信贷、股权投资、资本市场以及科技保险。政府通过平台建设，建立包含征信系统、中介机构、人才培养、科技金融专家库在内的支撑服务平台，为科技企业提供全方位的科技金融服务；通过机制改革，将财税扶持机制、组织保障机制、沟通协调机制三者整合成综合保障机制，保证扶持企业的健康、长久发展，从而助力张江科学城的科创策源能力提升。

第四，以科创板建设为契机，全面推动“五个中心”深度融合发展。科创板将实现资本市场和科技创新更加深度的融合。一方面，科创中心建设将极大地利用金融中心的深厚资本力量加快科创策源能力的提升和推动科技创新产业的发展；另一方面，资本市场的层次深化、金融政策体系的完善也将以此为契机进一步向前推进。更为重要的是，注册制改革对于提高中国上市公司的质量和彻底解决 IPO“堰塞湖”问题有着重要的推动作用，将使我国资本市场进一步良性发展，更好地作用于科技创新的建设。截至 2019 年 11 月初，科创板第一批 25 家公司上市，符合预期、基本平稳，实际效果基本得到市场认可。从企业申请受理到完成注册平均用时不足 4 个月。

2. 市场推动力量在增强

央企、地方国企、民企和外企对浦东 GDP 的贡献几乎平分秋色。本研究发现，国有大型制造业、金融业领域的企业和民营科技服务类企业，在产业融合过程中发挥的作用也各有特色。

（1）国有大型企业以数字化建设带动“五个中心”深度融合

一方面，浦东国有企业在资本规模、技术、管理、品牌、信誉等方面同样有着巨大优势，客观上具有推动“五个中心”深度融合的实力；另一方面，国有资本的社会责任使然，在追求经济效益的同时，也应注重发挥国有资本的影响力和带动力，通过整合带动社会资源，增加全社会福祉。研究发现，浦东目前已形成以下三种主要融合方式。

第一，业态创新融合方式。近年来，浦东国企制造业在数字化、信息化方面做了大量探索，工业再造的优势也逐步显现。如通过数字化，这些行业内的部分企业也将线下服务变成线上服务，极大提升了企业的软实力。通过数字化、大数据，增加服务的预测性、主动性，甚至改造了商业模式，形成了平台型企业，提升了企业品牌形象。如振华重工在科技应用的深化方面积极布局“智慧港口”，利用上海科创中心人才和技术优势，首创第四代自动化码头系统提升港口工作效率，大幅削减了人工成本，改善了港口作业安全环境，技术引领全球。此外，针对码头设备数据本地化、离散化这一痛点，公司发挥客户资源优势，使用物联网技术构建自动化码头解决方案，搭建全球港机备件供应平台，从港口设备收集全面的数据并获得业务洞察力，实现全球化的地域覆盖，为客户提供全生命周期的服务，有望逐步主导全球港机备件售后服务市场。这种趋势和影响，将随着上海加快构建现代产业体系而进一步显现。

第二，产业链延伸融合方式。国有大型企业不仅外显实力强，资源整合能力也相对较强，通过产业链延伸辐射周边地区、带动其他城市节点的作用也越来越明显。调研显示，浦东制造业领域和金融业领域的龙头企业，均以不同方式走在金融科技应用领域前列，利用资本和信息优势，整合资源推动服务产业发展。如 2018 年 4 月 18 日，建信金融科技——中国建设银行旗下全资子公司——在浦东成立。作为国有大型商业银行设立的第一家金融科技公司，也是国内商业银行内部科研力量整体市场化运作的第一家，该金融科技公司由原建行总行直属的七个开发中心与一个研发中心整合而来，拥有银行体系内扎实的数据资源，如客户信息。业务以服务建行集团及所属子公司为主，并开展科技创新能力输出，利用科技整合集团资源，一定程度上打破了之前金融发展和科技发展中商业风险壁垒的问题，通过内部科技积累，以共享的平台给同业提供技术输出，从而推动科创与金融的深度融合发展。

第三，科创产业基础建设。此外，国有企业主体还利用其优势推动科创产业基础建设。在张江核心区内，目前已经汇聚了一批具有重大影响力的重大科学装置和国家级研究中心，包括超算中心、国家蛋白质中心、上海同步辐射光源、量子卓越中心、中国商飞、中科院上海药物所、中国人类基因组（南方）研究中心、国家生物芯片有限公司等。这些国有企业主体对于推动张江科学城建设发挥着至关重要的作用。

（2）民营企业助推“五个中心”深度融合

浦东开发开放以来，孕育、吸引了一大批优质的民营企业。在浦东建设“五个中心”核心功能区的过程中，这些民营企业通过运用自身的科技禀赋、浦东大量的优质应用场景及良好的营商环境，以已经成熟的大型企业为主要服务对象，在推动大型企业产业升级与转型、提高科学技术产能的同时，助推“五个中心”深度融合，并且因大量的优质应用场景带来的可能经验，提高了科研开放水平。这种民营企业和大型企业之间的互动，成为重要的推动“五个中心”融合发展的市场力量。进一步研究发现，浦东民营企业服务大型企业的主要方向有三个。

第一，运用人脸识别技术提升实体经济运营效率。近年来，人脸识别成为最前沿的高科技技术，许多民营中小型科技企业将其成熟的人脸识别技术应用于国家安防领域、各大银行、政府相关部门，提高国家安防、金融风险防范、政府服务水平和能力，并在此过程中，形成核心技术闭环，打造了具备自主知识产权的人工智能产业链。在此过程中，浦东再次成为人脸识别技术的主战场。例如，中国计算机视觉“四小龙”之一的云从科技于2017年落户浦东。截止到2018年底，已开发的项目有临港科技城的人机交互等智能软件产品体系的建设，帮助将临港打造成人工智能与实体经济融合的标杆区域。其中云从科技的“人工智能SOC芯片研制及结合高准确度人脸识别技术的产业化应用”项目得到了经信委的支持，借助政府的支持与建行合作开发无人银行。

第二，运用新的建模算法提升传统金融业的服务水平和能力。中小企业融资难、融资贵是所有经济体面临的严峻挑战，至今还没能妥善解决。鉴于上海拥有大量的金融机构，一些民营中小型科技企业通过大数据、文本信息挖掘、应用场景等资源为它们提供服务，不仅提升了部分大型国有银行打造小微企业信贷业务客户生命周期大数据精细化管理系统的水平，为银行决策提供强力支撑，还在浦东形成了一股金融科技新力量。例如，成立于2016年的上海冰鉴信息科技有限公司，通过大数据技术进行收集、存储、计算、挖掘和管理，并通过深度学习技术和数据建模技术，使数据具有智能的技术能力。该公司发展在金融科技领域的应用服务，其服务对象主要为中国工商银行等各大银行。

第三，运用文本挖掘等服务为客户降低管理成本。一些民营中小型科技企业则专注于提供专业化服务，如文本挖掘和搜索推荐技术服务商达观数据，主要服务于华为、中兴、京东、顺丰、中国移动、招商银行等大型企业，大大提高了这些大型企业内部运转效率，降低了管理成本，提高了运营效率。

（三）浦东新区“五个中心”融合成效

从整体上看，“五个中心”融合发展直接推动了浦东经济持续快速发展，形成了一个比较有竞争力的产业结构和合理的产业布局。除此之外，本研究认为以下两个方面的成效与融合发展密切相关。

1. 不断提升企业在全球价值链中的地位

从企业层面看，“五个中心”融合发展有利于浦东集聚更多在全球价值链中处于核心地位的企业，助推中国企业加入全球价值链并实现产品、产业升级。

（1）大型企业延伸高端产业

过去，浦东新区大型企业产业核心关键技术对外依存度较高，企业主要集中在全球价值链低端和低附加值环节，处于微笑曲线的中部和底部，在品牌端没有话语权，在技术端受制于人，但随着经济基本面的改变，国际竞争环境的变化，浦东大型企业产业开始转换发展方式，转变产品思维，在关注产品制造核心技术提升的同时，着力提升服务附加值，线上线下互动融合加强，往高端延伸。

例如，浦东新区集成电路产业的产业链布局、产业规模、技术水平、综合实力在上海乃至全国极具优势，但相较国外先进技术存在一定差距。浦东集成电路产业依托上海金融中心、上海科创中心的资本及研发优势，近年来向产业链高端迈进，依靠大型企业集聚推动建设上海集成电路设计产业园，提高产业附加值，研制具有自主品牌的高端芯片。2018 年，浦东集成电路产业规模达到 1066 亿元，占上海全市的 73%，积聚了大量人才。

浦东新区传统工业装备制造业也不断向高端装备产业升级。2018 年，浦东高端装备产业实现产值 903 亿元，已成为上海智能制造产业重点集聚区。传统行业龙头积极融合人工智能产业，同时运用互联网、大数据、人工智能技术对其生产、管理进行智能化、自动化改造，大大提高了生产和作业效率。如洋山四期自动化码头，劳动力成本降低 70%，作业效率提升 30%，完成世界最大的集装箱船装卸作业可节省 10 个小时。此外，一些大型企业在保持其核心技术的同时，在科技应用的深化方面积极布局，如全球港口机械的龙头振华重工，利用上海科创中心人才和技术优势，针对码头设备数据本地化、离散化这一痛点，着眼于服务附加值，发挥优势为客户提供全生命周期的服务，在全球港机备件售后服务市场上布局发展，实现产业往高端延伸。

在浦东新区，大企业为产业往高端延伸，纷纷推动新型研究机构建设，行业龙头企业在浦东建立研发中心，与社会资本、高校共同打造重点实验室、开放型应用平台及联盟等。以张江科学城为例，目前已经集聚了一批具有重大影响力的重大科学装置和国家级研究中心，包括超算中心、国家蛋白质中心、上海同步辐射光源、量子卓越中心、中国商飞、中科院上海药物所、中国人类基因组（南方）研究中心、国家生物芯片有限公司等。

（2）跨界新兴产业快速发展

"五个中心"深度融合发展，催生了一大批具有潜力和优势的跨界新兴产业在浦东发展。这些领域的企业天生具有高附加值，居于价值链较高端，且呈现快速、融合发展的态势。

大数据赋能传统产业。如随着计算能力的提升和云存储等技术产品成本的不断降低，大数据走到了技术变革的临界点。2018 年，浦东数据产业营业收入超过 3600 亿元，占全市的 40% 以上。浦东数据产业的特点是由信息传输、软件和信息技术服务为主的数据服务构成，代表性企业有"独角兽"企业七牛云、冰鉴等。

云计算提升电子商务业态。云计算应用发展迅速，物流云、中小企业服务云等一批云计算平台蓬勃发展，支付宝、通联、快钱等第三方支付龙头在浦东集聚，天天果园、西域机电以及盒马鲜生三家 2017 ~2018 年度国家级电子商务示范企业在浦东成长，不仅使浦东成功创建国家电子商务综合创新实践区，而且推动浦东商贸业发展形成新增长点。

信息化和工业化深度融合，推动先进制造、生物医药、航空航天、金融航运等重点产业在浦东融合发展。2018 年，规模以上战略性新兴产业增速高于全市工业增速，上海工业战略性新兴产业比重提高至 30.6%，包括新产业、新技术、新业态在内的新经济增加值占全市 GDP 比重超过 31%。其中，新一代信息技术、新能源汽车、生物医药不仅保持两位数快速增长，在全市同行业中也占绝对主导地位。目前，浦东新区已成为上海乃至全国集成电路产业链布局、产业规模、技术水平、综合实力最具优势的地区之一。集成电路产业规模占全市的比重超过 2/3，约占全国的 15%。浦东新区具有发展民用航空产业的独特优势，浦东国际机场货邮吞吐量连续 11 年保持世界第三；中国商飞和民航商发等龙头项目的落户，为浦东民用航空产业强势开局。在聚焦大数据产业方面，浦东新区通过银行卡产业园、软件园、信息产业制造园“三园”融合发展，在海量数据归集存储、挖掘分析等方面突破一批关键技术，形成面向电子信息、金融服务、商务流通、智能装备等重点行业，以及电子政务、民生服务、城市管理等重点领域提供数据服务的产业集聚区。

另外，浦东地区现代服务业与其他产业间的边界更加模糊，跨界融合产业特征明显，现已形成既有贸易、服务、结算等第三产业管理中心的职能，又有具备独特的研发中心、公司核心技术产品的生产中心和现代物流运行服务等第二产业运营职能的生产性服务业。

（3）总部企业数量规模可观

在经济全球化背景下，跨国公司成为全球价值链的主导者和治理者，作用越来越重要。资料显示，浦东总部经济已成为浦东高质量发展的强劲引擎，总部企业对浦东的经济贡献度超过了1/3。截至 2018 年底，浦东新区已集聚各类总部企业超过 600 家，其中跨国公司地区总部 304 家，约占上海市总量的一半。

资料还显示，浦东已经成为中国总部企业最为集聚的区域之一，目前已形成了跨国公司地区总部、大企业总部、营运总部、区域总部、高成长性总部等多层次、宽领域的总部经济生态圈。随着总部企业不断集聚，浦东总部企业能级不断提升、功能不断叠加、模式不断创新、配置全球资源能力不断增强，也使浦东新区成为对标国际最高标准最好水平、持续优化营商环境的经典样本，亦为自贸区和科创中心建设提供动力。

2. 不断提升全球资源配置能力

中心功能本身就是一种资源。增强“五个中心”核心功能在某种意义上就是拓展浦东、上海乃至中国经济发展的资源要素。“五个中心”融合发展的高层次目标是不断增强核心枢纽功能，提升全球资源配置能力，推动上海建设卓越的全球城市。从当前成效来看，这种功能提升也有呈现，但远远不够。

（1）国际层面：国际地位显著提升

上海“五个中心”的核心功能提升是相互借力、互为促进的。例如，广袤的长江经济腹地以及由此带来的大量的进出口贸易是上海国际航运中心建设的一大优势。梳理浦东“五个中心”核心功能区建设现状，本报告认为主要成效有以下两个特点。

第一，金融服务功能和科创功能加快提升。浦东吸引了千余家监管类金融机构，集聚了落户上海的绝大部分金融要素市场，金融服务能级从中介、清算、结算提升到投融资、信用建设等，服务区域从上海、长三角、全国到“一带一路”沿线、全球。与此同时，在上海自贸试验区建设的推动下，人民币国际化程度越来越高。2018 年，以人民币进行结算的跨境货物贸易、服务贸易及其他经常项目、对外直接投资、外商直接投资分别发生 3.66 万亿元人民币、1.45 万亿元人民币、8048.1 亿元人民币、1.86 万亿元人民币。在落户浦东的中国人民银行上海总部指导下，人民币跨境支付系统（CIPS，一期和二期）分别于 2015 年和 2018 年投产使用，为人民币国际化提供了制度框架和基础性安排。但必须承认，人民币成为国际化货币的探索刚起步，如成立于2018年初的以人民币计价的能源期货交易受到复杂的全球经济形势影响，全球贸易结算中人民币占比仅为5%左右。

浦东是上海科创中心建设的主战场、主阵地，依托张江、临港两大区域，浦东在加快建设世界一流的张江科学城和智能制造发展高地方面取得不少成绩，如12英寸大硅片、商飞飞机装备等重大产业项目竣工投产，C919国产大型客机全面试飞。不可否认，现有科创中心功能并不能完全满足中国经济转型升级需求，与中国经济总量全球第二的地位也不相称。

第二，航运和贸易功能实现有目共睹的好成绩。以外高桥港和洋山港为主的上海港集装箱吞吐量连续九年位居世界第一，浦东国际机场旅客吞吐量突破7000万人次。浦东拥有全球最大的自动化集装箱码头。外贸进出口尤其是大宗商品进出口增速较快，高新技术产品出口、高端消费品进口及跨境电商等新业态增长迅速。需要注意的是，高端航运服务业、水水中转业务和线上线下融合发展的贸易模式仍有待加强。

（2）国内层面：在长三角一体化过程中发挥龙头作用

长三角区域三省一市中，上海综合服务功能齐全，江苏经济实力强，浙江民营经济活跃，安徽面积大且具备后发优势。上海在“五大中心”的深度融合发展中使高端生产要素不断集聚，在服务长三角一体化的过程中发挥了高端要素市场相对齐全发达的优势，全力带动了区域经济发展，溢出效应促进了高端要素如人才、技术、信息、知识在长三角区域不断流通、集聚，推动高科技、高品质、高效益的高端产业如金融、传媒、咨询、会展、教育、医疗、法律业高度发展，使各地区根据自身的优势和劣势和浦东进行对接，在资金流、信息流、商品流、人才流等方面进一步共享，在政策、制度、体制、方法、模式等方面进一步融合，打破区划限制，推动“行政区经济”真正向“区域经济”“城市群经济”转变。

另外，由于对外开放进程加快，开放型经济使长三角区域释放出持续的经济发展活力，浦东在国际经济、金融、贸易、航运和科技创新“五大中心”的深度融合发展上必须以广阔的长三角腹地为支撑，只有实现长三角区域联动发展才能发挥深度融合中要素市场的优势，要利用长三角一体化在规模、信息、市场、产业等方面的区域优势进一步推动更高层次的深度融合发展。

二　浦东"五个中心"深度融合发展的主要瓶颈

（一）浦东"五个中心"功能提升和拓展的动力源有待进一步拓宽

"五个中心"融合发展的重要表现是中心功能提升和拓展，一方面，"五个中心"融合发展的重要动力来自中心各自功能的提升，另一方面，"五个中心"融合发展的成效之一是中心功能的提升及拓展。

1. 功能提升的动力源仍受区域限制

"中心城市"发展通常经历以下四个阶段并具有不同功能：先是集散功能，是一个平地概念；然后是集聚功能，是一个洼地概念；再进一步是扩散功能，既有集聚又有扩散，是一个高地概念；更进一步发展是辐射阶段，对周边的能量辐射，是一个高峰概念。① 处于不同阶段的中心城市，特征有明显差异。如在扩散阶段，城市与周边地区出现区域产业分工体系重建，产品高地走向要素高地（产品高地依托产业，要素高地的载体是组织结构），向价值链高端转移，流量经济形态显现；在辐射阶段，城市将出现创新－流量双重驱动的新格局，总部经济明显，市场/交易所功能强大，文化作用显现；等等。

上海"五个中心"建设的功能定位不同，如国际科创中心具有集聚全球范围内创新要素能力、创新成果推广的市场开拓和整合能力等，国际金融中心具有提升原有金融中介和金融市场的金融功能、金融要素集聚等功能（见表1）。但"五个中心"建设的最终目标具有高度一致性——即全球资源配置能力和辐射能力。作为"五个中心"建设的核心

① 周振华：《上海新一轮发展要做到"四个融合"》，《浦东开发》2003年第7期。

功能区，浦东新区在促进各个中心更有效地构建自身功能并提升相应能级的同时，还需助推“五个中心”互为借力、联动发展，共同推动上海迈向卓越的全球城市。

表1 “五个中心”部分建设目标及国际地位现状

项目	功能定位	2020年前上海的奋斗目标	当前国际地位
国际科创中心	①集聚全球范围内创新要素能力 ②高度整合创新资源的能力 ③创新成果推广的市场开拓和整合能力 ④辐射带动区域/全球科技创新 ⑤配置全球科技资源	科技创新人才、创新要素、创新企业、创新组织数量和质量在全国名列前茅，重要科技领域和重大产业领域涌现一批具有国际领先水平并拥有自主知识产权和核心技术的科技成果和产业化项目，科技进步贡献率全面提升。再过十年，基本形成较强的集聚辐射全球创新资源的能力、重要创新成果转移和转化能力、创新经济持续发展能力，初步成为全球创新网络的重要枢纽和最具活力的国际经济中心城市之一	在世界知识产权组织、欧洲商学院、康奈尔大学联合发布的“全球创新指数”（2017年）中排名世界第19 在澳大利亚“2 Think Now”发布的城市创新指数（2017年）中排名世界第17
国际金融中心	①提升原有金融中介和金融市场的金融功能（如交易、储藏和中介），使功能发挥得更为充分 ②金融要素聚集功能 ③金融服务辐射功能 ④全球金融要素资源配置的枢纽	较强的金融资源配置能力和辐射能力	2018年，在全球金融中心指数（GFCI）中排名全球第五 跻身全球金融市场体系最齐全的城市行列
国际贸易中心	①货物贸易集散功能 ②大宗商品交易和定价功能 ③线上线下交易功能 ④综合服务功能	具有国际国内两个市场资源配置功能 与我国经济贸易地位相匹配	中国在全球贸易网络中度数中心度、接近中心度、中介中心度和特征向量中心度均为全球第二（2016年）

续表

项目	功能定位	2020年前上海的奋斗目标	当前国际地位
国际航运中心	①航运枢纽功能（货物或旅客在空间上的位移），航运人才、机构、技术仍存在集聚效应 ②航运服务功能（辐射、服务全球） ③航运创新能力（通过技术、创新实现产业升级，模块化） ④推动全球资源配置 ⑤全球航运资源配置能力	航运枢纽功能国际领先 航运服务能级大幅提升 航运创新能力全面增强	自2010年起，集装箱吞吐量连续九年居世界第一，2016年上海机场完成旅客吞吐量10643.5万人次，成为全球第5个航空客运量过亿的城市 航运服务有了一定发展

注：①上海国际科创中心建设奋斗目标，来自《中共上海市委　上海市人民政府关于加快建设具有全球影响力的科技创新中心的意见》（2015年5月25日）；②上海国际金融中心建设奋斗目标，来自《国务院关于推进上海加快发展现代服务业和先进制造业建设国际金融中心和国际航运中心的意见》和《上海国际金融中心建设三年建设行动计划（2018～2020年）》；③上海国际贸易中心建设奋斗目标，来自《“十三五”时期上海国际贸易中心建设规划》；④上海国际航运中心建设奋斗目标，来自《国务院关于推进上海加快发展现代服务业和先进制造业建设国际金融中心和国际航运中心的意见》和《上海国际航运中心建设三年行动计划（2018～2020）》；⑤功能定位，主要参考了上海社会科学院“上海改革开放再出发系列丛书”相关内容。

同时，“五个中心”功能特征有以下两点。第一，资源要素集聚功能显现，但要素资源扩散、辐射功能明显不足。如截至2018年底，浦东集聚了600多家总部企业，集聚了几乎所有在上海的金融市场，但受信息不透明等因素影响，上海金融业在服务长三角实体经济发展的渠道、项目、能级等方面仍存在很大上升空间，长三角城市群之间的金融互动也有限。第二，“五个中心”的国际地位参差不齐，但均有待加强。其中，上海与主要全球城市在创造力方面的差距最大，如世界知识产权组织、欧洲商学院、康奈尔大学联合发布的“全球创新指数”（2017年），上海仅排世界第19名；上海国际金融中心建设成效很大，但目前也仅排在世界第5位；上海国际航运中心的枢纽功能和硬件条件已不错，但航运服务功能欠佳；上海国际贸易中心从中心度指标来看，位列世界第二，仅次于欧盟，其中，度数中心度、接近中心度和特征向量中心度三个指标上海与欧盟已比较接近，仅中介中心度分值相差较大。

拥有广袤的长江流域腹地是上海成为中心的一大战略优势，但长期以来，受行政区划、行业壁垒等因素的影响，上海“五个中心”的功能并不能很好地辐射到长三角、长江流域，从而极大降低了“五个中心”的辐射效应，不利于上海进入城市发展的“高峰”阶段。以上海国际航运中心建设为例，上海港的海运与江运中转因航道、集装箱标准等因素影响，江海联运仍不畅，而上海港的部分政策也没能完全推广到长江流域的其他港口。分析上海国际金融中心建设也发现，受三省一市行政区域限制，区域金融政策统筹合力还没有完全发挥出来。一方面，长三角三省一市联合发布的金融政策较少，尚未完全建立正式长效的官方金融合作机制，上海作为国际金融中心与周边地区的金融联系和辐射能力有待进一步增强。另一方面，长三角区域现有的金融机构管理体系和金融监管体制的行政分割较为明显，金融监管协同效应有待加强。至今，长三角实体企业更为依赖传统融资方式。2013～2017 年，长三角总体间接融资比重高达 80%，高于京津冀 75% 的间接融资占比。

受限于“五个中心”各自功能构建和能级提升，中心带动、促进其他中心发展的动力也相对减弱，最终减缓“五个中心”融合发展进程。

2. 功能拓展受产业深度融合不足的牵制

产业融合是引领新旧发展动能转换的战略部署，对推动“五个中心”功能拓展、互为借力具有重要意义。研究发现，浦东产业深度融合发展存在以下挑战。

（1）主要表现

首先，相关产业的全球价值链地位仍不高。以国际航运中心建设为例，船舶设计、船舶设备制造及总装处于船舶制造业产业链的中上游，并以模块化方式实现全球范围内资源最优配置。虽然船舶制造业也是浦东的重点工业，拥有上海外高桥造船有限公司、沪东中华造船（集团）有限公司、沪东重机有限公司、上海史密富智能装备股份有限公司以及上海船舶设计研究院等造修船、配套、研究院所等骨干企业，新接订单量和手持订单量可排在世界前列（如 2016 年上海外高桥造船有限公司新接订单量按载重吨计排名全球第一，手持订单总量按载重吨计排名全球第三），但浦东船舶制造企业在船舶设计、船舶动力设备制造等方面仍没能处于世界先进行列，与挪威的乌斯坦集团、芬兰的瓦锡兰集团、德国罗经等全球领先的船舶制造企业相比，不仅在核心造船技术方面存在不足，在生产组织方面也有差距。结构性嵌入的航运服务业水平，如航运金融，与伦敦、新加坡相比，差距更大。处于产业链中上游的企业，通常在技术、资金方面投入较大，从需求角度拉动科创中心和金融中心建设。反之，科创中心和金融中心建设也会推动制造业技术更新、转型升级。

其次，新兴产业和新经济发展不足。产业融合通常会发生在产业边界，形成新兴产业或新经济。从全球角度看，浦东的新兴产业或新经济还没有进入世界前列。根据思略特（普华永道战略咨询业务部门）绘制的全球新经济创新地图来看，全球十大新经济创新尖峰地区分别是硅谷、中关村、新竹、班加罗尔、以色列、128 高速公路、M4 高速公路、索菲亚、芬兰和深圳。浦东至今没有上榜。

（2）原因分析

首先，服务型政府仍处于转型升级过程。随着改革开放的逐步深入特别是自贸试验区建设的加快推进，浦东新区在经济管制改革方面是走在全国前列的，但仍存在继续深化改革的空间。部分行业垄断依旧存在。经济管制在保证经济效率和国家安全方面有着合理性，但需要对经济管制范围进行科学界定，同时需要推动、激励受管制经济领域产业转型升级。从工业来看，2016 年底，浦东有大型企业 81 家，占全部法人企业的 4.9%，但完成产值 6077 亿元，占浦东工业总产值的 65.5%，实现利润 683 亿元，占利润总额的 71.7%。这些大型工业企业在促进浦东工业经济发展方面有着举足轻重的作用，但也使其他企业进入该领域的成本相对较高。而大型企业的技术创新出现在产业内部的可能性更大，技术融合或产业融合的推动对国有企业的依赖性较大。

表 2　2016 年浦东经济现状

单位：亿元，%

行业	产值	占比	代表性企业
计算机和通信电子设备制造业	2101	87.6	昌硕科技公司
汽车制造业	1311	75.8	上汽集团和上汽通用公司
铁路、船舶及其他运输制造业	292	85.1	振华重工

注：以上是 2016 年数据，需要更新 2018 年，另要获得其所有制性质的比重，最好是大型企业的名单。

资料来源：《上海浦东新区统计年鉴 2017》。

从服务来看，对浦东经济增长贡献率最大的行业——金融业也属于监管最严格的经济领域之一。2018 年，浦东新区金融业增加值占全市金融业增加值比重为 50.4%，占新区生产总值的 28%，对新区经济增长的贡献率达 42%，是对新区经济增长贡献率最大的行业。金融业的复杂性、高风险性导致世界各国的金融领域广泛存在严格的金融监管。首先，金融机构需要严格遵守市场行为准则，业务、产品、模式创新必须遵守相应法律法规，并按受相关审查、监督。其次，市场准入通常有牌照限制，业务边界清晰。因此，发生在与金融产业相关的产业边界处的技术创新，通常很难与金融业实现产业或市场融合。最后，金融领域内部的技术创新更容易为产业本身服务，推动金融业内部各细分行业融合发展，但推动金融业与其他产业或市场融合发展的速度不会很快。

此外，政府服务水平仍有待提升。从管控型向服务型政府转型升级，上海可以说是主力军和先行者，浦东新区更是走在全国前列。但不可否认的是，政府服务水平仍存在不少短板，[①] 对照“五个中心”深度融合发展的要求则差距更大，主要表现如下。①联合监管存在不足。如税务、海关、公安、司法、市场监管之间仍未实现高效衔接，多头监管或交叉监管状况依然存在。②跨界监管水平仍有限。毫无疑问，跨界经营、跨界并购需要跨界监管。为了遏制“忽悠式”“盲目式”跨界并购、杜绝宰客事件发生，严格监

① 下文分析的是上海整体情况，借鉴《上海经济发展报告（2019）》第 284 页。

管是必须的。但严格监管的理念、手段和方式必须与时俱进，监管者必须快速理解新技术、新模式，以更加透明的监管制度为生产者、消费者提供企业、行业信息，否则不仅损害消费者利益，而且不利于跨界经营的健康发展。资料显示，2017 年和 2018 年的跨界并购申请从 2016 年的 112 家大幅下降到 39 家和 28 家。③对政府服务水平有更高的要求。如调研发现，部分企业对政策咨询、信息共享的要求很多，但政府部门没能提供足够的服务，更缺少综合服务平台；部分企业希望对事中事后监管的标准更加明确，审批流程更加清晰、具体、可查。

其次，亟须促进科技成果转化。科技进步是融合发展的另一关键动力。浦东新区在建设科创中心核心功能区的过程中，科技进步显著。但其科技成果的特点导致浦东科技成果转换存在两个短板。①

第一，应用类科技成果更容易在浦东新区外产业化。受土地资源有限等因素的制约，应用类科技成果在浦东产业化的难度依然较大。以农业科技为例，浦东早在 2010 年就拥有全国现代农业示范区。“十三五”期间，浦东重点发展种源农业、“互联网 + 农业”、智能设施农业、休闲农业等现代化农业。截至 2018 年，浦东种源农业已得到稳步发展并走向国际。但调研发现，传统种子、传统经营模式、传统生产模式等仍大量存在，现代农业科创中心的技术并不能很好地惠及浦东当地农业、农民。究其原因，一方面浦东耕地面积较少，不能为种源提供足够的规模农田，否则科技投入与产出将不成比例；另一方面，浦东当地农民年龄普遍较大，接受新事物能力和意愿较低。

第二，国资国企的容错机制建设有待加强。国资国企在浦东有着重要的作用。“五个中心”融合发展是一种创新，与创新创业企业相比，浦东“五

① 关于科技成果转化率与发达国家的差距存在两种主要观点。一种观点认为差距很大，我国仅为 10% ~15%，而发达国家科技成果转化率高达 40% ~50%，甚至 80%。如浦东新区政协经济和科技委员会常务副主任蒋慧工调研显示，上海地区的专利发明数量居世界第二、制造业居世界第一，但转化成功率远不如美国、日本、德国等发达国家。另一种观点，认为“差距很大”是一个伪命题，如教育科技发展中心主任李志民提出，国际上并没有科技成果转化率这个指标。

个中心”融合发展的创新文化更加突出包容性和国际性。根据浦东新区国资国企工作要求，浦东新区国资国企在对接战略、聚力深耕浦东时，要发挥主力军作用，如全力促进科学城高水平建设、功能性平台建设、南北科技走廊建设和重点领域开发建设；同时，被要求“突出主业，推动横向整合”“聚焦主业主责、进一步优化完善区属企业主业清单”等。对容错边界的界定，主要局限于投资管理方面，内控建设也日趋严格。这种管理体制，不仅不利于国资国企营造创新文化，更难与国际对标。

（二）浦东“五个中心”深度融合机制亟须进一步深化

“五个中心”深度融合需要政府和市场共同推动。深化深度融合机制需要从政府和市场两方面入手。

1. 顶层设计机制亟待加强

不管是产业融合还是区域融合，深度融合的理想状态是实现双赢，或者是使产业边界模糊、城乡接合部经济有显著提升。但从理论上讲或从实践来看，新兴产业的兴起，通常会伴随部分传统产业的衰弱，产业边界模糊还可能引起管制失效，增加管理难度。对此，需要加强顶层设计，但目前对“五个中心”融合发展的顶层设计尚处于起步探索期。

（1）深度融合的目标探讨不多

在《上海“四个中心”创新升级研究》一书中，笔者提出，在上海基本建成“四个中心”之后，“四个中心”的内涵与形态也会发生变化。未来三十年，在信息化浪潮推动下，特别是随着新信息和通信技术的发展，上海的城市功能将朝着移动化和扁平化方向发展与演变，上海将逐渐实现从“四个中心”向“一个中心”，即综合性国际经济中心飞跃，产业形态更加高端化，主要体现为信息、金融和科创功能。若以此作为深度融合愿景目标，航运、贸易中心的功能则需要转型升级，或加速产业边界模糊，并加快制造业服务化。这些路径和目标设定是个宏观问题，直接影响到“五个中心”融合发展进程和成效。但调研显示，“五个中心”深度融合的目标探讨并不多。

（2）深度融合的类型/过程无法统一

尽管“五个中心”融合发展经历了独自发展、联动发展、协同发展和融合发展过程，但仅从融合发展来看，也有个过程，不可能一步到位。首先，“五个中心”彼此之间的融合不可能统一，如目前来看，科技赋能的现象比较普遍，而之前，航运与贸易、金融与科技之间的融合更胜一筹。其次，同一类型的融合也可能处于不同的阶段。如科技与金融的融合，以前讲得较多的是科技金融，目前比较流行的是金融科技。不同的融合过程，融合发展的要求和特征也不相同。如功能融合阶段需要关注消费市场，研究消费特征；要素融合阶段，供给方拥有的资源、技术、人才等对融合作用更明显，由此产生的融合管制要求也并不相同。如有研究认为，产业功能融合对管制者的要求是同时保护消费者和产业的利益，促进变革，为所有消费者创造公平进入机会并保障购买和选择的权利。

本报告发现，“五个中心”深度融合的类型/过程目前处于参差不齐的状态，还增加了融合管制的难度，反过来，又直接影响到深度融合发展进程。

2. 信息共享机制有待完善

第四轮科技革命是以大数据、云计算等技术为基础的，数据、信息对科技革命和产业革命影响巨大。与此同时，大多数研究认为，技术融合是产业融合的基础，信息集聚与扩散是国际中心的重要功能。因此，数据、信息的及时、有效获取对“五个中心”融合发展有着基础性作用。但数据、信息涉及企业、行业间竞争和政府职能转变，信息归口、收集和使用不符合深度融合需求。

（1）公共信息共享机制不完善导致场景供给不能满足市场需求

科技赋能经济的一个重要前提是科技主体与服务对象之间相互了解、熟悉供需，即科技企业需要足够的场景模拟。但调研发现，撇开经济安全等客观原因，数字化技能不足等因素阻碍了许多企业或政府部门扩大场景需求，从而直接影响到公共数据或信息平台的供给。因此，应用场景有限成为许多科技企业难以提升技术、不能在行业边界得以突破的主要原因。

（2）市场信息获取难度较大

以人工智能产业为例，人工智能创新创业企业即使具备了核心技术与人才，且清楚产品的市场应用环境，也面临隐性门槛——用以支撑人工智能系统进行深度学习的数据。因为高质量的训练和测试数据集是机器学习技术突破、人工智能规模化应用等的必备资源。但这些数据集的归口、收集通常是百度、阿里、腾讯等大型互联网公司的专擅领域。出于商业竞争、信息安全、信息提供成本等方面的考虑，人工智能创新创业企业很难获取、使用这些大型互联网公司的信息资源，而由于资产规模小、成立时间短，数据集的获取是其软肋。新区企业普遍反映，数据获取较为困难。

3. 决策权与执行权不统一

浦东是“五个中心”建设的核心功能区，但“五个中心”建设决策权、制定权均不在浦东，甚至也不在上海，浦东主要充当的是国家战略的执行者。决策权与执行权的不统一，不利于浦东推动“五个中心”融合发展。浦东必须结合浦东实际找到适合浦东促进“五个中心”融合发展的具体抓手。

（三）浦东“五个中心”深度融合的微观基础薄弱

“五个中心”深度融合是一个较宏观的现象，也需要微观基础支持。调研显示，浦东深度融合的微观基础比较薄弱。

1. 民营企业数量不足、质量仍有待提高

上海国企、央企对经济的贡献程度依然保持着非常高的水准，浦东同样也对大企业有严重的依赖。与深圳、杭州和苏州相比，浦东高成长性中小企业的数量并不占优势，科技小巨人数量仅为天津滨海新区的1/3，新三板挂牌企业数也远低于上述城市。

据科技部火炬中心发布的《2017 中国“独角兽”企业发展报告》，中国“独角兽”企业共164家，总估值6284亿美元。北京和上海分别拥有70家和36家，杭州和深圳分别拥有17家和14家，其中，浦东仅8家。2017

年全国新晋“独角兽”企业62家，浦东仅有银联商务、七牛云2家。其中，浦东“独角兽”企业的总估值约为307亿美元，不到上海“独角兽”企业总估值的一半，且60%的浦东“独角兽”企业局限在“互联网+”领域，在代表国家未来发展方向的战略性新兴产业方面，优质“独角兽”企业还屈指可数，这与浦东“排头失中的排头兵、先行者中的先行者”地位不符。

在新兴产业主体数量偏少的同时，新兴业态模式企业也屈指可数。以商品贸易为例。近年来，浦东商贸保持一定增长速度。如2018年，浦东新区商品销售总额比上年增长了9.4%。其中，大宗商品销售拉动明显（大宗商品销售额占商品销售总额的50%以上），大企业商品销售贡献显著（全区排名前十的贸易企业销售额占比高达30%左右）。社会消费品零售总额增速回落，其中，社会消费品零售额增长较快的领域主要是名品消费。但调研显示，这种名品消费模式主要为传统的实体零售，模式并没有太大的改善。另外，融合理念尚没有发展到产业融合或市场融合阶段。浦东新区制造企业间的融合进程目前主要体现为产品或技术融合，注意力主要集中在产品或技术本身，还没能更多关注市场需求，如市场个性化需求、制造业服务化、线上与线下联动等。浦东线上线下融合的新零售格局仍处在形成阶段，较大规模的新兴零售企业屈指可数。

浦东的中小企业创新创业难度较大。第一，公共配套和治理模式不适应。以金桥为例，在综合配套方面，产城融合不够、职信分离，但又缺乏一定密度的轨道交通覆盖。第二，空间储量不足，不能满足创新企业的成长需求。以国际医学园区为例，2018年发布了10平方米的医谷蓝靛园加速器，物业空间预订非常火爆，只能采用租赁模式，不少加速器企业纷纷转移到江浙。第三，配套政策滞后。与杨浦、漕河泾相比，浦东的新型孵化器缺少成果转化支持政策，特别是缺少人工智能、物联网、机器人等配套的专业平台和功能基地。

2. 高质量的综合性服务机构数量偏少

近年来，浦东专业服务组织特别是科技服务类中介组织发展迅速，多元化的专业服务组织体系已初步形成。但梳理相关研究报告并基于本报告对专业服务组织重要性的认识，我们认为浦东专业服务中介组织在促进“五个中心”融合方面，存在以下不足。

（1）高质量的综合性服务机构总量不足

资料显示，浦东新区的专业服务组织有以下特点：行业分布集中，商务、房地产相关的咨询业服务机构占中介组织的2/3强；以依靠中介服务项目收费进行自我发展的组织机构为主体，政府拨款70%以上的和以会员交纳会费为主的组织机构数量有限；高学历人员占比有限且主要集中在纯技术性服务中介。可见，浦东新区缺乏以技术为核心的专业服务组织，如提供技术开发、技术经纪、技术评估、技术交易等服务的机构偏少；能整合多种资源的综合性专业服务更加缺少。如表3所示，除房地产和商务外的主要中介服务机构中，浦东能整合多种资源、综合性的专业服务机构少之又少，但随着高新技术产业的发展，科技成果推广等综合服务的需求越来越多。

（2）相关机构间的合作或共建较少

研究发现，浦东专业服务组织之间的合作和共建情况较少。部分科技中介服务机构专业性较强，但只专注于一个领域，由于没有相关的行业组织，技术资源的整合力度明显不足。公益性机构主要为供需双方搭建信息交换平台，很少介入科研机构与科技企业的后续合作过程中，对技术研发和市场开发的关注度不够，无法在整个过程中提供服务。

表3　浦东新区部分重要的中介服务机构

公司名称	注册地	主营业务	成立时间和性质
上海飞天众知科技服务有限公司	上海市浦东新区张东路1387号11－01栋	技术交易	2015年，非公益性企业
上海迈坦信息科技有限公司	上海市浦东新区祥科路58号炬芯研发大楼A幢4层406	技术经纪	2015年，非公益性企业
斯考根（上海）管理有限公司	中国（上海）自由贸易试验区世纪大道8号8楼841室	为挪威斯考根海运集团及其所投资的公司提供投资、经营和管理方面的咨询和服务	2008年，非公益性企业，外资

续表

公司名称	注册地	主营业务	成立时间和性质
蒙特利(上海)咨询有限公司	上海市浦东新区花木路500弄54号底层	主要经营投资管理、管理咨询、经济信息咨询(涉及许可经营的凭许可证经营)	2012,非公益性企业,外资
迈克尔商务咨询(上海)有限公司	上海市浦东新区东方路815号202室	主要经营投资咨询、企业管理咨询、市场营销咨询、国际经济信息咨询(涉及许可经营的凭许可证经营)	2012年,非公益性企业,外资
律师事务所	以陆家嘴地区居多	约500个	
会计师事务所	以陆家嘴地区居多	约80个	
中国商标专利事务所有限公司上海分公司	上海市浦东新区华夏东路1668弄18号103室	涉及知识产权服务的各个方面,如专利、商标、版权登记、品牌策划设计等	2005年,原为人事部批准,国家工商总局下属
浦东生产力促进中心	上海市浦东新区张江高科技园区春晓路350号	协助政府,服务企业,推动技术进步和经济发展	1993年,浦东科委下属
上海浦东国际商会	上海市浦东新区东方路135号8楼	在国内外经贸投资政策、法律法规咨询、国际经贸投资信息交流、国际展览与考察、国际商务人才培训、促进双向投资、促进公平贸易等领域提供专业服务	2003年3月,商会
上海市浦东新区知识产权协会	上海市浦东新区金科路2966号创智空间南楼404室(创智空间)	为会员和社会提供知识产权自我保护、行业保护、行政保护、司法保护等方面的服务	2007年,协会
上海市银行同业公会	上海市浦东新区杨高南路428号由由世纪广场2号楼20层	为会员提供自我保护、行业保护、行政保护、司法保护等方面的服务	1992年恢复,公会
上海市基金同业公会	上海市浦东新区世纪大道1600号陆家嘴商务广场11楼	为会员提供自我保护、行业保护、行政保护、司法保护等方面的服务	2010年,公会
上海市浦东新区综合经济学会	上海市浦东新区乳山路235弄32~38号	综合经济业务咨询、学术讲座、学习考察	2014年,学会

注：房地产、商务除外。

3. 高端复合型创新人才紧缺

深度融合、创新最需要的是高端复合型人才。浦东在这方面的不足表现如下。

（1）人才的国际化程度与集聚力不够

浦东经过多年努力，海外创新创业留学人员的数量和质量有了很大提升，但其国际化程度和影响力还有限。截止到2017年，在浦东工作、学习、生活的外籍人士有近10万人，境外从业人员约3.6万人，外籍人口占比不足2%（2014年纽约为37%、中国香港为8.2%）。浦东引进诺贝尔奖获得者5人，与浦东建立工作关系的海内外院士90人，但与中关村和硅谷相比，浦东这些人才数量仍然有限。目前，中关村拥有院士680多名，硅谷聚集了72位诺贝尔奖得主。影响浦东高端人才数量和质量的原因有很多，如个税高、人才治理体系不完善、政策细碎化等，但不管是何种原因导致浦东人才不足，其后果是不利于“五个中心”建设，不利于“五个中心”融合发展。

（2）复合型人才短缺

调研显示，浦东复合型人才不足不仅表现为新兴产业所需的复合型人才不足，而且表现为专业服务组织所需的复合型人才严重短缺。第一，不能满足新兴产业尤其是数字化产业发展需求。课题组在达观数据调研时发现，该企业较难招收数字化人才，通常只能通过计算机、数学统计等相关专业录聘或企业自行培养。金融科技需要经济、金融、物理、密码、信息统计、社会学、心理学等交叉学科人才，但目前的人才培养因复合型老师不足等基本上仍是专科式的，缺乏优秀的复合型人才。第二，不能满足专业服务组织提质增效需求。相关报告指出，专业服务组织缺乏高质量的综合性中介机构的原因之一，是专家型人才过剩、复合型人才严重短缺。以张江为例，作为全国首个知识产权质押融资试点，张江在缓解原来的实物抵押对创新创业企业的制约工作方面取得进展，但由于缺乏专业服务人才、团队及平台，知识产权质押融资方式远远不能满足科技型中小微企业的融资需求。例如，多数得到贷款的企业，实际是将知识产权与应收账款、股权、有形资产和企业信用等打包作为抵押进行贷款的，作为知识产权质押的标的物仍以专利为主，商标专用权、著作权以及集成电路布图设计权等，很少进入质押范围。

三　浦东新区“五个中心”深度融合发展的未来展望

推动“五个中心”深度融合、实现浦东新区更高质量发展，一方面要抓住全球新一轮产业技术革命和产业重构以及国家一系列战略举措所带来的重大机遇，推进科技创新，大力培育经济发展新动能、新模式及新业态；另一方面要摆脱以往的路径依赖，着眼破除内在瓶颈和外部束缚，构建实体经济、科技创新以及金融、航运、贸易等现代服务业融合发展的产业生态体系。展望未来，本研究认为，浦东新区“五个中心”深度融合将呈现以下趋势。

（一）必将顺应新一轮产业技术革命深度融合大趋势

新一轮科技革命孕育新技术和产业重大突破，不仅催生新兴产业发展、加速传统产业转型，也正在打破原有产业边界，推进产业深度融合。“五个中心”融合发展要抓住当前“科技之变”带来的机遇，坚持以创新为驱动力，强化各中心原有的功能和催生各中心新的功能，提升服务水平和扩大服务范围。一是以基础研究和技术创新为突破口，强化科创中心的原创能力和科技成果的转化能力，做大做强生物医药、新能源、新材料等高新技术产业，抢占科技创新、产业发展的制高点，成为长三角地区乃至全国新兴高技术产业的研发和成果转化高地，着实提升科创中心和经济中心自身的能力。二是抓住创新资源集聚和市场的优势，以大数据、人工智能等新技术应用为突破口，以模式创新、业态创新为驱动力，促进制造业与服务业、服务业与服务业在产业链上重组和聚集，催生新的产业业态和新的服务出现，提升各中心相互融合发展的能力。

（二）以与实体经济的深度融合服务和推动国家战略

全球竞争复杂多变、日趋激烈，主要国家为获取竞争优势，纷纷调整和制定了全球竞争战略。习近平总书记在 2018 年中国国际进口博览会上宣布增设中国上海自由贸易试验区新片区，在上海证券交易所设立科创板并试点注册制，支持长江三角洲区域一体化发展并上升为国家战略。这一战略举措是为了更好发挥上海在对外开放中的重要作用。同时浦东作为其战略实施的重要载体，应当牢牢抓住这一“战略之变”，探索“五个中心”深度融合的突破口。一是抓住新增自由贸易试验区新片区，围绕投资和贸易自由化、便利化，积极探索金融、航运和贸易三个中心建设的服务创新、功能创新，为企业、为产业提供更便捷、更全面的服务。二是抓住科创板和注册制，深化科技金融的改革探索，缓解创新创业型企业、科创型企业发展的金融制约困境。三是抓住长三角地区一体化，着眼于浦东和“五个中心”服务长三角和全国，探索“五个中心”的辐射机制，提升辐射能力。

（三）进一步优化“五个中心”融合环境是关键

中国经济发展正在告别以要素投入为主驱动力、规模扩张追求型的时期。在新一轮改革开放中，浦东要实现新跨越，成为全面深化改革的新天地、扩大开放的新优势、创新策源地的新动力，获得经济发展的新速度，这是时代的要求。新时代谋求新变化，新变化需要与此相匹配的新环境。“五个中心”深度融合发展正是顺应了这种“时代之变”要求，是浦东实现新跨越的助力器。对此，完善和优化市场环境是推进“五个中心”深度融合发展的重要保证。一是不断优化、完善人才等要素资源市场环境，以人才为突破口，探索和创新适用于浦东实现新跨越的人才集聚和流动的机制，形成各种人才等要素资源的强磁场效应，打造“五个中心”人才高地，满足深度融合发展的各种人才需求。二是探索和创新市场监管机制，以负面清单或产业准入的审管分离制度为核心，以对新业态、新模式实施包容审慎监管为突破口，催生和壮大深度融合发展的市场主体。三是进一步完善以企业为主体、以市场为导向、产学研深度融合发展的协同创新发展环境。一方面进一步扩充人才和创新主体的自主权，完善协同创新、转移转化的创新收益分配机制，加强知识产权保护，激发创新主体的积极性和创造性；另一方面完善协同创新的公共服务平台，强化信息、资源共享，提升其利用效率。

（四）市场在促进“五个中心”与民生服务深度融合中的作用将进一步得到体现

当前我国国内消费市场正处于转型、升级和优化的进程之中，消费对经济增长的推动作用进一步强化，国内市场需求的能级大幅提升，同时消费市场个性化需求的趋势也日益凸显。这种“市场之变”将为“五个中心”与民生服务的深度融合提供新机遇，特别是不断扩大的民生领域个性化需求等方面的机遇。一是以市场需求为导向，完善和强化基础设施建设，释放“五个中心”的服务能力，满足不断扩大的家庭和个人在消费金融、商旅等方面的个性化服务需求，促进“五个中心”的功能与民生服务需求深度融合。二是紧盯网络化、数字化、虚拟化和便捷化等消费服务的趋势，以消费者的消费安全和消费者权益保障为突破口，探索和拓展新的服务模式，提升民生消费质量。

参考文献

张彦：《活序：本直的世界观》，上海人民出版社，2019。

周振华：《上海新一轮发展要做到“四个融合”》，《浦东发展》2003 年第 7 期。

B.7

浦东一流国际营商环境建设的现状与趋势

孙 兰 徐全勇*

摘 要： 浦东新区作为我国改革开放的排头兵，对标一流的国际营商环境是自由贸易试验区改革的重要内容。近两年来，浦东全面地在国际营商环境如开办企业、施工许可等环节进行改革，国际营商环境的评价得分有了很大的提高，企业对浦东营商环境的评价也较好。但是营商环境的行政许可时间与成本、政策的透明度以及退出机制等方面还存在不足。今后浦东营商环境建设要进一步提高便利性，加强社会治理机制建设与提高政策之间的协调性。

关键词： 营商环境 浦东新区 行政审批

一 浦东新区营商环境建设的现状分析

（一）比照世行的评估指标体系推进营商环境的相关环节改革

世界银行关于营商环境评价的指标体系包括10个方面指标，近年来，浦东新区政府对标国际一流营商环境水平，借助自由贸易试验区的机遇，大

* 孙兰，中共上海市浦东新区委员会党校教学处讲师，主要研究方向为应用心理、浦东发展；徐全勇，经济学博士，中共浦东新区委员会党校教学处副处长，副教授，主要研究方向为开放经济。

力推进营商环境有关环节的体制改革。

在开办企业方面，浦东新区重点简化、优化开办企业流程，推进企业申办营业执照、制作企业公章、税务涉税事项（含申请发票）等办事环节的并联办理。实施企业登记“1+1+2”企业办理模式，对变更类企业登记事项1日内当场办结，对使用可选用名称的企业设立登记1日内当场办结，对使用非可选用名称的企业设立登记2日内办结。在办理施工许可方面，2017年，浦东出台了《浦东新区进一步深化企业投资建设项目审批改革方案》，积极推进施工许可改革，进一步简化了投资建设项目的环节，缩短了时间。2018年1月，浦东又启动了企业投资项目审批改革，瞄准“24”“80”的改革目标（即符合条件的带设计方案出让土地的企业投资项目，从取得土地到获批施工许可的全流程可在24个自然日内完成；符合条件的未带设计方案出让土地的企业投资项目，从取得土地到获批施工许可的全流程可在80个自然日内完成），打造线上“统一平台”、线下“单一窗口”，深化告知承诺，细化政企互动，优化审批流程，强化监管实效，实现企业政府“一网通办”和审批“一次办成”。

在登记财产方面，浦东新区不动产登记事务中心从2018年1月30日开始实施“全网通”服务改革，由多部门、多窗口受理转变为单一窗口受理。受理、交易、税收、登记整合之后，办事更方便了，只需跑一个窗口，由窗口统一收件后，就可完成不动产交易登记的申请手续，大大改善市民的办事体验。由原来41天和7天办结转变为当日、5个自然日办结，大大缩短办证时间，提高了办事效率。由“至少跑三次”转变为“最多跑一次”。将原需要分别跑交易、税务、登记3个部门，去业务受理大厅3次，调整为“一口受理、内部流转、并联审批”，即由受理窗口统一收件后，房屋状况查询、税收征管和不动产登记会在内部流转，并提供EMS快递服务，实现“最多跑一次”。探索为企业提供更精准细致的服务。在南泉北路受理点设置企业业务受理专区，在惠南受理点设置企业业务受理专窗，为企业提供优质、高效、便捷服务，提升营商环境。

在跨境贸易方面，深化国际贸易“单一窗口”管理制度。继续完善国际贸易“单一窗口”功能，目前，形成货物进出口、运输工具等10个功能板块，涵盖口岸通关的申报、查验、支付、放行、提离/运抵物流作业等各环节，服务企业超过27万家。开设国际进口博览会专区，新增海关特殊监管区物流作业功能，以及购付汇和信用保险等金融服务功能，探索“互联网+外贸+金融”的创新服务模式。进一步推进通关全程无纸化，实施集装箱交接单无纸化，进口货物从抵港到企业申请提箱时间压缩0.5~1天，每年直接降低单证成本和寄送费用4亿元以上。

在获得信贷方面，加大小微企业融资支持力度，设立与市中小微企业政策性融资担保基金相配套的新区小微企业增信基金，通过实施企业担保费补贴、贷款创新产品奖励、银行不良贷款风险补偿和贷款规模奖励等措施，引导金融机构加大对企业提供信贷的力度。加快信用建设，提升信贷服务。成立浦东新区张江信用促进中心，建立科技型中小微企业信用等级评估体系（信易贷），较好解决了张江园区中小微企业融资难、融资贵问题。金融综合监管服务平台基本建成并开展试运行，从政务云、监管机构、企业上报、街镇线索、舆情信息和第三方数据等渠道实现信息归集，目前平台基本实现2万多家金融企业基本信息的查询和归集，为金融风险预警系统的构建打下良好基础。

（二）推进行政许可审批体制改革与提升行政服务效率

结合上海自贸试验区实际，浦东新区政府围绕政务服务、开放型经济、科技创新、法治保障等“四个环境”建设，先行先试，勇于探索，推出一批具有浦东特点的自主改革事项，持续进行制度改革试验，稳定推进行政审批制度改革，提升行政服务的效率，千方百计提升企业和群众的体验度，力争在全国树立营商环境新标杆。

继续深化“证照分离”等改革。在第一批116项行政许可事项的基础上，2018年1月，国务院批准新一批商事制度、医疗、交通运输等10个领域的47项许可事项改革，目前已全部完成。同时，按照上海市政府关于改革全覆盖要求，重点对企业关注度较高、审批频次较高的35项事项加大自主改革力度，目前已全部实施。深化工业产品生产许可证“一企一证”改革，将在省级发证的产品范围进行的改革进一步拓展到国家发证的产品类别，改革涉及的产品种类从19类延伸到38类，实现工业产品生产许可全覆盖。准入便利化水平不断提高，2018年5月，全国首张国发产品“一企一证”落地浦东。推进“多证合一”改革，在“五证合一”基础上将19项涉企证照进一步整合到营业执照上，首批实行全国统一“二十四证合一”。

深入推进“互联网+政务服务”改革。根据上海市全面推进“一网通办”要求，加快建设智慧政府的统一部署，浦东新区以企业需求为导向，融合线上线下服务，积极打造“一网通办”三个支撑体系。“一网通办”采取线上、线下同步并行的服务模式。线上服务，2018年3月起，浦东新区企业办事“一网通办”已实现327项涉企审批事项全覆盖。线下服务，建立“一窗受理、分类审批、一口发证”的综合服务模式，实现了382项涉企审批事项“单窗通办”全覆盖，由原120个专业窗口缩减为51个综合窗口，窗口压缩率达57.5%。

打造“一网通办”三个支撑体系。“四个集中”落实到位。浦东新区已经实现所有部门审批处室整建制向区企业服务中心集中，由企业服务中心统一管理和考核；根据国务院关于“前台综合受理、后台分类审批、综合窗口出件”的工作要求，实现所有涉企审批事项向“单窗通办”集中，并且延伸至“7+2”平台，率先建立“一窗受理、分类审批、一口发证”的新型综合服务模式；所有投资建设审批事项向“单一窗口”集中。“一号响应”逐步完善。实施“找茬”机制，2018年1月，发布《浦东新区关于推行政务服务“意见征询”栏目的实施意见》。实施帮办机制，围绕“专人服务、一帮到底”原则，从方便申请人和审批提速角度出发，结合各部门数据共享等信息化手段，针对各类办事主体提供咨询辅导和帮办代理等服务。实施“窗口无否决权”机制，向企业承诺三个“不”，即不设路障设路标，不打回票打清单，不给否决给路径。实施主题式服务，新区推出涉及120个主题覆盖382项涉企事项的主题式服务，咨询、帮办等窗口根据申请人需要办理的主题内容，一次告知所有涉及的办理事项，若申请材料符合标准，可以在综合窗口实现一口提交。实施“承诺时间动态优化”机制，通过对审批信息的大数据分析对部门行政效能进行量化分析和实时监督，并为审批事项承诺时间动态调整提供决策支持。“一库共享”推进有序。通过政府各部门共享的数据库信息，减少企业和群众办事材料。

（三）不断完善市场运行的事中事后监管体系

率先转变政府职能、建立完善的事中事后综合监管体系、提高政府对市场监管的成效一直是浦东体制改革的重点内容与目标之一。自贸试验区实施负面清单管理制度以来，对事中事后监管体系建设提出了迫切需求。近年来，浦东新区创建了“六个双”模式的事中事后综合监管智能化平台。在全市率先上线“事中事后综合监管平台”的基础上，探索“双告知、双反馈、双跟踪、双随机、双评估、双公示”的监管新机制，通过构建各部门信息共享、联动响应的政府综合监管机制，形成覆盖市场主体全生命周期的监管闭环。双告知：主要解决“先照后证”改革后的信息不对称问题。双反馈：主要是保证“双告知”信息及时接收和市场主体办证信息的及时归集。双跟踪：未申请办证，跟踪监管，防止无证经营；申请办证，跟踪督查，及时高效审批。双随机：随机抽取检查对象、随机选派执法检查人员，实现监管的公平公正。双评估：“六个双”的核心和关键，根据“双随机”检查结果等信息数据，分别对企业进行公共信用评估与行业安全风险评估。双公示：目的是加强社会监督，发挥社会监督积极作用。

加快知识产权保护平台建设，为知识产权的监管打下基础。做强中国（浦东）知识产权保护中心，接通“中国专利审批系统”专线，为创新实力强、信誉好的优质企业开启专利快速审查“绿色通道”。中国（上海）自贸区版权服务中心试运营，探索开展版权快速登记。建设国家知识产权运营公共服务平台国际运营（上海）试点平台，积极构建国际知识产权交易运营体系、金融创新体系和价值评估体系，争取成为具有国际影响力的综合性知识产权交易平台。通过加强知识产权保护载体平台建设，浦东知识产权创造、运用、保护、管理、服务的全链条服务体系逐步形成。

逐步推进完善的法治保障环境建设。开展了《中国（上海）自贸试验区条例》修订起草工作，配合上海市政府制定了《上海市行政审批告知承诺办法》等重要文件，制定实施《关于为着力优化营商环境 加快构建开放型经济新体制提供司法保障的若干意见》，为优化营商环境提供法治保障。

二 浦东新区营商环境建设的成效

（一）国际营商环境的指标评价得分迅速提高

2013 年上海自贸试验区成立之初，推进贸易投资自由化、便利化就是其重点内容之一。2017 年 3 月国务院颁布的《全面深化中国（上海）自由贸易试验区改革开放方案》中，明确提出要“率先形成法治化、国际化、便利化的营商环境和公平、统一、高效的市场环境”，其主要宗旨在于通过率先营造优质的营商环境，在经济全球化深入发展的情况下为我国经济持续高质量发展打造良好的环境。2018 年，浦东新区政府（自由贸易试验区管理委员会）将营商环境的建设正式纳入自由贸易试验区改革开放的重点，制定出台了《浦东新区深化改革开放优化营商环境实施方案》，提出了优化开放型经济环境、政务服务环境、科技创新环境、法治保障环境等四大环境。2019 年，形成了《2019 年浦东新区优化营商环境工作要点》，并在实践中实施。2019 年世界银行《营商环境报告》选取上海和北京作为样本城市，而上海则选择浦东新区和黄浦区作为全市样本数据采集地，报告显示，我国营商环境不断优化，2019 年中国营商环境便利度排名大幅上升了 32 名，居全球第 46 位，前沿距离分数［DTF，即与全球表现最好国家（地区）间的实际差距］为 73. 64 分，较上年缩小了 8. 35 分。中国营商环境便利度指数的大幅度上升，浦东新区营商环境改善功不可没。特别是在营商环境的部分领域，浦东已经接轨国际，例如贸易领域的“单一窗口”管理制度正在接近国际领先的新加坡等国家的水平。

（二）市场主体对浦东营商环境的评价良好

对营商环境的评价除了运用指标体系评价以外，更加重要的是实际经营中的市场主体的感受与反映评价。

浦东的营商环境取得的显著成效从市场主体的变化可以看出。首先是市场主体的数量持续增加，截至2018年底，浦东新区各类市场主体数共计413402户，是2013年的2倍，市场主体数量的增加是营商环境的重要标尺之一。经济活力持续增强，2018年，浦东地区生产总值首次超1万亿元，外贸进出口总额超2万亿元。为进一步了解各市场主体对营商环境和政府服务的直接反映，本课题组对399家纳税超过500万元企业的问卷调查结果进行分析（见表1）。从表1可以看出，营商环境中的市场准入、行政许可审批、商事登记等因素对企业的影响较小，而与人才关系较大的人才公寓可获得性、就医便捷性、子女就学与企业高管落户等因素对企业的影响较大。因此，在影响浦东安商稳商的因素中，与营商环境便利化相关的若干因素的影响并不大，说明浦东新区营商环境的便利性已经较高，而与人才工作生活相关的一些因素的重要性增加，即影响经济发展质量和技术创新的环境因素较为重要，这与浦东的产业结构是以金融、贸易、航运及高新技术制造业为主有关。

表1　浦东企业营商环境与政府服务的重要性排序结果

项目	影响因素重要性指标
市场准入	3.58
行业许可审批	3.76
财税政策	4.81
商事登记	5.02
规划	5.87
土地	6.64
金融政策	6.95
环保	7.24
建设	7.81
高管落户	8.92

续表

项目	影响因素重要性指标
子 女 就 学	9.33
就　　　医	10.19
人 才 公 寓	10.86

注：课题组将影响浦东新区安商稳商的环境因素分为市场准入、商事登记、行业许可审批、规划、土地、建设、环保、财税政策、金融政策、高管落户、子女就学、就医、人才公寓等13个因素，每一个因素按照重要性从低到高依次赋予1～13分，然后求每一个因素的平均分。选取年纳税额500万元以上的企业，发放并收回399家企业问卷。

（三）全球创业人才对浦东营商环境的积极响应

经过多年的改革开放，浦东现代化的城市形态已经形成，特别是具有国际竞争力的产业初具规模，经营环境不断完善，对全球创新创业人才的吸引力逐渐增强。在我国经济发展转型时期，浦东率先通过改善经营环境等措施，加快形成具有全球影响力的人才制度体系，吸引全球创新创业资源集聚。浦东新区成立以来，区政府就把人才环境建设作为重要策略之一，提出要建设全球人才高地。近年来，随着国内特大城市经济转型的步伐加快，城市之间人才竞争更加激烈，浦东新区提出要建设人才高峰高原，实施了新的人才战略。于是，2018年4月，浦东制定发布“人才发展35条”，推出顶尖科研团队外籍核心成员直接申请永久居留、持永居证外籍高层次人才享有科技创业开放政策，建设“一站式”服务的浦东人才港。2019年，各项人才政策都在积极实施，人才政策体系逐步健全，全球人才创新创业的环境不断完善，已有一批海外高层次人才顺利设立科技企业，获颁营业执照。高端人才出入便利度提高，新区人才资源总量也持续增长到约140万人。

三　浦东新区营商环境建设存在的问题

（一）行政许可审批中的商务成本和时间成本需进一步降低

营商环境便利化主要体现在企业开办与发展的时间、成本、手续等三个方面。近年来，随着商事登记制度改革和“证照分离”改革的不断深入，浦东企业在市场准入方面进一步便利化。但企业在办理许可审批方面仍存在困难，“准入不准营”的现象依然突出，主要涉及两方面。一方面，市场准入限制较多。主要涉及许可审批方面的限制和市场准入方面的限制，如在我国法律服务市场外资准入限制仍然较多，《外商投资准入特别管理措施（负面清单）》中，继续将外商进入法律服务行业列入“禁止”类。另一方面，商务成本较高。如企业初创阶段融资成本较高，尤其是中小企业融资渠道较少、难度较大；又如，场地成本较高，企业创业阶段租借的廉价场地往往存在产权材料不完整等问题，导致企业设立困难。

（二）政策的透明度和可预测性要进一步提高

无论是课题组在调研过程中听到的企业反馈，还是其他有关第三方的评价报告都表明：浦东新区政府的政策透明度和可预测性作为影响企业投资环境的重要因素还需要提高，主要表现为三点。一是政策的连续性不够。企业反映，在各部门推出的各项支持政策、改革创新政策中，有部分支持政策缺乏连续性，有的新旧政策之间缺少衔接和过渡，导致企业难以适从。二是法规政策的解读较为困难并缺乏有效的辅导力量。例如，出于资金原因，创立初期的中小企业普遍没有专门的法律部门，而部分法律法规政策缺乏细化解释，操作较为困难。三是执法机关自由裁量空间较大。调研中有近20%的企业提到，希望政府部门在法律执行上进一步优化，特别希望明确自由裁量权，给予企业一定的容错空间。

（三）企业的市场退出机制是薄弱环节

近年来，浦东在全国率先试点企业和个体工商户“简易注销登记”改革，积极开展“僵尸企业”清理工作。但是，同市场准入制度相比，企业的退出机制的改革与制度建设没有得到足够的重视，企业退出的法律制度不完善，退出程序烦琐，退出环节的许多规定不明确，导致许多僵死企业久拖不决。从浦东的改革实际来看，市场准入方面在负面清单制度改革的牵引下，许多相关的制度建设较为成熟，而企业退出市场的体制机制建设则没有得到足够的重视，相关制度建设则相对滞后。2018年，浦东共注销企业22077户，依法清理吊照20932户，促进了长期不经营企业退出市场。但仍有企业反映，市场退出机制有不少方面需要优化。如企业办理破产面临回收额低、耗时长、成本高等问题，破产管理人履行尽职调查义务仍存在困难。东京和柏林两地破产成本分别占资产比例为4.5%和8%，而上海企业破产相关费用占资产比例达22%左右，对企业的主动合规退市形成制约。

（四）政府各部门之间政策的协调性有很大提升空间

出于我国体制的原因，与营商环境有关的政策出自多个部门、出自不同级别的政府，因此不同部门之间政策的协同性对营商环境整体得分的影响就显得尤为重要。在实际中，浦东新区政府非常重视解决这一问题，并通过加强部门之间的联合协商、建立政府许可的“单一窗口”制、建设大数据综合平台来协调部门之间的职能与政策，但是企业仍然感到有需要改进的地方。在实际调研中企业主要反映以下三点。一是企业主不能够全面系统了解多个部门政策，更不能够系统运用多个部门政策。企业遇到政策问题时只能临时求助于政府办事窗口的工作人员或者平常接触较多的一线工作人员，但是政策一方面涉及职能部门较多，单一部门未必能解释全面透彻，并且能深刻弄懂政策内涵的人员本来就不够多，更不了解具体操作办法。因此许多企业面对多个部门大量的政策时往往有些迷茫。二是一些优惠政策申请还不够便捷。例如，一些企业反映有些人才公寓申请程序烦琐，需跑的部门多，许多人因此放弃申请；也有反映财政奖励兑现需要经过多部门审核，兑现时间滞后，不能适应企业的需要。三是监管部门之间存在一定职能重叠。如现金贷的线上线下监管标准不一，危险物品（如锂电池）在不同监管部门视野中属于不同类别，导致企业完全达到合规要求存在困难。

四　进一步优化营商环境的设想和建议

（一）持续推进营商环境的便利性改革

紧扣世界银行《营商环境报告》中的开办企业、办理施工许可、获得电力供应等方面的指标，加大商事制度改革力度，深化企业名称、地址等登记事项改革。进一步支持孵化器、众创空间平台发展，研究推出简化入孵企业场地登记材料、“后窗口服务”模式等改革举措。持续深化“证照分离”改革，降低行政许可制度性交易成本。探索在自贸区先行先试认证机构审批制度改革；在全市率先试点对工艺简单、低风险品种的食品生产许可实行告知承诺制；继续深化药品上市许可持有人制度试点、医疗器械注册人制度改革。大力推进企业开业全流程电子化，进一步提高注册登记便利化水平。依托“一网通办”平台，推进局职能范围内的注册许可事项100%全程网上办理，并确保线上、线下办事标准统一。加强人工智能、语音识别等手段应用，配合推进各部门间信息共享，进一步实现“智慧审批”“不见面审批”。

（二）加强政府管理体制改革与完善社会治理体系

继续深化“六个双”综合监管机制建设，率先建立高效精准的事中事后市场监管体系。在现有的基础上，积极探索跨部门、跨条线双随机检查机制，实现资源整合，形成监管闭环；推进双评估、双随机联动，提高监管精准性；按照“信用监管、风险监管、分类监管、动态监管”要求，积极探索若干行业两个可视化应用场景的运用。加强大数据在市场监管中的应用，提升智慧化监管水平。加快建设浦东大数据监管中心，大力开发大数据监管中心的数据库，加强各类智能化、数字化产品与手段在“六个双”监管机制中的运用，不断拓展风险自动预警、数据自动分析等功能，推进形成全领域、全生命周期“智慧监管”。完善“统一规范、包容审慎”的行政处罚裁量机制，降低企业合规成本。进一步规范自由裁量权行使，在《上海市市场轻微违法违规经营行为免责清单》基础上，予以细化完善，实现规范市场秩序和帮扶企业发展的有机统一；不断拓展法律法规政策的培训宣传渠道，进一步督促企业知法守法，引导企业参与新政策实施。

（三）注重营商环境的基础性与中间性因素的影响

世界银行等国际组织运用计量的方法设计出一套指标体系来衡量一个国家或地区的营商环境，这种科学办法固然有其合理性与科学性，但其局限性也是显而易见的，比方说，营商环境的指标体系不能够完全反映一个国家或地区的社会政治体制差异等背景条件对市场主体的影响，再比方说，不同产业、不同发展阶段所需要的公共基础设施具有较大的差异，这些种类繁多的、有形的和无形的公共基础设施对企业的绩效影响较大，现有的营商环境指标体系也不能够完全反映这些差异。浦东作为上海“五个中心”的核心功能区以及国家改革开放的排头兵，应该根据其地位与产业重点加强营商环境的基础性改革。首先，要加快政府管理市场经济的方式改革，率先构建社会治理体系。把影响企业便利性、公平性的社会组织因素与政府因素明确地区分开来，然后分别推动政府管理体制与社会组织体系的改革，从而构建政府主导的社会治理体系，促进浦东率先构建具有中国特色的社会主义治理体系。其次，要兼顾营商环境的成本与效率因素。目前的指标体系主要从影响企业开办与发展的成本进行构建，但是一个区域内某个产业特有的公共基础设施建设水平不一样，那么对该产业的企业吸引力差异就会十分显著。因此浦东既要考虑到企业开办的便利性因素的影响，也要注重浦东重点产业，例如信息技术、生物医药、金融服务业、航运服务业的公共性产业平台的建设，提高对全球同类产业企业的吸引力。

（四）加快政府服务企业的机制与方法手段创新

在相同的制度背景与产业背景下，不同的政府服务模式对企业的服务绩效有相当大差异，因此在当前我国政府转型的过程中，浦东新区率先加强政府服务企业的机制与手段创新具有重要意义。浦东新区要进一步探索优化服务企业机制，重点增强政府部门之间的合力，构建新型政企关系。持续优化完善“企业服务专员”机制建设，不断打造服务品牌，及时有效回应企业需求。围绕“长三角一体化发展”战略，加快推进长三角主要城市网络执法联动。针对潜在投资企业，提供更加积极主动、精准精细的招商引资服务，提高企业的感受度和满意度。例如，进一步研究支持叮咚买菜、个性化定制化妆品等新模式、新业态发展。围绕“一带一路”倡议，充分发挥自贸区“一带一路”技术交流国际合作中心及海外分中心作用，助力浦东企业“走出去”和产业优化升级。优化技术手段，提升政府服务的智慧性。充分运用云计算、大数据、移动互联网、人工智能等新一代信息技术，加快推进智慧办公、智慧监管、智慧服务、智慧决策。

参考文献

龚柏华：《国际化和法治化视野下的上海自贸区营商环境建议》，《学术月刊》2014年第1期。

宋林霖、何成祥：《优化营商环境视域下放管服改革的逻辑与推进路径——基于世界银行营商环境指标体系的分析》，《中国行政管理》2018年第4期。

《营造稳定公平透明的营商环境加快建设开放型经济新体制》，《人民日报》2017年7月18日。

创新·发展新标杆

New Benchmark for Innovation and Development

B.8

张江科学城的发展与展望

熊玉清*

摘 要： 张江科学城经过多年培育与发展，产业基础较为雄厚，创新生态日益健全，创新活力显著增强。张江科学城的发展表现出显著的特色，以开放式创新模式为特点，政府的引导作用显著，与国家创新战略对接密切，科技体制机制的创新有力地引导区域创新活动。但是张江科学城的发展还存在人才集聚不够，科技融资渠道不够，政府服务的精准性不够，创新环境有待完善等问题。今后张江科学城的发展要着眼于全球视野，实施更加开放的策略，加快全球创新资源的集聚，提升政府服务的水平。

* 熊玉清，中共上海市浦东新区委员会党校副教授，主要研究方向为经济学、社会学。

关键词： 张江科学城 开放式创新 政务服务

一 张江科学城发展现状

张江科学城的前身是张江高科技园区。1992 年 7 月，国务院批准建立国家级高新区——张江高科技园区，面积约 17 平方公里；1999 年，上海启动“聚焦张江”战略，张江进入发展的快车道；2000 年张江规划面积调整为 25.9 平方公里；2011 年 10 月，上海市政府批准张江高科技园区扩大范围至 79.7 平方公里，将康桥工业区、上海国际医学园区、周浦繁荣工业区纳入张江核心园区范围；2015 年 4 月 27 日，中国（上海）自贸区扩区，张江高科技园区有 37.2 平方公里纳入其中；2016 年 2 月，国家发改委、科技部批复同意建设张江综合性国家科学中心；2017 年 7 月，上海市政府正式批复原则同意《张江科学城建设规划》（以下简称《规划》），规划范围东至外环—沪芦高速公路、南至下盐公路、西至罗山路—沪奉高速公路、北至龙东大道，总面积约 95 平方公里。通过衔接龙阳路枢纽、国际旅游度假区等周边地区，总面积达到 191 平方公里。

按照《规划》，张江科学城的空间格局是“一心一核、多圈多点、森林绕城”。“一心”主要是原张江高新区核心区 25 平方公里范围，依托国家实验室，集聚科创设施，引入城市公共服务和科技金融等生产性服务，形成以科创为特色的市一级的城市副中心。“一核”主要是康桥工业区和上海国际医学园区，提升城市公共服务功能，形成张江南部城市公共活动核心区。“多圈”是指发展公共交通，基本实现园区范围内步行 600 米社区生活圈。“多点”是指在办公楼和原来的厂房改造设置各种众创空间，提供创新创业的良好环境。“森林绕城”是为了提供更好的人居环境，将可利用空地建设楔形绿地，沿外环建设绿带和生态间隔带，建成科学城绕城林带。

张江已成为中国最具创新活力的国家高科技园区，张江园区经营总收入占上海市高新区经营收入总量的15%，并保持两位数增长的良好势头，园区汇聚1.8万家企业，其中高新技术企业828家。2018年张江实现规模以上工业总产值3208亿元，同比增长6.7%；实现税收收入393.24亿元，同比增长14.5%；实现一般公共预算收入96.51亿元，同比增长14%；实到外资17.8亿美元，同比增长29.27%；完成固定资产投资318.44亿元，同比增长27.2%。

（一）形成了独具特色的三大主导产业

目前，张江初步形成了以集成电路、人工智能、生物医药为重点的三大主导产业，聚集了一大批国际知名企业。

1. 集成电路产业

张江的集成电路产业在全国居于领先地位，目前已形成千亿级的产业集群。集中了全国集成电路领域40%以上的企业，集成电路产业产值约占全国的1/3，封装测试占40%左右，形成了国内最为完善、技术水平最高的包括集成电路设计、制造、封装、测试、设备材料在内的完整产业链。园区共有307家相关企业，云集了一批国际知名集成电路企业，2018年营业收入已达894亿元，同比增长26.3%，占上海的61.7%。其中芯片设计企业108家，掩膜版企业2家，芯片制造企业3家，封装测试企业9家，材料和装备企业39家。全球芯片设计10强中有6家在张江设立了区域总部、研发中心，它们是高通（QUALCOMM）、博通（BRCM）、英伟达（NVIDIA）、超微（AMD）、马威尔（MARELL）和展讯（SPREADTRUM）；全国芯片设计10强中有3家总部位于张江，它们是展讯（SPREADTRUM）、华大半导体（HDSC）和格科微（GALAXYCORE）。芯片生产的国际地位不断上升，对全球芯片价格形成有着重要的影响，与国际一流的芯片技术水平差距也在日益缩小。

在建产业提升项目有中芯国际12英寸先进生产线和华力12英寸先进生产线，旨在打造世界级的高科技产业集群。国家集成电路创新中心于2018年7月3日在张江正式启动，由华虹集团和复旦大学、中芯国际三家单位共同发起，将逐步吸收更多龙头企业和研究机构，打造国家集成电路共性技术研发平台。上海集成电路设计产业园于2018年11月28日揭牌，进一步抢占产业链高端，突破IC产业“卡脖子”技术，构建国内“技术水平最先进、产品门类最丰富、创新资源最集聚”的集成电路设计产业园。

2019年3月22日，上海证券交易所科创板股票发行上市审核系统披露了9家首批受理企业名单，来自张江的晶晨半导体（上海）股份有限公司成为科创板001号受理企业。截至2019年9月4日，科创板上市申请已获得受理的企业达156家，来自上海的一共有22家，有9家来自张江科学城，为晶晨半导体、晶丰明源、聚辰半导体、乐鑫科技、微创心脉、普元信息、复旦张江、芯原微电子和美迪西生物，其中6家为集成电路企业。

2. 人工智能产业

张江人工智能岛于2018年4月17日启动，集聚IBM研发总部、英飞凌大中华区总部、微软AI & IoT Insider实验室、ADA Health等跨国企业巨头，同济大学无人系统技术研究院等科研院所，以及云从科技、小蚁科技、汇纳信息、黑瞳科技等“独角兽”企业。未来将以人工智能岛为主轴，加快人工智能、大数据、云计算、区块链、VR/AR等数字产业项目在张江中区集聚，并将技术和应用扩散至整个科学城，与其他产业交叉融合。

2019年1月16日，微软人工智能和物联网实验室与浦东新区、张江集团签约，进驻人工智能岛。该实验室是微软亚太首家、全球第三家，也是截至目前规模最大的一个人工智能和物联网实验室。1月17日，IBM中国上海总部及研发大楼正式启用、IBM大中华区客户中心（上海）落成，IBM成为张江人工智能岛的首家进驻企业。

3. 生物医药产业

目前的张江，拥有生物技术和医药产业领域创新企业600多家，从业人员超过4万人，正在研发的药物品种有300多个，2018年产业规模达721.04亿元，产业经营收入占上海的一半左右。已经形成了药物筛选、新药研发、注册认证、中试放大、临床研究、量产上市的完备创新链。园区企业已申报药品注册400多件，已形成新药产品260余个；国家食药监总局每批准3个I类新药，就有1个来自张江；张江在国家新药创制重大专项的立项数占全国的1/3；张江企业临床申请获批率是全国平均水平的3倍。在基因治疗、CAR-T、抗体等肿瘤精准治疗细分领域涌现了一批创新企业，如复星凯特、复宏汉霖等。一批创新型企业已有多个自主研发的创新药获批上市，如和记黄埔的呋喹替尼、君实生物的拓益等。中科院上海药物所、中国海洋大学、上海绿谷制药联合研发的治疗阿尔茨海默症新药“甘露寡糖二酸（GV-971）”顺利于2018年7月完成临床三期试验，10月已提交上市注册申请，产出具有国际影响力的重大科技成果。

2019年4月2日，浦东发布“升级版”生物医药产业地图，4个产业基地3个在张江。张江创新药产业基地（张江南区）面积约3平方公里，定位为创新药物、医疗技术产业化基地及CMO/CDMO委托生产基地，重点承接张江科学城内创新药物科技成果转化及高端制造。

张江已成为上海市最重要的高端医疗器械制造基地之一，以微创、西门子、德尔格为龙头，创新成果不断涌现。其中，微创医疗器械国内市场占有率达37%，居全国第一。张江医疗器械产业基地（张江东区）面积约4平方公里，定位为高端医疗器械研发生产，聚焦体外诊断、影像诊断、微创介入与植入医疗器械等细分领域。张江总部园面积约2平方公里，定位为研发中心及企业总部，承担创新药械企业的研发中心和总部功能。迪赛诺老港基地面积近0.5平方公里，定位为化学药产业化及CMO基地，重点布局化学药物的高端生产以及化学药物创新品种的产业化平台建设。医疗服务领域已引进多家医学检测、高端医疗、康复养老机构，比如上海质子重离子医院、国际儿童医学中心、亲和源等。

（二）拥有良好的创新生态

建立了以企业为主体、市场为导向、产学研深度融合的技术创新体系，加强对中小企业创新的支持，促进科技成果转化。

1. 各类创新资源汇聚

张江现有各级研发机构440家，占浦东新区的80.44%；国家级、上海市级研究机构70家，占浦东新区的31.53%；外资研发机构167家，占浦东新区的73.6%，其中有美国通用电气、诺华医药研发中心、罗氏研发中心、IBM研发中心、Honeywell研发中心等；跨国公司地区总部53家，占新区的18.7%；张江上海市科技公共服务平台36家，占新区的100%，如中科院上海药物研究所、中国商飞设计研发中心、国家新药筛选中心、上海集成电路研发中心、基因芯片技术平台等；张江上海市重大功能性平台2家，占新区的66.67%；在建创新转化平台多家，如上海集成电路产业创新服务平台、生物医药产业技术平台、罗氏上海创新中心等，旨在促进重大科技成果转化。

2. 高层次人才加快集聚

园区内现有从业人员37万，其中博士6200余人、硕士5万余人、本科13.5万余人、专科5.6万余人、归国留学7500余人、境外4300余人，引进各类高端人才450余人。园区内还有上海科技大学、上海中医药大学、上海交大张江科学园、复旦张江国际创新中心等高校或科研机构，为企业发展提供技术支撑和人才输送。园区内聚集了上海科技大学、复旦大学、上海交通大学、上海中医药大学以及北京大学上海微电子研究院等十余所国际一流创新型院校。

（三）创新成果不断涌现

经过多年的建设，近年来张江科学城创新成果不断涌现，各种专利数量稳步增长，2019年1~8月，新区专利授权数量13242件，比上年同期增长8%；高新技术认定企业2247个，比上年同期增长536个；与上年同期相比新增2家国家级企业研发机构，11家上海市级企业研发机构。新业态、新模式等不断涌现，创新活力显著增强。尤其是部分重点领域的创新链条不断完善，在全国乃至全球具有一定的创新影响力。上海浦东软件园已经成为全国最大的软件产业基地之一，软件的设计水平稳步提升。新能源汽车、新材料、海洋工程、航空航天等一批战略性新兴产业也初具规模，具有核心技术的重大产品也正在走向市场。

二　张江科学城发展的路径

（一）实施开放式创新策略

身处我国改革开放前沿的浦东新区，张江科学城的前身张江高科技园区立足开放的策略，肩负提升浦东新区自主创新能力的重任。在引进消化吸收的过程中，张江高科技园区把吸引海外高新技术企业作为经济发展和技术创新的重点任务。迄今为止，张江科学城所在区域的重点特色之一，就是外资高新技术企业汇聚，海归人才高度集聚。与中关村等国内其他高新技术高地相比，在外资高技术企业集聚度、海外人才集聚总量、企业进出口指标等方面，张江科学城都是首屈一指的。在当前我国实施创新驱动的战略下，张江科学城是上海具有国际影响力科技创新中心的承载地，仍然以开放式创新作为发展路径，其主要特点是充分发挥已有优势，加快突破创新体制机制瓶颈障碍，完善创新机制。坚持全球视野下的开放式自主创新和国际化策略，充分利用国际化的市场、人才、资本、技术等要素资源，积极参与全球产业分工，尤其是全球研发外包体系，促进跨国公司研发中心本地化发展，加快形成技术溢出效应。

（二）积极发挥政府多种手段的创新引导作用

一般观点认为实现自主创新要充分发挥市场经济体制的资源配置作用，发挥企业自主创新主体的作用，但是从张江科学城建设的实践来看，政府在区域自主创新中的作用是不可替代的，甚至具有一定的决定性作用。

首先，政府对张江科学城技术创新公共产品的巨大投入推动了市场配置创新资源的能力提升。张江高科技园区设立以来，政府就在基础设施建设与环境建设上进行了巨大投入。虽然无法直接统计这方面的投入，仅根据2018年发布的《张江科学城规划实施行动方案》，近期投资项目除了产业投资项目以外，将建设6个重大科学设施项目、20个创新转化平台项目、14个提升科学城城市功能项目、21个改善区域生态环境的基础设施项目。其中相当部分是政府投资项目或者政府主导型的投资项目，构成了科学城生产、生活功能的强大基础。

其次是政府对重大技术创新平台或者创新装置的大量投入。这些科技创新平台或者设备对一些领域的科学研究与试验具有关键性溢出作用，政府直接投资是较为合理的方式。张江科学城是全市乃至全国科技孵化器最集聚的区域之一，共有经认定的孵化器24家（国家级8家），孵化面积超过40万平方米，在孵企业近1000家。这些孵化器中，综合型的有4家，专业型的有20家，涉及信息技术、文化创意、生物医药、低碳环保等多个领域。其中，国资占主导地位或者国资参股的有15家，孵化面积超过80%，民营的仅9家（含2家外资控股）。这些孵化器发展成效显著，对促进创新创业、推进科技成果产业化、构建区域自主创新体系起到了积极作用。

（三）密切对接国家创新战略与意志

国家意志在自主创新中的作用在国外既有成功经验，也有理论验证。发挥国家意志、国家能力在自主创新中的作用在我国体现得最为充分，其中“两弹一星”就是国家意志在自主创新中作用的显著体现。我国实施创新驱动战略以来，提升自主创新能力成为我国经济发展的现实必要需求，国家对自主创新的意志日益强烈，并在战略上与政策上加快实施。十八届五中全会提出了“创新、协调、绿色、开放、共享”五大新的发展理念。其中“必须把创新摆在国家发展全局的核心位置”，“让创新贯穿党和国家一切工作，让创新在全社会蔚然成风”等论断，为国家实施创新驱动战略措施奠定了思想基础。由此，国家有关创新的政策力度不断加大，资金投入不断增长。张江科学城对接国家创新战略工作也充分得到体现。一方面，张江自主创新的方向与“中国制造2025”密切对接，张江科学城的主导产业选择了战略性新兴产业作为国家重点发展的领域，加强创新突破。另一方面，中央政府加大了对张江科学城的资金投入，并且利用国家手段组织相关力量支援张江的自主创新。最重要的表现为张江国家科创中心布局，以及一大批具有国际前沿性的重大基础性科研平台建设。上海市政府与浦东新区政府一直强调张江科学城体现国家自主创新、和谐发展、循环经济发展的战略要求，作为上海市加快实现“四个率先”的重要引擎，在保持自身合理经济规模的基础上，强调对长三角和全国的示范、引导、辐射作用，探索中国科技体制改革、区域治理改革的成功之路；作为中国参与全球高科技竞争与合作的先锋力量，依托国家重点实验室和中科院浦东科技院等，积极承担国家重大前沿科技项目、重大国际科技合作项目，成为积极推广新型高科技成果的应用示范。

（四）科技体制改革引领创新活动

张江科学城自张江高科技园区诞生之日起，就与国家改革开放先试先行的有关政策相伴而行，最初浦东新区利用土地市场化进行园区开发的政策就包括张江高科技园区。通过率先进行土地市场化开发，园区早期的基础设施获得了快速发展。张江国家自主创新示范区获批以来，一系列的创新创业先试先行政策在张江国家自主创新示范区铺陈开来，使张江园区自主创新企业获取了政策制度创新的红利，促进了区域创新能力的提高。自2013年上海浦东自由贸易试验区作为国家第一个自由贸易试验区获批以来，张江国家自主创新示范区更是叠加了自由贸易试验区的政策。自由贸易试验区政策叠加国家自主创新示范区的政策，张江在全国具有了独一无二的政策优势。目前张江科学城创新创业政策涵盖了国家重大科技基础设施政策体系、国家人才特区政策体系、自主创新财税支持体系、股权激励试点政策体系、科技金融体制创新政策体系。这一系列政策体系的形成，有力地从多个方面、多个维度对创新创业企业进行全生命周期的激励，产生了良好的效果。

三　张江科学城持续发展存在的问题分析

（一）人才制约成为重要的瓶颈

习近平总书记提出："人才资源是第一资源。"人才因素是创新企业最关注的核心要素，而人才政策涉及面十分广泛，就业、医疗、子女入学、出入境、财政税收等都与人才活动紧密相关。首先，上海市的土地资源以及空间资源十分紧缺，上海市的新一轮土地规划明确提出实施减量化策略，即土地和人口规模将受到红线的约束，因此在人口总量的约束下，人才的各方面政策同国内其他城市相比相对趋紧，人才的引进就受到土地空间资源的总量限制。其次，对国外人才来说，对人才的职业资格认证、出入境手续、就业范围等限制进行改革的任务难度较大。因此，张江科学城已经建成了国内人才高地，但是人才总量与质量还不能适应创新发展的需求，特别是高层次人才缺乏。《浦东新区 2018 年人才紧缺指数报告》显示，与张江相关的生物医药、文化创意和信息服务业连续两年呈现人才紧缺状态。

（二）技术研发与产业化的融资渠道还不够充分

自从张江开发建设以来，对科研成果进行产业化的融资制度建设一直是政府和企业努力的重点之一，例如，大力发展和引进各类风险投资基金，政府发展各类高科技实现产业化的引导资金，发展了多种股票融资市场（例如，科创板的推出），等等。高科技产业的融资便捷程度大大提升，张江科学城已经成为全国风险投资的集中地。融资成本高，对规模较小的高成长性企业而言，适用于抵押的资产少且难变现，加剧了融资的困难程度。尤其 2018 年下半年以来，投资机构募资困难加剧，市场资金更显紧张，企业融资需求强烈而融资难度加大，已经对高成长性企业，尤其是生产周期长、前期研发投入大的生物医药行业发展产生负面影响。

（三）政府体制改革与政务服务手段还需进一步升级

政府体制改革一直是浦东新区政府努力的重点之一，浦东新区成立之初就把建设服务型政府作为改革的目标重点之一，特别是建设自由贸易试验区以来，通过浦东新区政府与自由贸易试验区合署办公的办法，以开放促改革，推动政府管理体制改革与政府职能的转变。应该说浦东新区政府体制改革走在全国的前列，特别是传统的管制型政府得以转型，事中事后监管体系已经初步建立起来，但是政府服务的精准性、及时性还需提高。其中一些企业还不能享受到政府多种多样的服务，特别是一些企业对政府服务政策不够了解（见表1）。

表1　企业对浦东新区政府扶持企业政策的了解渠道

单位：件，%

选项	回复情况	占比
政府部门发布	330	82.71
报刊电视介绍	129	32.33
从政府网站查询	241	60.40
从其他企业了解	126	31.58
其他,请列明:	35	8.77
回答人数	399	100.00

资料来源：笔者承担的浦东营商环境建设课题问卷调查。

（四）创业整体环境还存在一些问题

针对中小企业创新创业环境，笔者进行了系统的问卷调查，发现了一些问题（见表2）。一是发展空间不足。由于受到土地空间资源的制约，许多企业反映发展空间不足，一些企业研发的科技成果只能去江浙等地寻找产业化的生产空间。这也是令浦东新区政府感到头疼的难点之一，许多科技型企业也很想就地研发、就地制造，实现研发、生产、销售一体化，但是新区的土地空间与土地成本是让企业扩散生产空间的主要因素。二是资金成本高。

以张江高成长性企业中占比较高的且最具发展优势的生物制药、芯片研发为例，大多须从国外引进技术，加上税费等费用，研发成本远高于国外。一旦核心技术难以引进，企业内部研发周期长、不确定性大，更加剧了资金压力。三是土地、劳动力、经营场所等要素成本的价格较高。高技术人才成本的持续增长给企业带来了不小压力。如 2017 年新区高级软件人才（主要集中于张江）平均年薪达 58.84 万元，远远高于全国同行业平均水平，但在张江高成长性企业中，集成电路芯片设计、文化创意产业等方面人才与北京、杭州、深圳等相比没有比较优势。

表 2 影响企业的生产空间与办公安排的因素（填写最重要三项）

单位：件，%

选项	回复情况	占比
发展空间不足	180	45.11
租金成本太高	313	78.45
注册地太远不方便	145	36.34
员工上班不方便	195	48.87
土地减量化	65	16.29
产业导向不明	65	16.29
企业高管落户困难	75	18.80
员工宿舍不足	62	15.54
员工子女就学不便	90	22.56
其他	7	1.75
回答人数	399	100.00

资料来源：笔者承担的浦东营商环境建设课题问卷调查。

四 推动张江科学城建设的建议

（一）继续完善科技与产业规划

张江科学城提出来以后，政府部门进行了新的规划与布局，使产业基地、生活配套设施、重大科技基础设施相继落地，区域的整体布局框架已经基本形成。在未来发展规划中，要以先进的生态文明理念为指导，围绕创建一流国际创新策源地目标，进一步完善重点园区、重大科学装置、主要创新中心的详细规划，发挥区域多种要素的组合优势。以芯片和网络为承载基础，以数字化的知识和信息（数据）为关键生产要素，以智能算法为核心驱动力，涵盖物联网、大数据、云计算、人工智能等的新兴数字信息产业是一个战略性聚焦方向。在新兴数字信息产业的战略选择上，既要考虑产业基础，又要充分考虑未来的发展空间以及产业特点。在生物医药领域，要充分发挥张江生物医药产业原有优势，强化产业集群创新优势、制度创新系统优势，提高国际国内的吸引力、竞争力和影响力，成为中国生物医药创新驱动的标杆，推动中国生物医药从跟跑、并跑到领跑的跨越发展。

（二）深化开放式创新模式

上海科创中心建设的定位是全球有影响力的科技创新中心，必须立足全球资源、全球创新人才，实施开放式创新战略。对此，首先要转变观念，不能只盯着浦东与国内创新资源，要放眼全球，放眼未来，加快制定浦东开放式创新的战略规划与政策体系，实施开放式创新模式。着力构建全球开放式创新的网络，加强与国外合作研究开发、知识产权管理、公共基础知识库建设等，并继续推进国内外人才流动，制定相关的财政税收与金融创新等政策体系。其次，要充分发挥上海光源、超强超短激光平台、活细胞成像平台等世界一流科技硬件优势，打造依托重大科技设备的创新集群。依托上述重大科技设备，吸引国内外有关行业的创业公司到浦东开发相关的开放式创新中心，带动大批创新公司和创客集聚，形成依托重大科技设备的创新集群。再次，鼓励浦东开展各类公益讲坛、创业论坛、创业培训等活动。支持各类创业创新大赛、创业论坛等开放性活动，搭建创业公司与人才的交流平台。最后，加快浦东开发公司的战略转型。促进浦东几大开发公司从土地开发、资本运作向服务创新载体转变，深入研究开放式创新企业的政策需要与服务需求，建立全方位的高效的政府服务体系。

（三）加强创新链条的建设与治理

结合产业特点，张江更适合围绕底层技术、优势产业，打造更高层次自下而上、协同发展的多样性垂直产业生态，促进产业、人才、资本、创新深度融合，建立开放并充满活力的产业体系。如在集成电路产业上，张江设计企业和芯片制造企业间尚未形成紧密的互动，可依托华虹、中芯国际等龙头企业，吸引 ARM、RISC－V 相关的 IP 生态，吸引物联网相关芯片上游的 IP、制造等生态聚集。高成长性企业也可在其中受益，得以依托发展。在生物医药领域，精准医学、创新医药、智能医械、高端医疗要加强产学研医的联动融合，打通和拉长产业链，形成集群融合效应。充分利用自贸区政府管理体制创新的机遇，顺应开放式创新的要求，打破多部门分散管理科技创新政策与资源的局面，推进“科技创新管理”向“科技创新治理”改革，建设由政府、企业、院所、大学、社会组织、公众等共同参与的创新治理体系。

（四）建设全球重点创新要素集聚中心

浦东全球创新中心核心区的建设，不仅要建设创新创业中心，而且要发挥“五个中心”核心功能区的联动作用，实现科技创新中心与金融中心、贸易中心、航运中心的良性互动关系。着眼于全球创新资源的，要大力破除阻碍创新人才、资本、知识等要素跨区流动的壁垒，促进浦东尽快形成全球创新要素集聚中心。建设全球人才高原高峰，瞄准世界尖端人才，大力畅通国外人才的出入、居留、创业制度，推进外籍人才创业、就业与居留制度改革，加快全球高端人才的集聚与居留。继续加快全球创业资本集聚的步伐。利用浦东资本市场齐全、科创板推出的机遇，继续提升科技金融的市场化水平，推动科创板与“战略新兴板”的转板对接，进一步完善多层次、体系化的创新资本市场，形成全球科技金融中心。加快知识产权制度与交易市场建设，建设全球知识产权交易中心。以国际高标准的知识产权制度为参照，大力推进知识产权保护、开发的体制机制建设，发展知识产权交易市场，打造有全球影响力的知识产权交易中心。

（五）打造一流政务服务体系

在创新的社会化水平与国际化水平日益提高的情况下，政务服务的水平与质量对区域创新水平的影响越来越重要，浦东新区区委、区政府已经意识到这点，提出了政务服务要跑出“加速度”的任务。今后，政府部门和有关政务服务的代理者要从过去的建设及运营商向打造产业生态的产业服务商转型，做产业生态优化的推手，探索面向新产业的企业服务新机制；提升对企业、产业需求的敏感度，加强对产业、企业需求的预判，提高高成长性企业政策针对性，提升服务科技创新的能力，让企业更有获得感；大力营造产业生态，要对接产业资源，为企业寻找落地的应用场景，帮助高成长性企业开拓市场；针对企业提到的高房租带来的通勤时间长、居住落户难等导致初级人才流失率较高的问题，加速推动土地使用规划，精准扶持紧缺人才购（建、租）房，扩大人才公寓规模，解决高成长性企业初级人才居住问题。深化现有的药品上市许可持有人、医疗器械注册人、生物医药保税研发、新药审批改革等“双自联动”的制度创新。整合财政、科技、人才、土地、环评、排污、审改、投融资、便捷通关等政策，增强政策的协同效应，打造全球一流的生命科学创新和生物医药产业链。

参考文献

上海市张江高科技园区管委会、上海张江（集团）有限公司、上海张江高科技园区开发有限公司、上海市城市规划设计研究院、上海市浦东新区规划设计研究院、上海张江文化控股有限公司：《一品张江——张江科学城规划设计集萃》，同济大学出版社，2018。

袁涛：《科技引领未来　创新驱动发展——张江集团全力建设国际一流科学城》，《经济》2018 年第 24 期。

B.9
张江科技创新服务发展的深化

王　丹*

摘　要： 科技创新服务是增强科技创新能力、激发科技创新活力、释放科技创新生产力的重要支撑，对于促进科技创新要素集聚，助力科技创新活动孕育，打造科技创新高地，增强科技创新引领作用和辐射作用至关重要。当前，上海正在加快建设全球科创中心，张江高科技园区作为上海全球科创中心的核心承载区，需不断强化科技创新策源功能、技术创新驱动功能、产业创新引领功能等，这均需着力提升科技创新服务能力。近些年来，张江的科技创新服务发展取得了明显进展，成效显著，但与此同时面对科技创新活动所面临的新形势新要求新趋势，张江仍需进一步深化科技创新服务功能建设，着力打造全球科技创新高地。

关键词： 科技创新服务　产业集群　张江高科技园区

一　科技创新服务的内涵及其特征

加快建设具有全球影响的全球科技创新中心是中央赋予上海的国家战略使命，也是上海全球城市核心功能建设的内在需要。全球科创中心的建设、科技创新功能的打造除了需要科技创新要素、载体、成果等方面的支撑外，

* 王丹，上海市人民政府发展研究中心博士。

还需要围绕创新链的创新服务体系建设。而要加快科技创新服务体系建设需要明确科技创新服务的内涵以及构成特征。

（一）科技创新服务的内涵

在新一轮技术革命和产业革命的催化下，世界主要国家或城市的竞争逐步演变成基于创新能力的竞争，各国或各城市纷纷强化科技创新功能建设，并将促进科技创新服务发展作为重要抓手，在此背景下，针对科技创新服务的相关研究也不断涌现。目前，学术界对科技创新服务的界定存在多种视角。Prasad 从科技创新需求的角度出发，认为科技创新服务是基于国家或公司层面所构建形成的科技创新信息服务架构。张心怡从科技创新服务流程的角度出发，认为科技创新服务包括了渠道建设服务、信息共享服务、活动交流服务、专业咨询服务等主要内容，是一种新型的“一站式”的社会化的服务体系。Preece 认为科技服务即为知识密集型产业，而知识管理与知识共享在科技服务体系建设中发挥着重要作用。尽管各种定义描述存在一定差异性，但就其实质存在一般共识。综合而言，科技创新服务是指围绕科技创新链，满足科技创新各环节活动需求所提供的服务的集合，包括创新要素供给、基础研发、成果转移转化、平台支撑、设施保障、政策支持等各类服务，其中科技创新中介机构、服务平台、重大科学装置、科技创新空间载体等为科技创新服务的供给提供支撑。科技创新服务功能是科技创新服务相互关联、彼此促进、相互交融所呈现的综合服务效应，包含了创新策源服务、创新资源汇聚配置服务、科技创新成果转移转化服务、科技创新应用扩散服务等多个功能层面。上述层面的功能形成完备的科技创新服务体系和良性的科技创新服务生态系统。

（二）科技创新服务的特征

随着科技创新活动日益频繁，以及开放式创新的纵深发展，围绕科技创新全流程的科技创新服务不断丰富，呈现专业化、体系化、簇群化的发展特点。一是专业化发展特征，突出表现在科技服务业的繁荣发展。科技服务业是指为科技创新活动提供技术、资金、人才、专业服务等智力服务的新兴产业，囊括了科技法律服务、会计服务、设计服务、科学和技术咨询服务、科学研究与开发服务等众多服务门类。二是体系化发展特征。科技创新服务体系涉及科技服务业体系、科创服务平台体系、科创基础设施体系、科技创新政策体系等。其中，科技服务业体系是由各类科技服务业所形成的集合；科创服务平台体系包括研发服务平台、孵化服务平台、专业科技服务平台等；科创基础设施体系包括公共基础设施和科技基础设施等；科技创新政策体系包括针对科技创新的引导、扶持、保障的政策和制度。三是簇群化发展特征。科技创新服务往往依托科技创新平台、科创基地或园区、科创孵化器等载体集聚发展，实现各种科技创新服务有机协同，进而营造科技创新服务生态系统。

当前，伴随着科技创新活动专业化、开放化的纵深发展，科技创新服务又呈现四大发展趋势。一是科技创新服务更加注重体系化衔接，即科技创新服务从体系建设向综合环境营造转变；二是科技创新服务更加注重集群化发展，如东京建立科技创新服务集成的“母工厂”模式、全球覆盖的纽约Wework众创空间；三是科技创新服务更加注重开放式互动，即科技创新服务的信息交流更加频繁；四是科技创新服务更加重视服务品牌和影响力的提升，注重加强科技服务和法律保障。

二　张江科技创新服务发展的现状情况

张江高科技园区是上海“创新驱动、转型发展”的重要引擎和发动机，也是上海建设具有全球影响力科技创新中心的核心支撑点。张江高科技园区是我国第一批国家级高新技术园区，经过近30年的发展，已经形成以信息技术、生物医药、文化创意和低碳环保等高技术产业、新兴产业为核心的产业集群，实现了创新链、产业链、技术链的协同发展、有机融合和良性互动。

（一）张江科技创新服务发展的阶段演进

在张江高科技园区的不同发展阶段，科技创新服务也不断地完善，能级不断提升。

1. 聚焦科技创新载体建设期

伴随着浦东的开发开放，张江高科技园区孕育而生。1992 年 7 月张江高科技园区正式开园，定位为上海高科技产业发展的主要集聚区域。从此，张江进入了硬件建设期，土地批租及道路、办公楼宇、孵化基地等设施建设加快推进。1999 年，市委、市政府提出了“聚焦张江”战略，提出将张江建设成“四个基地、一个品牌、一个标志”的部署。张江高科技园区不断加大项目引进力度，强化产业链关键环节布局，并强化关键企业机构和公共技术平台建设，进而促进产业链拓展和产业集群打造。中芯国际、宏力半导体等集成电路制造项目，“一校、一所、六中心”的医药创新平台相继建成，张江高科技园区逐步呈现集成电路、生物医药等产业集群化发展的新特征。

2. 创新示范的环境建设期

2011 年，国务院批复设立“张江国家自主创新示范区”，成为继中关村、东湖之后的我国第三个自主创新示范区。张江园区以“张江创新十条”为抓手，深化创新体制机制改革，着力在科技机制、人才发展机制、创新创业环境等方面进一步释放创新生产力，营造优良的科技创新环境。将科技创新基地建设与创新环境营造有机结合，先后建成了国家上海生物医药科技产业基地、国家信息产业基地、国家集成电路产业基地、国家半导体照明产业基地等多个国家级基地。还建设了一批多模式、多类型的孵化器，建设了国家火炬创业园、国家留学人员创业园等创新载体。与此同时，强化科技创新服务发展，科技创新环境不断优化。

3. 张江科学城的建设期

伴随着上海建设具有全球影响力的科技创新中心国家战略的实施，张江园区作为上海全球科创中心的核心承载区，进入了科技创新功能能级全面提升阶段，开启了城市功能、产业功能、创新功能融合发展的新征程。2017年7月，张江科学城建设规划获批，以张江高科技园区为基础，以科创为特色，打造科研要素更集聚、创新创业更活跃、生活服务更完善、交通出行更便捷、生态环境更优美、文化氛围更浓厚的世界一流科学城。一批国家级的重大科学装置、重大平台等先后落户张江科学城，围绕基础研究、中试、科技要素集聚、科技成果转化等的科技创新服务生态系统更加健全完善。

（二）张江科技创新服务发展的现状情况

随着园区建设的不断深入和创新功能的日益增强，张江园区在人才集聚、企业培育、平台搭建、产业发展等方面形成了难以复制的优势，构筑了独特模式与品牌效应，科技创新服务发展取得明显成效。截至2018年，张江拥有近7万家科技型、创新型企业，其中高新技术企业3759家；拥有1700多家研发机构、300余个公共服务平台。

1. 形成了高层次的科技研发平台

科技研发平台是促进科技创新活动的重要支撑。张江园区一方面构筑了完备的基础和前沿科学研究的科技研发平台，如中科院上海药物所、国家新药筛选中心等；同时，也引进建设了上海科技大学、上海中医药大学、复旦大学软件学院、上海交通大学信息安全工程学院及药学院等高等院校。另一方面，建设了一批处于行业尖端地位的共性科技研发平台，如生物医药领域的新药筛选、安全评价中心、转化医学平台等，以及集成电路、先进制造和其他四新经济领域的互联网数据共享中心等。这些公共研发平台、高校和科研院所极大地优化了张江的创新环境，降低了创业成本。

2. 建设了高精尖的科技创新装置

目前，张江已经建成了一批高水平的科技创新基础设施群。如先后建成了上海光源、蛋白质设施、超级计算机等重大科学设施，这些设施又催生了超强超短激光用户装置、软X射线自由电子激光用户装置、活细胞结构和功能成像等一批新的设施。目前，张江建成和在建的国家重大科技基础设施数量及投资规模均领先于全球，系列重大科学研究设施的建设为科技创新提供了有力支撑。

3. 构筑了高广度的开放创新网络

一方面，强化与发达国家或国外知名科研机构、企业联合组建科技研发中心。如先后与以色列、新加坡、美国、德国、俄罗斯成立了中以创新中心、中新创新中心、张江伯克利工程创新中心、中德清洁水创新中心和中俄联合孵化器等。另一方面，打造了一批产业联盟，构建了重点研究领域与方向上的创新网络，形成创新链、产业链、资金链、政策链环环相扣的闭环。此外，张江与浙江嘉兴、慈溪和江苏南通等地构建了长三角城市群及更大区域的创新网络，积极推动长三角各省市间科技创新资源开放、共享与联动。

4. 形成了高水平的科技服务业

目前，张江已经形成较为完备的科技服务业体系。一方面，拥有了高密度的科技创新人才要素，确保了科技创新的要素供给。如在主导产业新进人员中，高学历人员占比逐年增加，本科及以上人员占新进人员八成以上。另一方面，拥有较为庞大且多层级的创投资金。浦东科技创新投资基金正式启用，作为科创母基金，首期55亿元，并创建了“产业＋基金＋基地”的联动发展模式，以及“母子基金”联动方式，构建科创产业基金群。同时，张江还与银行、证券公司等金融机构设立了专项子基金，有针对性地满足生物医药、集成电路等产业科技创新的资金需求。此外，张江还形成了一系列的科技创新成果转移转化服务支撑，张江已经建成了以上海科学院为核心的科技成果转移转化综合性功能平台。

5. 实施了高吸引力的科创政策

为了促进科技创新能力建设和能级提升，张江园区推进了一系列先行先试的体制机制改革举措。如张江创新实施了科技创新人才或团队的创新成果转移转化收益分配政策；大力推进了“科技创新券”制度；建立健全了支持科技创新创业的金融财税政策，对于高新技术企业、技术先进服务企业的税收减免力度不断加大；探索优化张江科技创新能力建设的管理体制；等等。

（三）张江科技创新服务发展所面临的瓶颈制约

经过多年发展，张江园区已成为体现我国科技创新能力和成果的地标，成为我国科技强国战略的重要展示平台，在国内具备较强竞争力，在国际上也有一定的知名度。但与此同时，随着上海全球科创中心建设的纵深推进，与上海建设具有全球影响力的科技创新中心要求相比，推进张江科技创新服务发展仍然面临诸多瓶颈问题。

1. 创业载体及其配套设施供给仍有不足

随着张江园区科技创新活力的不断迸发，对于创新创业载体及其配套设施的社会需求也与日俱增，但目前的创新创业载体及其配套设施数量尚难满足“大众创业、万众创新”的需要。如2011年张江园区开始启动“双1000”计划，为企业提供廉价的人才公寓和创业工坊，但这些载体设施自推出以来一直供不应求，大量技术创新企业仍要面对较高商务成本的困扰。同时，面对快速发展的高技术产业，“产城融合”生活配套设施跟进缓慢，显著滞后于产业发展需求。

2. 科创服务平台管理灵活度待加强

张江园区已经形成了较为完备的科创服务平台，为基础研究、共性技术研发等提供了有力支撑。但在具体的运作中，仍存在灵活度不高的问题。如在构建深层次产学研合作平台方面，在为企业具体提供个性化科技创新服务时存在不足；公益性服务存在“责任下沉、权力上移”的体制性问题，管理效率较低，服务不能有效供给。

3. 科技服务业专业化水平仍待提升

一方面，科技服务业缺乏专业的行业标准，服务质量参差不齐。不少科技企业仅充当了低层次的科技服务“二传手”角色，无法为客户提供专业性更强的增值服务和解决方案。各类众创空间、孵化器等服务机构更多的是提供了空间场所，而对于专业化和市场化的科技服务业整合与集成能力较弱，专业化和市场化程度不够高。另一方面，不少科技服务企业源于事业单位转制，习惯于背靠政府，缺乏市场活力，服务能级不高，竞争力不强。此外，科技服务业与创新创业的服务需求间的供需匹配仍待进一步强化。如类金融主体与科技企业融资需求适配性不强，软环境等支撑力显现不足。

4. 科技创新的管理体制仍待优化

针对张江园区的产业集群特点，在其科技创新管理方面进行适应性创新。如针对药企产品创新中注册地和生产地分离的审批难点，继续简政放权，为重大原创药品的注册与审批提供个性化服务，支持完善与药品上市许可持有人制度相结合的个性化解决方案。进一步创新政府参与的投资基金的管理方式，强化市场化运作。

5. 科技创新政策扶持精准性待增强

一方面，部分政策知晓度有待提升。目前，鼓励企业吸引和培养人才的相关政策、金融支持相关政策、优先发展产业的支持政策知晓率较低，特别是在研发活动较为集中的软件和信息技术服务业及科学研究与技术服务业，企业对政策知晓度不高的问题尤为突出。另一方面，吸引人才、资金等方面的政策力度仍需要加大。如人才创新创业平台和团队的引进受到政策不配套的限制，影响到产业创新平台的建设和功能发挥；科学家市场化激励受到职务限制，进而影响到体制内顶尖科技人才深度参与成果转化；海外高层次人才引进受到与税费相关的高用人成本的限制，影响到创新企业等吸引国际顶尖人才。

三　深化张江科技创新服务发展的思路及对策建议

在上海加快向具有全球影响力科技创新中心迈进的过程中，张江园区应当找准国际趋势和自身优势的接合点，依托国际前沿的战略性产业基础，针对科技创新服务发展中面临的瓶颈问题，创新思路，着力突破。

（一）深化张江科技创新服务发展的思路

按照科技创新服务发展的趋势特征，立足于张江园区科技创新服务的现状情况，张江在促进科技创新服务发展中，要强化“三化”发展思路。

一是协同化。聚焦科技创新与产业发展的协同，强化服务纽带作用，以重要科技研发平台为支撑，积极推进张江园区产业创新生态链形成，鼓励产业技术平台共享，支持创新产业交互融合。加快搭建产学研协同创新网络，促进知识主体和产业主体沟通交流，推动知识资本和产业资本有机结合。聚焦科技创新全周期，强化服务无缝衔接。打造多元开放的服务体系，不断创新服务方式，强化服务集成，特别是针对不同的创新基地、孵化器等提供有针对性的创新服务供给，营造良性的创新服务生态。

二是高端化。聚焦高端化的产业集群建设，促进科技创新服务的高端化发展。进一步强化培育世界级产业创新群落，牢牢占据产业技术的桥头堡，以技术领先带动园区能级提升，确保核心重点行业的技术水平处于全球顶尖，打造一批具有时代引领能力的高端产业。科技创新服务要强化高端人才、国际机构、国际联盟等方面的支撑，从高起点促进人才、资本、技术、载体等研发创新要素集聚，以国际标准促进科技创新服务发展。

三是国际化。聚焦全球城市网络的构建，打造具有国际辐射力的科技创新服务，提升张江科技创新服务的品牌力和影响力。立足国际视野，建立与国际接轨的组织管理规则，促进人才、资源和产业等政策与国际接轨；开展国际创新交流，积极引进跨国科技创新服务企业入驻张江。

（二）深化张江科技创新服务发展的对策建议

按照上述思路，针对张江科技创新服务发展面临的瓶颈问题，可采取以下对策举措。

1. 强化科技创新专业化人才集聚

以政策创新推动高峰人才团队引进集聚，加大人才政策的支持力度，对高峰人才团队精准施策、分类施策，培养造就适应新时代要求的科创中心人才队伍。对培育科创领军企业和“独角兽”企业的人才团队，给予个税和财政支持。探索“不求所有、但求所用”的灵活方式，柔性引进外省市科创人才参与重大科技专项。探索以“绿卡”申办及配套政策落实海外“双创”人才的“国民待遇”，积极探索落实市外人才群体的“市民待遇”、科研创新人才群体的“市场待遇”、一线创新人才和青年科技人才的“生活待遇”。

2. 实施科技金融业提升计划

针对科技服务当中资金等瓶颈问题，创新体制机制，强化资金扶持。继续扩大天使投资引导基金的规模，发挥引导基金的“杠杆效应”和“引导效应”。在国资创投的业务决策模式、盈利方式及要求、监管和考核机制等方面，寻求更大力度、更为精准的突破，简化国资在投资入股时的定价评估手续。激活科技金融资本市场，推进信贷服务创新，加大政策性融资担保力度，增强保险服务科技创新的功能。鼓励科技金融产品创新，促进科技创新多样化，制定针对园内不同类别的科技企业科技创新金融需求支持政策。放宽创投企业的市场准入，持续深化商事制度改革，为创投行业提供差异化服务，加大对创投机构税收的优惠力度。

3. 强化产学研科技服务联动发展

以政策支持推动产学研合作协同创新，以弥补产学研深度融合政策的缺位，建立区级层面产学研合作的政府协调服务机制。建立积极有效的专业孵化器机制，强化专业孵化器对产学研联动的支撑作用，强化科技创新服务向专业孵化器集聚。支持跨国公司建立与研发中心相配套的技术转移中心。充分发挥政府、行业协会的作用，建立起以个人信用为基础、企业信用为核心、政府信用为保障、社会中介组织为载体的社会信用体系，强化产学研合作中的科技创新成果转移转化的收益分配制度创新。

4. 提升政策的针对性和精准度

要深化商事制度改革。结合打造具有国际最高标准、最高水平的营商环境，积极落实事中事后监管理念。要强化“双自联动”战略，探索和完善有利于各种创新要素优化配置的创新政策，寻求更大范围更深层次的体制机制突破，建设与国际接轨的创新环境，形成杰出的体制改革突破能力。争取更多创新优惠政策在张江园区先行先试，形成良好的政策示范效应，全面扩大优惠政策受益面。同时，加大政策宣传力度，特别是做好各项优惠政策的宣传工作。

B.10
浦东打造世界级产业集群的选择

唐 坚*

摘 要： 随着综合国力的不断增强，中国在国际社会上的地位也在不断提高。为加快实现中国特色社会主义经济现代化的重要发展目标，当下中国亟待培育若干世界级产业集群。习近平总书记在对上海浦东进行调研时强调，浦东要在“科技创新、城市管理和社区治理上加快提升城市能级和核心竞争力，更好为全国改革发展大局服务”。以浦东作为培育世界级产业集群的示范点，是提升上海作为长三角地区核心城市竞争力的关键一环，也是上海全面提升区域经济和产业发展的迫切需求。本文主要通过对世界级产业集群的内涵和基本特征进行分析，结合浦东新区目前的发展现状给出浦东建设世界级产业集群选择和进一步发展的建议。

关键词： 浦东新区 世界级产业集群 长三角一体化

作为一般性产业集群的强化升级版世界级产业集群无论是在技术创新力、市场竞争力还是在全球影响力上都比一般的产业集群更具发展生命力，这是全球经济常态化发展下的必然趋势，也是中国区域经济发展水平进入世界前列的重要标志。纵观浦东产业集群发展历程，作为引领

* 唐坚，经济学博士，管理学博士，公共管理博士后，研究员，主要研究方向为制度与管理科学、宏观经济学、政府经济学、区域经济与可持续发展等。

中国城市科技创新、现代化服务、高新技术开发的地标城区，浦东依靠优渥的自然资源和得天独厚的地理位置环境以及改革开放与世界发达国家领导厂商形成高密度、高效能的交流互动，已经实现了区域经济的高速增长。对浦东产业集群来说，伴随着全球价值的提升，区域经济实际上也面临着空前的挑战，尤其是在区域中小企业融资、海外高层次人才引进和人才培育、市场准入、知识产权保护、中介服务机构、开发区土地空间限制等现实条件下，培育和发展浦东世界级产业集群“道阻且长”。目前，面对培育浦东世界级产业集群发展中遇到的诸多问题还没有完美的解决方案，但是坚持国家领导政策和改革开放战略方针，从产业结构优化升级、提升创新型产业技术能级、完善和健全现代化经济体制、努力营造和谐的社会文化环境与复合型专业人才引进培养、加强跨区域的交流合作等方面入手，也不失为推进浦东区域创新体系发展和培育浦东世界级产业集群的战略路径。

一　世界级产业集群与一般产业集群的特征区别

（一）世界级产业集群的含义

所谓“世界级产业集群”，主要是指对全球的产品市场、技术创新以及经济发展等具有强大控制力与影响力的产业集群。其主要包含以下三个层面的构成要素。第一，集群独有的结构机制，主要包含创新激励制度、研发水平、孵化器活力、教育质量、地区吸引力以及基础设施等；第二，集群主体，主要包含集群主体的全球声誉及知名度、起着决定性作用的技术与市场引导者、竞争者的全球合作及参与情况、主体的履约能力等；第三，集群管理，主要包含集群战略、集群全球化程度以及集群管理服务的专业化水平等。

（二）世界级产业集群与一般产业集群的特征区别

相对于一般产业集群，世界级产业集群基础内涵的广度与深度可以看作是一般产业集群内涵的升华，这具体表现在世界级产业集群内已经形成了完善的全球价值链和产品生产线，拥有世界上领先的产业集群规模和技术水平，并将众多的世界知名企业与世界著名品牌包含在内。

1. 集群产业规模与空间聚集上的区别

一般产业集群在空间聚集性上仅集中或分布于单一的地理空间，空间溢出性小且在产业聚集区内其出口额、总产值和就业数量要明显低于世界级产业集群，单就集群规模来说，宏观上一般产业集群显示为低密度、点状或团状走向而世界级产业集群则在全球范围内呈现高密度、带状或网状走向，这也是一般产业集群在经过不断的改良发展壮大后在地理空间与产业规模上的必然表现。

2. 区域产业链价值上的区别

一般而言还处于发展中的小规模产业集群，因其所创造的产业价值远远低于全球产业价值链最低标准，故而站在世界级产业集群角度上看，一般产业集群仍无法摆脱区域经济增长以制造业为主但增长速度缓慢与各行业综合技术水平低下的发展困境。产业价值处于全球价值链中高端水平的世界级产业集群中的各行业，已然形成了以行业中的龙头企业为主，其他企业围绕龙头企业的高度专业化分工体系。其表现出的不仅是制造业高度发达，甚至集群区域内新兴经济体、现代服务业的发展规模、势头和产业地位也明显优于制造业，并且这些高度发展的集群产业对区域创新资源和创新活动等都能产生积极而深远的影响。这是一般产业集群在很长的一段时间内都无法实现的。

3. 在创新能力上的区别

我们知道一般规模的产业集群中多少存在一个或几个在行业中发展相对靠前的企业，作为一般产业集群中的龙头企业，它们一定程度上代表了该区域企业创新能力的最优水平。其区域产出产品的附加值很低。而世界级产业集群中的各个企业依托于共同的创新平台展开多元化、多领域、多因素的深度交流合作，形成协同创新合作模式，这也使世界级产业集群内拥有具备国际影响力的知名品牌产品，并依靠极具深度的产品研发升级创新，进一步提升产品附加值。

4. 网络结构上的区别

一般产业集群出于自身发展规模和发展质量等原因，区域产业价值增速缓慢，从而导致整体网络结构创新能力不足，其主要表现为区域生产活动使用5G网络技术、大数据处理技术、云计算、人工智能技术的应用场景十分有限。反观世界级产业集群内的企业，已经与上述先进科学技术形成高度的融合发展，并能完美地运用于各种生产生活场景中，这也使集群企业形成协同升级模式与高度专业化分工的网络协作体系，即形成由世界先进公司集团主导的全球创新网络，由区域范围内科研机构与高校联合对区域网络进行知识创新和技术升级，由集群企业对区域产品生产和销售网络进行升级创新。

5. 市场竞争性上的区别

世界级产业集群在相关跨国企业的引导、促进下，通过全面整合当地的中小型企业，再次构建起全新的产业集群形态，逐渐从地方市场、区域市场向国际市场迈进，并处于价值链的高端环节；掌握和创新在国际市场中具备较强控制力与影响力的关键技术（共性、前瞻性的技术）、标准机制、主流产品（附加值高、知名度高、科技含量高的产品）等，利用集群自身有助于培育和加强竞争能力的优良环境，来提升全球市场竞争力。就其地位及影响范畴层面而言，产业集群整体具备较为明显的规模优势以及非常高的国际市场比重，已经发展成全球同种类型产业的专门化基地及关键技术研发中心，而并非普通意义上的国际加工中心及全球制造基地。

6. 社会根植性上的区别

从集群内部企业的角度来看，其逐渐从经济行为主体向生态行为与社会行为主体转变，进一步取得具备高生态及知识溢出效应的“生态创新”成果。从企业文化角度来看，“集约、绿色、环保、低碳、和谐共生”等思想及元素日益渗透。从现代企业家精神角度来看，在寻求经济利益的过程中更为重视企业所承担的生态责任与社会责任，尽可能促进社会效益、经济效益以及生态效益三者的相互统一。

二　浦东新区具备培育世界级产业集群的基础条件分析

作为“一带一路”和长江经济带的重要交汇点，以及我国对内对外开放两个扇面的关键枢纽，上海市现已发展成为国内经济最具活力、开放程度最高、科技创新能力最强、产业体系最完备、要素流动最便捷的城市之一，可以说上海能有今天的发展，浦东新区发展贡献最大。随着国家改革开放政策措施的不断落实和浦东新区政府大力倡导，如今的浦东新区早已今非昔比。随着区域现代化经济的不断发展和区域产业的转型升级，浦东新区已经从产业、经济的高速增长转变为产业、经济的质量和功能增长。

搜狐网数据显示，1990 年，浦东新区初创时，GDP 仅为 60.24 亿元，2000 年增长到 923.51 亿元，2010 年突破 4500 亿元，2018 年突破 1 万亿元，不到 30 年时间，GDP 增长 160 多倍。外贸进出口总额从 1993 年的 26 亿美元提高到 2017 年的 19565.04 亿元人民币，按美元折算增长近 120 倍，占全市的 60.7%。从结构看，第二产业和第三产业增加值占地区生产总值的比重分别约为 25.1% 和 74.7%，第三产业占据绝对主导地位。2018 年，浦东居民人均经营净收入 2075 元，比上年增长 18.6%。其中，第三产业经营收入占总经营收入的 76.9%。从区域经济上看，目前浦东经济增长呈平稳态势，年增长速度维持在 8.6% 左右。从区域产业上看，浦东新区具有比较丰富的科技创新资源，高新技术产业发展各具特色，如张江综合性国家科学中心、国家自主创新示范区及高新技术产业开发区、众创孵化空间、国际化自贸区等。从区域产业发展现状来看，浦东新区无论是区域生产总值、工业增加值还是制造业综合实力，在国内都处于领先地位，浦东已具备打造世界级产业集群的基础条件。

三　浦东新区打造世界级产业集群的现状

目前浦东新区的产业发展水平持续领跑全国，甚至在国际上亦发挥着重要的作用。浦东为适应经济新常态，实现可持续健康发展，一直在努力调整和优化区域产业结构，加快产业内部升级速度，正在形成从传统金融到现代金融，从加工制造到中国“智造”，从引进消化到自主创新的“四新”经济模式。浦东正在朝着打造具有全球影响力和竞争力的世界级产业集群的目标快速奔跑。

（一）产业结构优化，工业经济增值明显

目前，按照上海市重点调整行业工作的要求，浦东新区正在打响推进土地减量化和淘汰落后产能的“攻坚战”。作为浦东新区发展的重点镇，祝桥镇共有金属冶炼压延、四大工艺、化工、印染、黏土砖等重点调整企业412家，计划在2020年前实现淘汰类企业全清除。目前已经清退几百座砖瓦厂、棉纺厂、化工厂、印染厂厂房，腾出工业用地32公顷，用作建设与大型飞机基地配套的航空商务区。新区发改委公布的统计数据显示，2018年，浦东规模以上工业完成产值10306亿元，再次站稳万亿元台阶，比上年增长0.6%。2018年，浦东规模以上民营工业完成产值1068亿元，增长1.8%，增速高于新区规模以上工业完成产值增速1.2个百分点，占新区总量的10%，同比提高0.2个百分点。在717家规模以上民营工业企业里，生产规模超5亿元的企业有38家。浦东一些知名民营企业，如美特斯邦威服饰、扬子江海尼药业、迪赛诺制药、艾郎风电、龙阳精密、清美食品、绿谷制药等，年生产规模均超过10亿元。

（二）制度创新综合金融监管模式，打造现代化服务平台

上海自贸试验区在浦东的占地面积是整个浦东新区的1/10，但是自贸区却囊括了整个浦东将近1/3的企业数量和近乎3/4的注册资本，并且这个比值还在不断扩大，可见自贸试验区对浦东区域经济的影响占绝对主导地

位。在这样的背景环境下，上海自贸试验区应当推动监管组织合理、有效地整合，构建系统化的监管机制，形成“四位一体”的金融综合监管形式。对此，上海自贸区需要更深层次地发展及健全上海金融综合监管联席会议制度，设立由上海市金融服务办公室与人民银行共同牵头，地方银监局、保监局以及证监局等参加的以“一行、一办、三局”为主的金融综合监管委员会（以下简称“委员会”），充分发挥委员会的应有作用。针对当前所实行的分业监管制度，需要强化中央与地方在监管组织方面的交流工作，在金融综合监管联席会议制度下，由人民银行牵头组建上海自贸区专门委员会，主要负责自贸区内出现的所有金融监管协调事务，采取最合适的监管形式及工具。

为了有效实现监管和调节信息“跨市场、跨行业、跨部门”共享的目标，不但需要加速对外开放的进程，而且需要加大金融监管力度，以及有效预防金融风险。应积极摸索以“一行、一办、三局”为主体，企业自我调控、行业自我约束、社会有序参与、科学技术大力支持的“四位一体”的高效、公开、便利的大监管形式。在此过程中，应当以打造政府各级管理机构“信息共享、相互联通”的大数据平台为主要抓手，以综合执法体制、社会信用机制为根本依据，以社会力量的积极有序参与为主要依靠，利用有关信息共享平台提供相关的技术扶持以及信息资源，进而形成所有监管机构互相协作的金融综合监管格局。在此基础上，以综合创新的监管模式确定对自贸区最为合适的监管工具与方式，依托自贸区制度创新，引进新能源、黄金和金融资产国际交易平台、全国性信托登记中心、金砖国家开发银行等高能级的功能性机构，形成利于“四新”经济发展的浦东新环境。

（三）浦东在建具有全球影响力的科创中心

在《浦东新区国民经济和社会发展第十三个五年规划纲要》中明确提出，“十三五”时期，浦东要完成科创中心浦东核心功能区建设框架。浦东对国家发展长江经济带世界级产业集群战略具有重大意义，在浦东科创中心需要建设具有上海区域特色的国家级实验室、高端科研水平机构。目前以张江科学城建设为代表的科技园区在一定程度上代表了浦东核心功能区建设现状。从张江生物医药产业发展来看，张江生物医药企业能级已经实现从为海外药企提供下游服务，到提供药物研发解决方案，再到自主研发新药的跨越式发展。不仅如此，自建设具有全球影响力科技创新中心战略实施以来，浦东新区众创孵化事业的发展也取得了明显成效，形成具有一体化、国际化、专业化和溢出性地方特色的众创孵化空间。据上海市浦东新区国有资产监督管理委员会官网数据，截至 2019 年 6 月底，张江科学城集聚了包括 895 创业营在内的 117 家创业孵化器，占整个浦东的 75%；孵化企业约 2500 家，占浦东孵化总量的 50%。通过创业引领，实现高层次人才集聚。例如，张江高科的 895 创业营，在服务创业企业中，已取得了卓越成绩：海选 2000 个，入营项目 230 个，淘汰率 85%，项目总估值 180 亿，获得风险投资 100 家，阶段性“进阶率”40%，入营项目三年存活率 100%，估值超过 5 亿元的企业有 15 家。

四 浦东新区世界级产业集群的产业选择

根据《长江经济带创新驱动产业转型升级方案》和一些国家已经出台的规划和实施方案，综合考虑浦东当前的区域产业发展现状，建议可以从以下行业进行筛选：新型平板显示器、集成电路、先进轨道交通装备、汽车制造、电子商务、装备制造、新型化工、电子信息、生物医药、研发设计服务、检验检测服务、软件和信息技术服务、新材料、现代物流、现代金融服务、节能环保、新能源装备、航空航天、旅游、文化创意等。大体上讲，浦东应当综合考虑国家对打造长江经济带的总体发展战略规划，结合上海发展世界级产业集群的具体政策安排，选择有利于区域产业进一步成长成熟和符合世界主流产业发展趋势的重点领域行业，作为培育世界级产业集群的目标对象。

首先是已经形成一定规模的产业，如电子信息产业、装备制造产业、汽车制造产业等作为浦东区域实体经济发展的龙头行业。这些极具浦东特色的代表行业其本身就有庞大的产业集群和国际一流的生产技术水平作为支撑，它们在浦东区域经济发展中主要起龙头作用。其次是生物医药行业、轨道交通装备、新材料、新型化工、节能环保、软件和信息技术服务等居中类行业，尽管区域内涉及行业众多，但缺少规模化的经济产品，如果能引进或培育几个起行业带头作用的产业集群，也可以作为打造世界级产业集群对象。最后是小类行业，如新型平板显示器、集成电路、新能源装备、航空航天、电子商务、旅游、文化创意、研发设计服务等都具备形成较大规模的可能。

2019 年 10 月 16 日，上海市经信委和浦东新区联合出台了《支持浦东新区改革开放再出发实现新时代产业高质量发展战略合作协议》，共同在浦东新区内建立“创新药”“中国芯”“未来车”“智能造”“蓝天梦”“数据港”等六个硬核产业集群，集中突破若干核心、关键技术，落地大量重大创新项目。例如，积极推动华大半导体等相关集成电路项目在临港、张江两地的联动布局建设，促进复星凯特等其他张江溢出的生物医药项目在区内落地，推动大飞机复材机身设计制造、国产大型邮轮制造总装等重大项目开工建设或者是落户浦东。上海市经信委表示，将积极帮助或者大力扶持浦东新区打造示范园区。主要包括创建金桥“5G + 超高清视频”产业示范基地、国家人工智能创新应用先导区、上海工业互联网创新实践区、金桥智能网联汽车产业融合示范区等，在金桥地区内计划开放 5G 车联网场外测试道路，进一步推动核心领域的数据跨境流动体系建设与试点项目落地，全力推进浦东新区主要园区的“网络化、数字化、智能化”升级等。浦东新区政府还出台了《促进重点优势产业高质量发展实施意见》，主要包括 15 条政策措施，在成果产业化、高质量项目落地、创新创业、企业增加投资等六个领域内加大扶持力度。

五　浦东新区打造世界级产业集群的对策建议

打造世界级产业集群，建议从提升产业集群的核心竞争力，优化产业集群的发展环境，积极推动长江中下游城市群协同发展三个方面入手。

（一）提升产业集群的核心竞争力

1. 大力培育产业集群龙头企业

综合来看目前浦东在汽车、电子信息和高端装备等重点行业处于国内领跑、国际中等偏下的发展水平，区域内龙头企业的国际竞争力有待进一步提升。“十三五”期间浦东利用好自身的地理环境优势、资源优势和政策优势，将加快区域核心产业发展以培育具有国际竞争力的龙头企业作为提升浦东产业集群竞争力的最有力手段，除了引进国际上的先进企业和高端人才外还加大对区域内本土企业的培养，推动区域内本土企业的升级和转型，借助浦东优势重点打造属于浦东自己的龙头企业。鉴于浦东目前制造业已经具备现代化发展规模，可以在相关产业集群的集成化、智能化和可持续性等方面进一步融合创新发展，作为打造世界级产业集群新的切入点。具体建议如下：一是鼓励和推进区域中龙头企业加大对智能技术的研发力度，加快实现智能技术产业化；二是充分利用和积极争取政府政策补贴，可设立“智造”专项帮扶资金，为高新技术企业解决研发资金问题；三是打造区域特色生产线树立世界级集群一流品牌，强化龙头企业在集群品牌中的带动作用，提升区域产品附加值。

2. 提高向国际价值链高端环节延伸的全球竞争力

在浦东世界级产业集群发展培育过程中，应当进一步加快“集成化、自动化、绿色化、智能化”制造业的发展，通过创新来推动产业集群的整体转型、升级。与此同时，世界级产业集群可以长期维持行业内的优势地位，这与集群内部创新机制所提供的源源不断的创新动力密切相关。当前，智能制造已发展成制造行业未来不断发展的关键驱动要素，浦东新区需要以发展智能制造技术作为培育世界级产业集群的主要突破口。2019 年 8 月，浦东举办了“2019 世界人工智能大会”。未来，浦东将全面开放人工智能运用场景，以促进人工智能对浦东社会经济高质量发展的整体赋能。同时，将会以建立“国家人工智能先导区”为重要契机，争取吸引更加多国家级的人工智能重点功能性组织在浦东落地，承接建设一系列人工智能重大项目，加速推动人工智能产业有序、快速发展及运用赋能，逐渐掌握人工智能全球话语权。

3. 积极打造浦东集群品牌

品牌打造对世界产业集群建设及发展有着决定性的影响。一方面，对于高端装备制造、汽车以及电子信息等龙头企业带动型的产业集群，依靠核心企业的巨大优势，加强领头羊企业在打造产业集群品牌过程中的引领作用，指引中小微企业不断向品牌产业链拓展，建设若干优势品牌链，进一步增强产业链的综合竞争能力，进而提高产业集群品牌的世界影响力。另一方面，对于有色金属、食品等资源型产业集群，应当以地方特色为引领，不断提升地区品牌的附加值，共同建设区域品牌。

（二）优化产业集群发展环境

1. 完善产业集群政策扶持体系

浦东要充分利用改革开放和国家提供的政策性条件，进一步消除阻碍区域产业经济要素提升的政策性壁垒、市场壁垒和体制机制障碍，建立统一的区域市场要素和无差异的政策环境。在“十三五”时期有利的政策形势和从单一的产业扶持向多元化发展的产业集群转变这一导向下，浦东政府可以积极谋划编制有利于产业集群升级发展的政策体系核心框架，加快区域世界级产业集群建设步伐。具体建议：一是从政策安排上为区域企业发展提供保障，完善区域内基础设施，强化公共服务平台建设，提升政策服务效率；二是制定跨区域开发和跨企业管理制度，建立有利于区域产业集群发展的跨省市、跨国合作项目财税和产值统计制度；三是完善区域产业服务配套保障工作，保证区域内人口在就业、住房、教育和医疗上的基本福利落到实处，努力实现公共服务与区域治理高质量一体化发展目标。

2. 建立健全公共服务平台体系

在浦东世界级产业集群发展培育过程中，应当建立健全、进一步完善公共服务平台体系，构建“互联网＋产业集群”的发展模式。在公共服务平台的基础上，有效实现以下三个方面的功能。第一，通过互联网创新国际营销形式，主要推介浦东新区的核心产业集群，借此在全球市场内塑造浦东核心产品的良好形象。第二，打造专属于产业集群的金融平台，主要包含产业集群供应链金融、股权众筹以及投融资服务等，为集群内的中小微企业提供成本比较低的融资。第三，创建专业化的供应商网络，有助于集群内企业就近取得生产加工所需的各种资源，减少企业采购的成本费用，大大提高生产效率，促进集群内不同企业间的合作。

3. 加大与国外产业集群的合作力度

未来，浦东新区的产业集群应当与国外的产业集群建立起密切的合作关系，依靠其完善的管理体系、先进的技术手段以及较好的声誉来逐渐提高浦东新区的产业集群在国际产业链中的地位。主要是积极与德国等西方发达国家在产业集聚区内建立起良好的合作关系，采取孵化器、技术联盟以及科资联姻等全新形式，进而实现与发达国家在人才、科技等资源要素方面的良性互动，实现在产业前沿领域布局的目标。

（三）与长江中下游城市群协同发展

1. 加强重点领域合作

在国家大力倡导推行实践“一带一路”倡议与“长三角一体化发展”战略方针的时代背景下，浦东建设世界级产业集群可以与不同的地区抱团发展。以上海为中心围绕苏皖浙三省扩大跨区域投资，充分发挥集群企业的市场主体地位，加快企业间跨省域兼并重组和转型升级。具体建议：①苏皖浙三省本身就有各具特色且基础深厚的制造业与工业，如果在现代化发展趋势下三省之间加强在配套产业、智能化研发等领域的合作便可以互利共赢，取得现代化工业、制造业规模与质量上的优势。②以浦东张江高科技园为新一代信息技术和硬件、软件产业研发中心，以5G网络技术、物联网、人工智能技术等作为核心研究领域，打造跨区域的光电子信息产业集群并实现不同区域的技术研发、技术转移等交流合作。③加强新兴产业合作，联手苏皖浙三省共同推进长江中下游城市群协同发展，共同打造世界级产业集群。浦东可以充分发挥其区域带头作用在光电子信息、高端装备制造、新能源、新材料、生物医药、云计算等高新技术领域提前部署，率先在三省一市中发展战略性新兴产业并结合不同地区不同优势主动培育跨地区甚至是跨国的高新技术产业集群。

2. 提升浦东引领带动作用

当前，“长三角一体化发展”战略的全面贯彻落实使上海承担着全新的历史使命，即引领、促进长三角地区的发展，更好地服务于长江经济带及全国发展的大局，充分发挥龙头作用。为了有效提升引领带动作用，国家将科创板设置于上海，同时设立了上海自贸区新片区，公布了临港新片区建设的整体方案。根据建设方案来看，不仅以当前全球最为先进的自贸区为参考，同时还有属于自身的创新，此举将积极发展引领型产业、攻克“卡脖子”技术摆在了极其重要的位置上，应运用国内、国外两种不同的资源以推动“效率改革、质量改革、动力改革”。

浦东在促进长江经济带发展中肩负着十分重要的责任与使命，应注重全局发展，强化区域协同，不仅要加强与上海各区之间的合作，提升上海的城市能级、增强城市功能，还需加强与长江经济带各省市间的协作，全面发挥辐射、服务以及引领带动等作用。主要从以下几个方面着手：第一，需促进生态环境整治协作，建立完善的水资源管理体系，推进构建上下游、区域间生态补偿制度。第二，需促进区域产业创新协作，创建主要科技创新资源共享体系，共同攻克主要产业核心技术，全力摸索不同形式的产业协作方式。第三，需加快建设黄金水道的步伐，对大道航道进行统筹规划，并在建设标准、船舶设计和服务管理形式上制定统一的标准，推动长江经济带运输资源的高效分配及集约运用。第四，应加速构建一体化市场机制，推进简政放权不断向纵深发展，进一步扫除壁垒，促进资源要素的跨地区流通，创建地区间市场准入、资质以及质量互认等体制。第五，应以“长三角一体化发展”为重要契机，强化对长江沿线及全国的辐射作用，从而推动长江经济带的高质量发展。

随着浦东产业结构的优化升级与区域经济内涵的不断升华，浦东已成为“中国硅谷”“中国药谷”。当然，浦东在打造世界级产业集群发展过程中必须时刻注重产业的均衡发展，提高产业的综合价值，只有提升单位产出率和人均生产率以及对外贸易出口效率，才能在全球范围内实现又好又快发展。对浦东而言，打造世界级产业集群并非易事，但是承担国家战略使命的浦东必须为上海乃至整个中国的产业结构调整开辟一条崭新的道路。

参考文献

成长春、王曼：《长江经济带世界级产业集群遴选研究》，《南通大学学报》（社会科学版）2016 年第 5 期。

段智云、金艳方：《国内外产业集群研究述评》，《区域经济评论》2013 年第 1 期。

吴楠：《世界生物产业集群的创新比较》，《高科技与产业化》2014 年第 12 期。

盛毅、王玉林、樊利：《长江经济带世界级产业集群选择与评估》，《区域经济评论》2016 年第 4 期。

曹莹：《“加减乘除”推动浦东产业升级》，《浦东开发》2015 年第 4 期。

李娟娟、毕凯军：《共同打造世界级产业集群，构筑长三角竞争新优势》，《上海企业》2018 年第 8 期；

白洁：《长江经济带建设背景下浦东打造世界级产业集群的对策研究》，《浦东社会科学》2017 年第 7 期。

B.11
浦东金融科技产业发展的现状与趋势

李双金*

摘　要：　作为建设国际金融中心以及有全球影响力的科技创新中心的主战场和主要功能承载区，浦东新区的金融科技产业近年来呈现快速发展的态势。浦东发展金融科技产业具有金融要素市场完备、金融机构集聚、金融科技应用场景丰富、科创实力不断增强等独特优势。未来浦东发展金融科技产业，建设金融科技中心，应进一步优化金融科技生态圈、提升新兴技术研发能力、深入挖掘金融科技应用场景、大力发展监管科技、优化金融科技的消费者教育与保护机制。

关键词：　金融科技　监管科技　生态圈

作为建设有全球影响力的科技创新中心以及国际金融中心的主战场和主要功能承载区，浦东新区的金融科技产业近年来呈现快速发展的态势。金融科技本质上是金融与科技不断融合的衍生物，金融科技的快速发展一方面是浦东金融产业和科技领域实力的见证，另一方面也以“创造性破坏”的巨大力量重塑着金融以及科技生态圈，推动着金融和科技产业的进一步发展。

不仅如此，作为典型的赋能产业，金融科技不仅对金融和科技领域产生深远影响，还不断地向生活服务、城市治理以及安全与监管等领域渗透，极

* 李双金，经济学博士，上海社会科学院经济研究所副研究员，主要研究方向为制度经济学、创新理论。

大地提升了整个社会的生产效率。本文拟在梳理金融科技产业发展的主要历程、正确认识金融科技产业发展独特性的基础上，对当前浦东金融科技产业的发展优势和现实基础进行分析，探讨浦东金融科技产业面临的挑战，并进一步思考未来该产业的发展路径与政策选择。

一 金融科技产业发展的主要历程与特征

大力发展金融科技产业是未来浦东进一步建设国际金融中心及有全球影响力的科技创新中心的重要内容，这一点已在业界、学界和政策层面取得共识。事实上，金融科技的发展并不只是近两年才发生的，它是科技力量尤其是信息科技力量不断向金融领域渗透的结果。2015 年以来，随着新一轮以大数据、云计算、区块链、人工智能等为代表的新技术研发与应用的不断深化，新技术与传统金融行业不断融合生长，以至爆发了一系列的链式反应，催生出众多聚集于不同细分领域、提供不同类型服务、采取不同商业模式的金融科技企业，最终使金融科技产业呈现爆发式增长的局面。

目前，这种爆炸式“创造性破坏”的过程仍在继续，未来将在多大规模与程度上影响社会经济的各个领域还很难预测。密切关注这一过程，认识其发展的阶段性、规律性以及主要特征，对浦东制定推动金融科技产业发展的相关政策，营造良好的金融科技生态圈具有重要意义。

（一）金融科技产业发展的主要历程

2015 年以来，伴随着互联网金融的快速发展，人们开始深刻认识到科技渗透进传统金融领域所蕴含的巨大能量。这种力量一方面体现在其“创造性”上，即在极大程度上重构了传统金融机构的业务流程，提升了其运行效率；另一方面则体现在其“破坏性”上，即对于新兴金融科技的金融监管规则还不健全，其蕴含着较大的系统性风险，可能对整个金融生态的安全造成不利影响。

随后，在国内经历一系列互联网金融乱象后，以规范、整顿互联网金融相关业务为契机，国务院于2016年10月出台了《互联网金融风险专项整治工作实施方案》。随后，中国人民银行颁布了《非金融机构支付服务管理办法》及《通过互联网开展资产管理及跨界从事金融业务风险专项整治工作实施方案》等政策文件。2016年也因此被称为“互联网监管元年”。2017年，央行成立金融科技委员会，旨在从顶层设计层面推动金融科技工作的研究规划和政策指引。金融科技产业的发展也由此进入新的历史阶段。

事实上，金融科技并非最近几年才开始出现的。金融科技（Financial Technology，FinTech）本质上是金融与科技的融合。金融与科技相结合、相融合的不同程度、不同形式对应于金融科技发展的不同阶段。最近几年金融科技之所以备受关注，很大程度上是因为新一轮以大数据、云计算、区块链、人工智能等为代表的新兴技术极大地深化了金融与科技的融合程度，使金融科技“创造性破坏”的能级相较于早期有了质的飞跃，进而爆发式地衍生出各种新兴业态与产品，因而倍受资本与市场的关注。

金融业本质上是数据密集型行业。在金融业发展的历史进程中，信息科技始终是金融的重要创新甚至变革的力量。金融行业也一直是信息科技产品与服务的重要买家，是IT产业发展的重要驱动力量。总体上看，金融科技的发展经历了如下三个主要阶段。

1. 金融科技1.0阶段

金融科技1.0阶段是简单的“金融+信息科技”的阶段。早期传统的金融科技应用包括：应用穿孔卡片技术辅助处理数据、应用计算机实施会计电算化、借助大型机进行综合业务处理等。

这一阶段信息技术在金融领域的应用与创新，主要由金融机构发起和主导，以金融电子化和信息化为主要特征，银行等传统金融机构是主要的技术需求方。从金融与科技相融合的程度来看，二者虽然相辅相成、共同发展，却归属于不同领域，彼此独立存在。

2. 金融科技2.0阶段

金融科技2.0阶段主要是“互联网+金融”的阶段。2008年全球金融危机是金融科技发展史上的重要分水岭。全球金融危机后科技领域酝酿的巨大变革促使金融科技的发展进入了新的历史时期。随着互联网新兴技术的不断开发与应用，众多金融机构积极拥抱互联网新技术，开始了“互联网+”改造的新历程。一些科技初创公司也不再满足于为现有金融机构和金融市场提供技术支持，开始将自己的业务范围拓展至传统金融服务领域，甚至在某些领域与传统金融公司展开竞争。

这一阶段的金融科技主要由互联网科技企业发起，以去中介化、业务线上化等为主要特征。新兴金融科技的主要代表者是提供各类互联网金融产品的初创型企业。从金融与科技相融合的程度来看，金融与科技二者的融合程度加深，出现一定的交集。

3. 金融科技3.0阶段

金融科技3.0阶段是“智能+金融”的阶段。经过一段时间的发展，金融与科技融合的程度进一步加深，金融科技产品的开发与应用进入更加规范、有序的阶段。金融科技的发展进入“智能金融”的金融科技3.0阶段。

相比于金融科技1.0阶段关注IT技术在后台的应用、金融科技2.0阶段强调前端服务渠道的互联网化以及提供互联网金融产品，金融科技3.0阶段更强调业务前中后台的全流程技术应用变革，强调在大规模场景下服务流程的智能化与精细化运行。数字货币、大数据征信、智能投顾、智能投研等都是金融科技3.0阶段的代表性产品和服务。

金融科技1.0到3.0的发展历程（见图1），是一个市场竞争者不断进

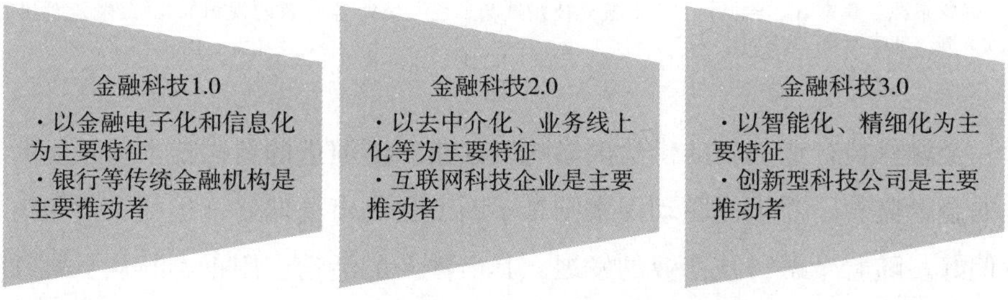

图1　金融科技发展的主要历程

资料来源：根据相关公开信息整理。

入、原有行业格局遭遇挑战，进而传统金融机构与金融科技公司全面合作的过程，也是金融科技从前端渠道获客，进而应用到中后台产品设计、风控等领域的过程。

（二）金融科技产业的主要特征

金融稳定理事会（FSB）和巴塞尔委员会（BCBS）将金融科技活动分为支付结算、存贷款与资本筹集、投资管理、市场设施等四大类。其中，前三类业务具有较明显的金融属性，一般被纳入金融监管的范围；第四类业务并不是金融行业特有的业务或技术应用，通常被界定为金融机构的第三方服务。具体业务内容如表1所示。

表1　金融科技业务模式的主要类型

支付结算	存贷款与资本筹集	投资管理	市场设施
• 零售类支付 点对点汇款 移动钱包 数字货币 • 批发类支付 虚拟价值交换网络 跨境支付	• 借贷平台 借贷型众筹 电子商务贷款 线上贷款平台 贷款清收 信用评分 • 股权融资 投资型众筹	• 智能投顾 财富管理 • 电子交易 线上证券交易 线上货币交易	• 跨行业通用服务 客户身份数字认证 多维数据归集处理 • 技术基础设施 分布式账户 大数据 云计算

资料来源：李文红、蒋则沈：《金融科技发展与监管：一个监管者的视角》，《金融监管研究》2017年第3期，第1~13页。

金融科技产业创新的供给侧影响因素是不断演进的新兴技术以及不断变化的金融监管。需求侧驱动因素则是不断变化的市场偏好，包括企业与消费者偏好。随着金融科技产业的发展，其所涉及的活动应用正不断从金融领域向更为广泛的民生生活、城市治理、安全防护等领域拓展。

金融科技产业的发展具有自身的规律性和独特性，具体体现在以下几点。

1. 高创新性

金融科技是具有高度创新性的新兴产业。这种高度创新性不仅体现在商业模式变化所带来的金融创新上，还体现在科技驱动所带来的创新上。

新兴技术的不断突破与落地应用促使各种创新性产品、业务流程、管理模式等不断迭代升级，极大程度地重塑着整个生态圈。

2. 轻资产性

金融科技公司的根本价值依赖于新兴技术的支撑，其产品和服务的价值从根本上来源于技术的创新。因此，金融科技公司只需要较少的固定资产或者较低的固定成本就能开展业务，并且其产品和服务还具有规模收益递增、边际成本递减的特性。这种轻资产性使金融科技公司相对于传统金融企业，能够在战略选择、组织架构和业务发展等方面更加灵活，能够更多地聚集在创新产品与服务上。

3. 重体验性

从用户的角度看，金融科技的快速发展得益于移动互联网技术的大规模应用。金融科技企业的获客渠道因此更加广泛、成本更加低廉，但这客观上也对金融科技产品的体验性提出了更高要求。为适应体验经济发展的内在要求，金融科技产业将其重体验性的特性发挥得淋漓尽致。

金融科技公司非常注重用户体验，主要倾听用户心声，响应并预测用户需求，简化产品和服务流程，加快产品迭代，形成了与传统模式截然不同的服务体验。

二　浦东发展金融科技产业的主要优势

2018 年 12 月，中国人民银行、国家发改委、科技部、工信部、人社部、国家卫健委六部门联合发布了《关于开展金融科技应用试点工作的通知》，决定在北京、上海、江苏、浙江、福建、山东、广东、重庆、四川、陕西等 10 个省份组织开展金融科技应用试点工作，重点围绕金融科技应用、金融科技监管等方面为金融科技服务实体经济提供实践经验和相关经营借鉴。

2019 年以来，以浦东为核心的上海金融科技产业持续受到资本的关注，金融科技生态环境进一步优化。作为上海国际金融中心建设的核心功能区，浦东正依托陆家嘴金融城这一金融科技示范城和张江银行卡产业园这一金融科技集聚区，力争打造全球金融科技产业发展和创新高地，包括需求策源高地、技术研发高地、示范推广高地、最佳市场实践和行业标准形成高地、国家级监督科技和风险压力测试高地。

浦东发展金融科技产业具有独特的优势，主要体现在以下几个方面。

（一）金融要素市场完备，金融机构集聚，金融科技应用场景丰富

浦东拥有功能完善的金融要素市场体系，为金融科技企业的发展提供了完善的金融基础设施支撑。浦东拥有门类齐全的金融机构体系，为金融科技企业的发展提供了丰富的应用场景。目前，浦东已经集聚了 13 家国家级要素市场和功能性金融基础设施，超过 1000 家持牌金融机构，以及 2200 多家专业金融服务机构，基本形成了包含银、证、保、债、信在内的完整金融市场体系。①

2019 年 3 月，英国智库 Z/Yen 集团与中国（深圳）综合开发研究院共同发布了第 25 期全球金融中心指数（GFCI 25）。该指数从营商环境、人力资源、基础设施、发展水平、国际声誉等方面对全球重要金融中心进行了评分和排名，上海位列纽约、伦敦、香港、新加坡之后，排名全球第五，与上期持平。持续优化的金融环境为金融科技的发展创造了有利条件。

目前，浦东金融科技企业类型多样，龙头企业众多，金融要素市场、金融机构以及各类互联网企业衍生的金融科技企业分布在不同的细分行业领域，具有较强的市场竞争能力，初步形成了较为完整的金融科技产业链。

① 《陆家嘴金融城放大招！发布打造全球最优金融科技生态圈计划》，陆家嘴金融网，2018 年 5 月 14 日。

（二）以强大的科技实力为支撑，不断赋能于相关行业

浦东作为上海建设有全球影响力的科技创新中心的主战场和主要功能承载区，是全球创新资源最为密集的区域之一，在知识技术资本和人力资本等创新资源方面拥有领先优势。经过多年的积淀，科技研发实力不断增强，并且在新一轮以大数据、人工智能、区块链、云计算为代表的新兴技术革命中具有一定的优势，具备抢占相关技术领域尤其是人工智能领域战略先机的能力。

依托于强大的科技实力，金融科技产业的新业态、新产品、新模式不断涌现，成为带动浦东经济高质量发展的新动能。目前，浦东金融科技产业技术类企业及应用类企业众多，涉及包括第三方支付、保险科技、消费金融、人工智能、云服务、语音和视频数据识别等多个细分领域。这些聚焦不同细分领域的金融科技企业，通过不断赋能于包括金融机构在内的多个行业，并在安全防护、交通出行、城市建设等多个领域不断渗透，极大地提升了整个经济体系的运行效率。金融科技已经成为助力多个产业和行业转型发展的重要力量，成为促进经济高质量发展的新动能。

（三）金融科技生态环境不断优化

浦东金融科技产业的快速发展很大程度上得益于浦东新区不断优化其生态环境、打造高质量营商环境的努力。

2014 年，上海自贸试验区陆家嘴管理局发布了 1.0 版“陆九条”，着手打造中国首个金融科技垂直领域的孵化器和加速器。2018 年 5 月，陆家嘴金融城发布 2.0 版金融科技“陆九条”，旨在通过打造全球最优金融科技生态圈，促进金融科技产业的全面发展。通过与各类机构共建平台，浦东陆家嘴管理局全力推进全球最优金融科技生态圈计划。陆家嘴管理局与相关机构的共建平台包括：与安永、罗盛、工商银行等共同打造“金融科技专业服务平台”，为金融科技企业的全生命周期成长提供专业服务；与申能集团、陆家嘴集团、张江集团、浦开集团共建“金融科技核心集聚区”，着力将陆

家嘴金融城打造成全球金融科技企业集聚中心；与中国银联、中国银行、中国平安、瑞银集团、蚂蚁金服等合作打造“金融科技应用场景创新平台”，促进在大数据、云计算、人工智能、支付清算、智慧合同、智能投顾等领域的务实发展。

在此基础上，浦东将进一步探索金融科技的认定标准，制定和完善金融科技产业名录，研究出台针对金融科技企业的专项扶持政策。未来，浦东金融局还将牵头搭建金融科技交互式发展平台，帮助各类持牌金融机构发布具体的应用场景，鼓励和引导金融机构利用人工智能等科技手段支持实体经济发展，争取金融产品、技术应用、机制创新及重要的金融改革措施在浦东先行先试。

（四）顶层设计引领，多项政策精准扶持

打造全球金融科技中心是上海国际金融中心建设的重要环节。2019 年 1 月，中国人民银行等八部门联合颁布了《上海国际金融中心建设行动计划(2018～2020 年)》，明确指出上海到 2020 年要建设形成“6＋1”格局的国际金融中心，金融科技中心是“6＋1”格局的重要部分。

为落实国家战略计划，进一步集聚各类金融科技公司，浦东正积极研究出台多项政策，以吸引更多的金融机构将其科技业务板块或者实体设在浦东，推动银行、保险、证券公司等机构在浦东设立科技公司。浦东还将联合市级层面相关部门，积极争取国家有关部门到浦东设立金融科技创新的实验室以及国家数据货币的实验室，推动行业积极研究制定金融科技的标准和行业规范。

2019 年 10 月，央行上海总部与浦东新区政府发布《关于金融支持浦东新区改革开放再出发实现新时代高质量发展的指导意见》，支持浦东引入优质金融机构、中介服务机构和金融科技公司。支持中央扩大金融业对外开放的举措在浦东落地实施，吸引金融机构功能性总部、外资金融机构及其子公司、金融基础设施、金融科技公司落户浦东，加快各类金融要素市场的集聚。支持会计、审计、法律、咨询、评级等金融关联服务业的发展，外资机

构在华开展信用评级业务时，可以对银行间债券市场和交易所债券市场的所有种类债券评级。

在加强顶层设计，聚焦政策的同时，浦东新区还十分重视与国内外相关金融科技机构及管理部门的交流与合作，积极与伦敦、新加坡等相关行业组织和政府部门建立交流合作关系，推动浦东金融科技产业与国际先进技术和监管模式的融合等。2019 年 3 月，“伦敦金融城—陆家嘴金融城” 金融科技论坛在陆家嘴举办，双方在中英金融科技合作、金融科技与金融服务业趋势等方面进行了深入探讨。

三　浦东金融科技产业发展的主要特征

目前，浦东新区尤其是陆家嘴地区，金融科技企业呈现快速增长态势，在交易层、系统层和应用层都诞生了一批国内领先的机构。金融科技企业具有各种新业态、新功能、新模式，是金融与科技深度融合的产物。金融科技的深度融合发展又进一步促进金融与科技的融合，进而使整个经济体呈现越来越多的融合特征。

总的来看，浦东金融科技产业的发展具有如下主要特征。

（一）金融科技领域投融资活动频繁

金融科技近年来一直是全球资本活动最为活跃的领域。英国、美国、澳大利亚等国均出台政策、成立相关机构，大力扶持金融科技产业发展。毕马威《金融科技脉搏》相关数据显示，2013 ~ 2017 年，全球金融科技投融资额增长了近 5 倍，2018 年全球投融资额达 1118 亿美元，亚洲地区发展最为迅速，中国则是吸收金融科技资本最多的国家。支付、借贷领域的金融科技应用最为广泛。①

① KPMG, *The Pulse of Fintech* 2018 *Bi - annual Global Analysis of Investment in Fintech*, July 31, 2018.

毕马威2019年8月发布的《金融科技脉搏》半年度报告显示，2019年上半年全球金融科技投资活动相对平静，部分原因是中国支付行业受惠于过去两年的投资增长和巨额交易，发展成熟度已显著提高。预计中国的人工智能、大数据及云端服务将保持对投资者的吸引力，而受到中国政府高度重视的金融监管科技也将持续实现投资增长。区块链也将获得金融科技投资者关注，尤其是在小额融资领域。①

与全球资本市场的活跃相适应，浦东金融科技产业的投融资活动十分频繁。国际国内资本高度看好浦东金融科技产业的发展，在浦东的活动频繁。2018年12月，平安集团旗下陆金所获得卡塔尔主权基金卡塔尔投资局（QIA）、摩根大通、麦格理团体、瑞银、大华、高盛、软银团体等全球知名资本机构13.3亿美元的融资，企业估值超过380亿美元。2019年9月，冰鉴科技获得国和投资、云启资本等3.35亿元Pre－C轮融资。

（二）金融科技企业的生长路径多样化

金融科技领域的资本活动频繁，对应到企业层面体现为金融科技企业生长路径的多样化。包括金融要素市场、金融机构、互联网企业以及众多创新创业公司在内的各类市场参与主体依托自身优势，从不同的市场角度切入竞相布局金融科技领域，呈现竞争与合作频繁互动的生动局面。

浦东金融科技企业生长路径的多样化体现在以下几个方面。

1. 银行等持牌金融机构加速布局金融科技领域

早在2015年，兴业银行在上海浦东成立了科技子公司——兴业数字金融服务（上海）股份有限公司，成为银行系金融机构布局金融科技的第一家企业。2018年4月，中国建设银行在浦东成立建信金融科技有限公司，开启了国有大行成立科技子公司的序幕。2019年，银行系金融机构布局金融科技子公司的速度进一步加快。中国银行在上海浦东设立中银金融科技有限公司，主要业务方向是运用金融科技手段，开展技术创新、软件研发、平

① KPMG, *The Pulse of Fintech H1 2019*, 2019.

台运营与技术咨询。

大型外资金融机构也纷纷在浦东设立金融科技公司，如汤森路透信息服务等。此外，保险机构也是衍生金融科技企业的重要力量。太平金科隶属于中国太平保险集团，是上海第一家面向保险企业提供金融服务的创新型金融服务公司。太平金科致力于打造智能运营平台、智能客服平台、智能营销平台和智能数据平台，提供创新科技产品、运营解决方案、信息系统研发、专业管理咨询等多元化产品与服务。

2. 金融要素市场、大型互联网企业等着力发展金融科技

在挂牌金融机构加速布局金融科技领域的同时，浦东各类金融要素市场也进一步依托新兴技术，或转型升级或新成立相关金融科技公司。中证指数公司成立于2005年，由沪深证券交易所共同出资成立，是中国规模最大、产品最多、服务最全、最具市场影响力的金融市场指数提供商，管理各类指数近4000条。近年来依托大数据等新兴技术，已成长为具有一定国际影响力的专业机构。2017年9月，上海保交所正式发布区块链底层技术平台，旨在为全行业保险交易提供区块链基础设施。

成熟的互联网企业聚集于不同细分领域，向外输出各类金融科技服务。百度、京东、阿里巴巴等互联网巨头都已经布局金融科技，并将金融科技作为未来业务增长的主要内容。总部位于浦东的支付宝是目前国内互联网支付领域最大的领头羊，已为数百万小微企业提供包括支付、小额信贷以及保险等在内的各类金融服务。据不完全统计，目前支付宝已与超过200家银行、超过100家保险公司以及超过110家基金公司合作。

3. 创新创业型金融科技企业成长迅速

与投融资领域频繁的资本活动相对应，各类创新创业金融科技企业的成长十分迅速。目前，浦东已经聚集了一批不同细分领域、提供各类相关服务的金融科技企业，其中不乏独角兽企业和行业领头企业。

位于浦东陆家嘴的冰鉴科技创立于2015年，是基于AI技术的独立第三方风控平台。主营业务为小微企业和个人信用评估技术服务，另外也对金融机构做技术输出，提供从额度审批、反欺诈到精准营销的全方位服务。冰鉴

科技的技术人员占到85%以上，主要开发技术包括知识图谱、深度学习、集成学习、自然语言处理（NLP）等。

位于浦东软件园的七牛云是国内领先的企业级云服务商，致力于以云技术驱动社会产业发展，同时专注于以数据智能和视觉智能为核心的云计算产业，围绕海量数据和各行业富媒体场景推出由融合CDN、对象存储、云主机、大数据、内容识别平台等系列产品组合的智能视频云，为用户提供综合全面的云计算服务。

（三）金融科技产业呈现聚集式发展态势

从空间分布上看，浦东的金融科技企业主要分布在以下两个区域。

一是陆家嘴金融城。陆家嘴金融城依托金融机构集聚优势，着力打造金融科技研发平台、集聚平台，已吸引超过40家各类金融科技企业落户。陆家嘴金融城将进一步成长为全国乃至全球知名的金融科技示范城。2019年上半年，全球第二大资管公司先锋领航和国内互联网巨头蚂蚁金服合资成立的投顾公司也落户于陆家嘴金融城。

2019年6月，由陆家嘴金融城、PNP中国、陆家嘴滨江中心三方共建的陆家嘴金融科技产业园正式落地。作为PNP中国区域的金融科技孵化总部，该产业园将吸引国际先进金融科技企业和卓越技术团队落户陆家嘴。陆家嘴金融科技产业园将探索建立政府引导、市场主体参与的共建共治模式，构建场景触发与技术驱动相结合的金融科技新生态体系。

二是上海银行卡产业园。上海银行卡产业园成立于2002年12月。经过十几年的发展，产业园目前已基本形成了以区域聚焦、产业集群和技术集聚为特征，以国内外各大金融机构数据中心或信息中心为核心的主要业务链，引进了包括中国人民银行三大运营中心在内的30多家国内外重量级金融机构的中后台项目，完整涵盖了金融基础设施、银行、保险、证券等金融领域，以及银联数据、通联支付在内的专业第三方金融与支付服务提供商，成为全国金融机构中后台项目集聚度最高的区域。

（四）金融科技服务实体经济的能力不断拓展

无论是银行等金融机构系的金融科技公司，还是互联网公司旗下的金融科技公司，抑或是创新创业型金融科技公司，最终都必须以服务于实体经济，为经济社会的发展提供新动能为根本宗旨。

金融科技产业是典型的赋能产业，不仅强化了金融服务与实体经济的融合互助，还将进一步向其他领域输出其服务能力，为更广泛领域的企业提供服务。浦东快速发展的金融科技企业不仅服务于金融机构，服务于实体经济，还不断地向民生、安防、城市治理、监管、生活服务等领域渗透。

云从科技以“定义智慧生活，提升人类潜能”为使命，以“成为全球智能生态领军企业”为愿景，先后在跨境追踪技术、自然语言处理（NLP）、3D 人体技术等领域取得重大突破。云从科技的核心技术包括人脸识别、活体检测、行人分析、车辆分析、风控分析等，产品应用集中在金融、安防、民航、零售领域。云从科技的技术应用覆盖国内的银行业、安防、航空等众多领域。云从科技是中国银行业人脸识别第一大供应商，服务于全国 400 多家银行，并与 20 多家互金、第三方支付公司达成反欺诈、人脸识别、身份证 OCR 识别等多方面合作。云从科技还与 29 个省级行政区展开安防领域相关合作，提升警方办案效率。公司作为中国民航领域 AI 供应商，产品覆盖了全国 80 个机场，22 种行业场景解决方案覆盖了机场的安全、服务、商业、运营、管理等各个方面，日均服务旅客 200 万人次。

四　浦东金融科技产业发展面临的挑战

毫无疑问，金融科技给传统金融机构、金融要素市场的运行带来了巨大冲击，甚至整个金融生态圈都因金融科技的迅速发展而面临重塑，金融科技“创造性破坏”的能量不可谓不巨大。对此，包括金融要素市场、金融机构在内的各类市场主体都在积极应对、主动拥抱金融科技的强大冲击力，并将此冲击力转化为提升自身核心竞争能力的重要契机。这也是各类市场主体积极拓展金融科技业务的重要原因所在。

不仅如此，金融科技产业的迅速发展给政策的制定者和市场的监管者都带来了新的挑战。认清当前浦东金融科技产业发展面临的挑战，才能更好地采取相应措施促进金融科技产业的规范有序发展。

浦东金融科技产业的进一步发展面临如下挑战。

（一）监管体系亟须进一步完善

金融科技产业是金融与科技融合而生的新兴产业。金融科技跨市场跨行业的显著特性带来金融服务市场主体的持续多元。金融科技具有开放性、延展性的特征，这在一定程度上增加了金融市场的固有风险和金融媒介的风险。信用风险、合规风险、技术风险、市场风险这些都很容易在金融科技的助推下产生风险外溢。不仅如此，金融科技产业的快速发展还使金融交易规模和交易频度呈几何级数增长。监管行为的滞后，或者非法金融活动的增多，都会增加金融科技时代金融的风险。这些都给监管带来了全新的挑战，这种挑战主要体现在以下三个方面。

一是监管体制上，对跨市场、跨行业交叉性金融风险的识别、防范和化解，尚缺乏有效的整体监管设计；二是监管手段上，缺少实现穿透式监管的技术措施，金融科技产品具备业态混合化、产品复杂化、运行暗箱化等特点，给金融监管技术及人才带来挑战；三是监管标准上，给现行规则的适用性带来难题，区块链、人工智能等科技前沿领域难以适用现行的法律法规。推进金融与科技的深度融合，实现金融科技更好地服务科技金融，需要在创新发展与有效监管间寻找平衡。

（二）金融科技核心技术研发仍需进一步加强

目前，浦东乃至全国金融科技产业的蓬勃发展及其竞争力，很大程度上依赖于需求侧的因素，即相关应用场景丰富、市场巨大。相比之下，金融科技供给侧因素的力量尤其是相关核心技术、底层技术的研发能力相对薄弱，与英国等金融科技发达国家相比还有较大差距。

金融科技的关键技术，首先是大数据、人工智能、区块链等底层技术，其次是监管和风险防控等安全技术，最后才是应用层面的场景化技术。在这三个层面的关键技术中，浦东在应用层面的场景化技术领域相对较为发达，在安全技术领域，尤其是包括区块链在内的底层技术领域还需进一步强化。金融科技的产业规范与技术标准体系也亟待进一步完善。

（三）金融科技的应用落地仍面临能力、体制机制等多重制约

金融科技的应用落地是促进金融科技产业发展的需求侧因素。不断挖掘市场需求，突破体制机制制约，促进金融科技供需双方的对接，拓展新的应用领域，是浦东金融科技产业发展面临的重要挑战，也是政府政策可为的关键环节。

目前，各类技术的应用程度参差不齐。金融科技应用落地面临的困难主要体现为三个方面：一是应用场景挖掘不足；二是供需双方难以有效对接；三是受相关部门体制机制的制约。金融科技的落地应用必然对一些机构原有业务模式和运营机制造成冲击，难免受到利益相关方的阻挠，新技术的落地需要时间的磨合。

（四）缺乏系统化、制度化的人才政策

上海多年建设“五个中心”的重要经验表明，人才是核心资源中的核心，是最具能动性的要素。金融科技产业的发展需要全方位的生态体系的支持，其融合生长的特性也决定了其人才政策必须具有其特定的制度化、系统化特征才能真正有效。

人才政策忽视系统性，容易导致重人才培育和引进，忽视城市本身对人才的长久吸引力；导致倾向于解决一时一地的人才需求问题，忽视人才成长的长期性和根植性。总体上看，缺乏系统性、制度化的人才政策使上海在人力资源现状、智力资本潜力、国际人才流动便利性、职业资源前景及生活质量等方面的排名等级与伦敦、纽约等金融中心之间存在较大差距。

目前，浦东高质量金融科技人才数量严重不足，难以满足金融科技产业

快速发展的需求。人才的结构性矛盾尤为突出。同时，新兴科技性、复合性高端人才的管理模式落后，不利于发挥人才的主观能动性。

五　浦东迈向全球金融科技中心的政策选择

当前，金融科技“创造性破坏”的过程仍在全球持续。未来金融科技的冲击和影响将越来越向金融基础设施下沉。而金融基础设施的变革又将给依托其上的金融交易活动带来更深远的影响。

从全球范围来看，各国纷纷出台相关计划与政策，把握金融科技创新的窗口期，抢占金融科技发展的先机。能否在此轮金融科技发展的大潮中脱颖而出，取决于各级政府的智慧抉择，取决于各类政策的保驾护航。

在积极推动金融科技发展的同时，还应深刻认识到金融科技作为一种具有强大“创造性破坏”能量的新兴产业所蕴藏的巨大风险，以期在鼓励创新与有效监管之间取得平衡。

（一）以激活人才资源，促进信息的开放融合为抓手，持续优化金融科技生态圈

金融科技生态圈要素完备、功能完善则产业的发展有潜力、有可持续性。当前各国各地区的竞争已经越来越聚焦于人才的竞争，在金融科技的竞争中人才最为关键。人才是金融科技产业发展的首要核心资源。浦东进一步优化金融科技生态环境，首先应当高度重视人才资源环境的建设，为各类人才在浦东创新创业、安居乐业创造条件，不仅要引进来，还要能留得住、留得幸福。

金融科技产业发展的另一个核心资源是信息。信息的开放与联通是金融科技生态圈优化的重要内容。对此，浦东一是要率先破除信息孤岛，解决信息不能有效联通和最大化使用的问题。由于缺乏协调，不同部门之间信息存在割裂的孤岛。如何实现这些信息的联通和共享，以及在监管部门、商业领域之间的合理合法使用，是各级政府面临的重要问题。二是要率先实现各类

信息的数字化。信息的数字化，并不仅仅意味着将现存的各类信息换一个数字的载体去保存，而首先是将所有的信息数字化，然后将这些数字信息筛选、集成，变成可以方便查询、可以编程、可以依据一定的算法进行挖掘的“活库”。

浦东新区应积极会同有关部门及市级政府，从顶层设计入手，层层推进，率先突破信息孤岛以及信息数字化这两大难题。

（二）提升新兴技术研发能力，强化金融科技产业发展的供给侧

金融科技本质上是通过新兴科技的应用提升行业的服务效率，是一个典型的赋能产业。而其赋能水平和能级最终体现在其核心关键技术的研发能力上。尽管浦东在当前金融科技发展的大潮中表现不凡，但必须清醒地认识到金融科技产业的可持续深入发展从根本上取决于核心关键技术尤其是底层技术的研发能力。

金融科技的关键技术，包括大数据、人工智能、区块链等底层技术，以及监管和风险防控等安全技术和应用层面的各类场景化技术。浦东在大数据、人工智能相关领域具备一定的优势，涌现出一批创新创业企业。政府应持续关注并支持相关企业发展，为行业的发展凝聚要素、打造氛围、创造条件。

提升新兴技术的研发能力，强化金融科技产业发展的供给侧，浦东应着力围绕金融科技创新产业链做文章。对此，一是探索形成高效、持续的成果转化模式，为新兴技术研发提供市场支撑，实现成果应用的良性循环；二是打造完备的金融科技企业孵化体系，实现金融科技资源的高效配置；三是构建特色突出的金融科技产业培育模式与机制，推动金融科技的技术和业务标准化建设快速发展。

（三）深入挖掘应用场景，强化金融科技产业发展的需求侧

影响创新活动的要素可分为供给侧和需求侧两个方面。金融科技应用需求的不断扩展，将激励金融科技企业持续创新，提供更多更优的产品和服

务。深入挖掘应用场景，强化金融科技产业发展的需求侧，是浦东促进金融科技发展的重要内容。

对此，一是持续挖掘金融领域包括金融机构、金融基础设施建设等的金融科技应用场景。深入围绕支付清算、投融资、资源配置、风险管理、信息提供等金融服务功能，全面推进各类技术应用场景，全面提升金融服务效率。

二是促进金融科技在城市治理领域的全面应用。支持具有示范效应、成效明显的金融科技应用项目，在引领和完善城市治理的不同领域率先取得重大进展，在政务管理、城市基础设施建设、公共服务、安全保障等方面形成一批标杆企业和创新案例；强化相关部门的改革动力与服务能力，全面推动城市治理的现代化。

三是促进金融科技在生活服务领域的深度应用。深入发掘生活服务领域的金融科技需求，推动智慧医疗、智慧生活、智慧交通、智慧社保等领域的发展，率先在推进长三角经济一体化发展的相关领域取得重大突破。

（四）大力发展监管科技，率先形成有效的监管模式

大力发展监管科技，一是因为监管科技将是未来几年金融科技产业发展的重要内容，支付清算、登记托管、征信评级、资产交易、投资者保护等领域的监管科技研发将成为金融科技研发的爆发点。随着金融科技的广泛应用，原先事后的、手动的、基于传统结构性数据的监管范式已无法适应金融科技新业态的监管需求，以降低合规成本、有效防范金融风险为目标的监管科技将成为金融科技的重要组成部分。

二是因为金融科技的合规发展需要有效的监管为其设立界限，防止金融风险的系统性蔓延。利用监管科技，金融监管机构能更精准、快捷和高效地完成合规性审核，减少人力支出，实现对于金融市场变化的实时把控，进行监管政策和风险防范的动态匹配调整。金融从业机构也能精准对接监管政策，及时自查，主动识别与控制风险，降低合规成本，增强合规能力。

监管科技有助于提升监管效率、提升监管的有效性和前瞻性。浦东是上海乃至全国金融科技发展的重要区域，应加紧布局，抓住监管科技发展的窗口期，努力成为监管科技输出的重要区域，并在探索有效的监管模式上做出表率，通过监管与创新的有效平衡，促进金融科技产业的规范有序发展。

对浦东新区而言，率先探索形成有效的监管体制和模式，一是要树立包容创新的理念，坚持金融活动持牌经营的原则，坚持金融科技服务实体经济的本质要求，在创新与监管之间寻求有效的平衡。二是要强化功能监管和行为监管，统一线上线下业务监管标准，实施全流程、实时、穿透式整体监管。三是要借鉴国外金融科技监管的有效模式，吸收监管沙盒机制开放灵活的特性，一方面开展沙盒实验，推动合规科技的使用，另一方面及时识别伪创新，抓早抓小，实现前瞻性监管，最终形成创新与监管有效平衡的监管模式。

（五）优化金融科技的消费者教育与保护机制

金融科技是新兴技术引领下的新兴产业。无论是市场的供给侧还是需求侧，都尚需时日来更好地认识其规律和特性。早期互联网金融乱象对市场运行造成了不良影响。需求侧终端消费者的盲目跟随、非理性消费以及缺乏相应的投资者保护机制都是重要原因。

因此，进一步普及金融科技相关知识，让消费者能够充分了解金融科技产品与服务的特性和风险，理性消费理性投资，同时提升对新兴技术的包容性和接受度，积极理性地认识金融创新，是促进金融科技产业健康发展的重要内容。

对此，浦东新区一是要在金融科技诸多实践的基础上，率先探索构建地方层面的金融科技消费者保护机制，形成监管部门、行业组织、龙头企业等多方共建的保护模式。二是针对金融科技应用产生的大量数据，加强对个人数据流通的隐私风险进行评估，积极配合市级层面的个人数据保护工作，率先探索个人数据合理使用与隐私保护平衡的有效模式。

参考文献

杨涛、贲圣林主编《中国金融科技运行报告（2018）》，社会科学文献出版社，2018。

杨涛、贲圣林主编《中国金融科技运行报告（2019）》，社会科学文献出版社，2019。

易宪容：《金融科技的内涵、实质与未来发展》，《江海学刊》2017 年第 2 期。

李扬：《完善制度是金融科技健康发展的前提》，《清华金融评论》2019 年第 5 期。

杨伟中：《“金融科技”服务“科技金融”的理论逻辑、实践发展及风险应对》，《清华金融评论》2019 年第 6 期。

B.12

上海自贸区“大健康”产业发展的现状与挑战

王红霞*

摘　要： 通过调查和比较分析自贸区的大健康产业发展现状，研究探讨了自贸区在医疗健康服务贸易方面面临的问题与制度瓶颈，针对药物和设备通关障碍、服务贸易人才紧缺、金融保险改革滞后等问题，提出了需要加快服务贸易与服务业市场开放的融合、构建更加开放灵活的人才管理体制机制、积极促进医疗健康保险机构发展和集聚、规划建设上海国际医疗健康服务中心以加快自由贸易区战略发展、构建上海开放型经济新体制的建议。

关键词： 自贸区　大健康产业　开放经济

大健康产业作为新兴产业，不仅具有产业链条长、覆盖面广（包括生物医药、医疗旅游、养生保健、医疗护理、医疗保险金融、医疗设备等相关产业）等特点，而且市场广阔，发展潜力巨大，是 2008 年国际金融危机以来增长最快的产业之一，在许多发达国家和地区大健康产业对经济增长的带动作用日益突出。上海自贸区自设立后不久即开始引进全国首家外资医院，2019 年 9 月 26 日首家综合性外资医院上海阿特蒙医院正式落成开业，成为

---

* 王红霞，上海社会科学院经济研究所研究员。

上海医疗服务体系制度改革和创新的试验田。外资医院的入驻和运营不仅涉及药品和设备的引进、医师国际资格认证、医疗保险和商业保险的结合与创新，而且将带来药品的跨国研发、生物医药大数据的国际开发与合作等，直接关系着上海自由贸易园区国际竞争力的建设和提升。要建设国际上竞争力最强的自由贸易区，重点首先在于建设法治化、国际化、便利化的营商和贸易环境，在前一阶段贸易便利化改革取得成果的基础上，以自由港区之建成实现自由贸易试验区的政策使命，构建上海开放型经济新体制。本文以自贸区"大健康"产业发展为切入点，通过调研分析自贸区的医疗产业发展现状，分析和探讨了医疗健康服务贸易的问题与制度瓶颈，并探讨研究了加快自由贸易区战略发展、构建上海开放型经济新体制的破解路径和建议。

一　自贸区开放经济建设与自贸区大健康产业现状

（一）自贸区开放经济建设总体概况

1. 中国上海自由贸易试验区建设已经步入开放新阶段

中国上海自由贸易试验区成立六年多以来，在贸易便利化、贸易监管、金融创新以及政府职能转变等方面都取得了巨大成绩，其中以"负面清单制"为代表的上海自贸试验区的改革创新理念和100多项制度创新成果在全国复制推广，不仅成功达到了预期建设目标，而且在建设开放和创新融为一体的综合改革试验区、开放型经济体系的风险压力测试区、提升政府治理能力的先行区、服务国家"一带一路"建设和推动市场主体"走出去"的桥头堡等方面取得了巨大进展。2017年3月，国务院印发《全面深化中国（上海）自由贸易试验区改革开放方案》，明确提出中国（上海）自由贸易试验区建设要对照国际最高标准、最好水平的自由贸易区，全面深化自贸试验区改革开放，加快构建开放型经济新体制，在新一轮改革开放中进一步发挥引领示范作用。《全面深化中国（上海）自由贸易试验区改革开放方案》还明确提出，"到2020年，率先建立同国际投资和贸易通行规则相衔接的制度体系，把自贸试验区建设成为投资贸易自由、规则开放透明、监管公平高效、营商环境便利的国际高标准自由贸易园区”[①]，并首次在洋山保税港区和上海浦东机场综合保税区等海关特殊监管区域内，设立自由贸易港区。2018年11月，习近平总书记在首届中国国际进口博览会开幕式上，宣布增设上海自由贸易试验区临港新片区。2019年8月6日，国务院印发《中国（上海）自由贸易试验区临港新片区总体方案》，提出“以习近平新时代中国特色社会主义思想为指导，全面贯彻党的十九大和十九届二中、三中全会精神，坚持新发展理念，坚持高质量发展，推动经济发展质量变革、效率变革、动力变革，对标国际上公认的竞争力最强的自由贸易园区……打造更具国际市场影响力和竞争力的特殊经济功能区，主动服务和融入国家重大战略，更好服务对外开放总体战略布局”，标志着中国上海自由贸易试验区建设进入了更高层次的新阶段。

2. 政策和制度创新力度空前，上海开放经济建设实现从实施意见到行动方案的实质性推进

为贯彻落实《国务院关于扩大对外开放积极利用外资若干措施的通知》，“全面深化中国（上海）自由贸易试验区改革，率先建立同国际投资和贸易通行规则相衔接的制度体系，率先形成法治化、国际化、便利化的营商环境和公平、统一、高效的市场环境，加快构建本市开放型经济新体制”[②]，上海市人民政府于2017年4月发布了《关于进一步扩大开放加快构建开放型经济新体制的若干意见》（以下简称《若干意见》）；2018年以来，为加快建立开放型经济新体制，上海市政府于2018年7月10日发布《上海市贯彻落实国家进一步扩大开放重大举措加快建立开放型经济新体制行动方案》，被简称为“上海扩大开放100条”，不仅是全面深化自贸试验区改革方案的具体举措，而且借助自贸试验区的先发优势，推动全市开放型经济发

① 《全面深化中国（上海）自由贸易试验区改革开放方案》（国发〔2017〕23号），中国政府网，2017年3月31日。

② 《〈上海市人民政府关于进一步扩大开放加快构建开放型经济新体制的若干意见〉政策解读》，上海市人民政府网站，2017年4月27日。

展，成功实现上海开放经济建设从实施意见到行动方案的踏实推进。2018年8月1日起，“上海扩大开放100条”举措开始稳步实施。2019年8月6日起，根据《中国（上海）自由贸易试验区临港新片区总体方案》，“新片区参照经济特区管理。区内的各项改革开放举措，凡涉及调整现行法律或行政法规的，按法定程序经全国人大或国务院统一授权后实施”。政策授权力度空前。

3. 自由贸易港区建设顺利推进，探索上海开放经济的新突破

自2017年5月起，上海自贸试验区在洋山保税港区和上海浦东机场综合保税区等海关特殊监管区域内探索自由贸易港建设。目前，上海自由贸易港已经初步形成建设方案，经过两年多的努力，自由贸易港以发展离岸贸易、离岸金融为方向，正在努力实现“境内关外”的整体监管策略；通过促进港口功能向转口贸易、离岸贸易以及各类服务功能转变，提高国际航运中心能级；通过努力在市场准入、金融制度、财政税收等方面做出一系列与国际接轨的政策改进，探索建立“一线放开、二线安全高效管住、区内自由”的监管模式，对标国际最高标准，学习先进经验，打造开放度最高、具有中国特色的自由贸易港。

2019年8月以来，自贸临港新片区不断在投资、贸易、资金、运输、人才、信息等领域探索制度和政策创新，目前拥有两项特权：一是实现商事主体登记确认制，将企业设立登记的行为性质从行政许可改为行政确认；二是实现全程“零见面办理”，以信用承诺、实名认证、自主申报为核心，推行名称、住所、经营范围自主申报，由申请人对材料的真实性、合法性负责。同时也在税收、资本自由流入流出和自由兑换等领域积极探索突破性制度创新。

（二）自贸区大健康产业发展现状

1. 自贸区大健康产业对浦东新区经济增长的贡献显著，自贸区已经成为全市生物医药产业集聚的重要空间

近些年来，随着生物医药产业的快速发展和信息生物技术的融合，生物医药产业国际贸易量以每年15%～20%的速度在增长。浦东新区有约80%的

经济总量在自贸区，大健康产业在产值、技术创新、市场品牌方面的影响力和贡献举足轻重（浦东新区科委调研资料），其中，大健康产业特别是生物医药产业集聚效应突出，在空间上已经形成外高桥生物医药园、张江药谷和上海国际医学园区三大具有一定国内影响力的生物医药和生物技术产业集聚空间。

外高桥生物医药园初具规模，封关运作，核心区规划面积20万平方米。园区内已形成了总量超过5万平方米的高端空调库、冷藏库、冷冻库群；作为园区配套的生物医药园服务中心可提供办公、会务、专业展示等配套服务。康德乐、国药控股、奥森多、罗氏、上海浦东医疗器械贸易行业协会等已入驻园区。目前，上海有六成进口医药品来自外高桥，其中主要来自外高桥生物医药园区。

张江生物医药产业发展依托于张江高科技园区建设，其一直是国内外生物医药产业集聚的重要空间。目前，以张江药谷为标志，张江在新药领域从新药探索、药物筛选、药理评估、临床研究、中试放大、注册认证到量产上市已经形成了完整的产业链。据不完全统计，张江已经形成重大基础科学设施集群，各类研发机构400余家（其中技术中心196家，外资研发中心149家）、高校10余所、科研院所近70家、各类公共技术和服务平台200余个。张江已经成为国内研发机构最集中、创新实力最强、新药创制成果最多的标志性区域。

上海国际医学园区位于张江高科技园区南部，地理上属周浦地区，与张江药谷不同，国际医学园区定位国际医谷，以医疗服务业和医疗器械制造业为核心，目前已经形成了高端医疗机构、精准医疗、第三方检测、数字医疗等走在产业细分领域前沿的项目集聚。

2. 自贸区的大健康产业以生物医药、高端医疗、健康管理和健康服务为主，技术水平和产业发展能级在全国甚至全球处于领先地位

自贸区的大健康产业以生物医药、高端医疗、健康管理和健康服务为主，产业发展基础好，起点高，技术研发创新能力和产业发展能级在全国甚至全球都处于领先地位。

根据调研，自贸区入驻的生物医药高技术研发和服务业，大多是全球百强企业，许多企业都是药界巨头，例如园区内的药明康德，全球新药中约有

78%是其研制的。全国约1/3的新药在张江诞生；其中临床实验阶段的新药占全国10%，一类化学药品约占12%。在国际医学园区，已经集聚了上海市质子重离子医院等48家医疗机构，以及西门子等多家医疗器械巨头。

3. 自贸区大健康产业通过加快开放和促进国际进出口合作与交流积极探索国际贸易模式创新

自贸区积极探索医药贸易模式创新，在全国首创“进口药品柔性入境管理”，即园区一次进境、分批清关的柔性入境管理模式，通过食药监局和海关联合，抽样检测由“一单一用”改进为“一单多用”，让医药贸易企业可以随时随地发货，极大地推动了药品进出口的贸易便利化。

外高桥生物医药园加大开放与合作力度，通过建设亚太医疗产品分拨中心不断把全球最先进的医疗器械、进口药品、生物制品及保健品，安全、快捷地输送到国内各地。

2018年1月由药明康德与外高桥集团旗下外联发公司合资成立的上海自贸区国际生物医药科创中心正式开业。作为上海自贸区保税区片区首个大型生物医药孵化平台，上海自贸区国际生物医药科创中心的建设正在探索将创新创业者的知识经验和研究成果商品化、市场化，同时通过建设统一的平台标准努力改变目前国内新药研发标准林立、各自为政的现状，促进药物研发成果的交易转让，还在货物资金进出通道、负面清单、专利审查快速通道、新药审批绿色通道、CMO试点等方面进行积极探索。

二　自贸区大健康产业发展及自贸区加快改革和开放发展的瓶颈与问题分析

（一）贸易通关依然存在一些问题，便利化程度需要进一步提升

1. 处于研发阶段的生物试剂、样品、血液制品及新药药品通关困难，或者申请手续比较烦琐

从自贸区进出口贸易的产品种类来看，快速诊断试剂、医疗诊断仪器、血液制品出口增长迅速，是近几年拉动生物医药出口的主要增长点。在国际

贸易中，生物试剂、样品等经过海关时，需要海关通关单，但是由于生物医药的产业特点，一般处于研发阶段的生物试剂、样品及血液制品等一般没有通关单，或者申请手续比较烦琐——按照《中华人民共和国药品管理法实施条例》（2017 年修订版）第二十九条规定，“药物临床试验、生产药品和进口药品，应当符合《药品管理法》及本条例的规定，经国务院药品监督管理部门审查批准；国务院药品监督管理部门可以委托省、自治区、直辖市人民政府药品监督管理部门对申报药物的研制情况及条件进行审查，对申报资料进行形式审查，并对试制的样品进行检验。具体办法由国务院药品监督管理部门制定”。其第三十六条规定：“医疗机构因临床急需进口少量药品的，应当持《医疗机构执业许可证》向国务院药品监督管理部门提出申请；经批准后，方可进口。”调研中发现，有些新药药品研发出于保密需要，可能无法提供海关需要的资料，一些药品或者耗材的进口，还需要有关部门具体来做工作。从而极大地影响和限制了这些产品的进出口，既不利于生物医药产业的国际贸易和合作交流，也不利于新药研发和创新。

2. 高端设备进口审批流程烦琐、周期长、受限制的问题依然存在

我国进口卫生医药产品以高端医械、制药装备和西成药为主。在高端设备的引进上，虽然一些进口设备自贸区可以给区内医院免税的优惠政策，但是一些甲类设施引进需要国家层面的审批——国务院明确规定甲类设施须由国家卫健委集中采购，虽然国家卫健委最新发布了《大型医用设备配置许可管理目录(2018 年)》，把一批原先按照甲类管理的大型设备改为按照乙类管理，配置证的审批权由国家卫健委下放到省级卫生行政部门。但是，现实中自贸区内企业在进口相关高端设备进行研发或者应用时，依然遇到审批流程烦琐、周期长、数量受到限制等问题（这些问题在外资医疗机构的发展中表现特别突出）。

（二）自贸区医疗服务贸易发展所需的专业人才缺乏，国际人才引进和人才流动瓶颈突出

1. 外籍医师在华行医执业资格受到时间和许可限制，影响医疗服务业的发展

医疗服务业是自贸区服务业开放的六大领域之一。根据世界贸易组织

《服务贸易总协定》，国际医疗服务贸易主要有跨境交付、境外消费、商业存在和自然人流动等形式。其中可以提供跨境医疗服务的医师人才和医疗服务机构是医疗服务贸易活动的主体。上海自贸区已经开建国内第一家外资独资医院（阿特蒙医院），但是根据《外国医师来华短期行医暂行管理办法》和《国家卫生计生委关于修改〈外国医师来华短期行医暂行管理办法〉等8件部门规章的决定》（2016年修订版），外籍医师在华只能从事期限不超过一年的临床诊断和治疗业务活动。自贸区给予了外资独立医疗机构经营许可，但是对外资独立医疗机构聘用外国医生行医的许可政策并没有相应跟进，其出入境许可及相关政策的开放程度不够，人为造成自贸区外资独立医疗机构运营中的突出瓶颈。

2. 自贸区医疗服务贸易发展所需的人才缺口明显，人才引进和人才流动机制亟须创新

自贸区目前建有和正在建设的4家外资医院，调研中普遍反映医院发展面临较为明显的人才制约：如德资独资阿特蒙医院、日资独资上海永远幸妇科医院等，其医师资源比较紧张，一方面，其本国医师因执业许可和签证许可受到诸多限制，另一方面，对于中国国籍医师来讲，因执业资格和执业管理的限制，许多具有较高水平的医师不能同时兼任，多点执业仍然在探索中尚未得到正式许可，同时由于公立医院与外资医院、民营医院的制度和管理差别，也在一定程度上造成人才流动机制比较僵硬。现实中虽然外资医院可以提供比较好的薪酬以及工作环境，并用与国际接轨的职业培训和发展规划来吸引人才，但对于最优秀的专科医生来讲，医生的编制和体制内所提供的平台、名誉和品牌优势使许多优秀专科医生不愿意离开公立医院。这些因素共同作用，从专业人才资源上极大地限制了外资医院和民营医院的发展。

（三）国际医疗保险对接程度还比较低，不利于医疗服务贸易和自贸区大健康产业的发展

根据国务院2013年9月最早公布的《中国自由贸易试验区总体方案》，

在金融服务领域，自贸区将试点设立外资专业健康医疗保险机构。但是，截至目前，自贸区的国际医疗保险机构进入数量还并不多，而且目前通过国际JCI（即国际医疗卫生机构认证联合委员会）认证的医疗保险机构数量更加有限。国际医疗保险机构数量少和国际医疗保险对接程度比较低，不仅影响了在中国境内工作的外籍人士在中国大陆可以获得的医疗服务水平，而且也不利于自贸区内医疗机构和医疗服务业的发展。

三　上海自贸区与海南自贸区扩大开放和大健康产业建设经验比较与借鉴

2018 年 4 月 11 日，中共中央、国务院联合发布《关于支持海南全面深化改革开放的指导意见》[①] 提出，大力支持海南深化改革，“坚持全方位对外开放，按照先行先试、风险可控、分步推进、突出特色的原则，第一步，在海南全境建设自由贸易试验区，赋予其现行自由贸易试验区试点政策；第二步，探索实行符合海南发展定位的自由贸易港政策”。《关于支持海南全面深化改革开放的指导意见》提出，以现有自由贸易试验区试点内容为主体，结合海南特点，建设中国（海南）自由贸易试验区，围绕种业、医疗、教育、体育、电信、互联网、文化、维修、金融、航运等重点领域，深化现代农业、高新技术产业、现代服务业对外开放，推动服务贸易加快发展，适应经济全球化新形势，实行更加积极主动的开放战略，探索建立开放型经济新体制，推动形成全面开放新格局。

仔细比较海南自贸区和上海自贸区的改革开放政策与举措，特别是两个自贸区在医疗服务和大健康产业领域的政策与举措，可以发现：海南自贸区虽然于 2018 年 4 月设立，但是，海南关于医疗服务贸易和大健康产业发展的探索起步比较早。2013 年《国务院关于同意设立海南博鳌乐城国际医疗

① 《中共中央　国务院关于支持海南全面深化改革开放的指导意见》，中国政府网，2018 年 4 月 14 日。

旅游先行区的批复》，其中给出 9 条先试先行政策[①]——包括在先行区内，允许使用国际最前沿、未在国内上市过的新药品、新器械、新疫苗，而且进口、注册、审批都很快速，还能适当降低部分医疗器械和药品进口关税，允许申报开展干细胞临床研究等。海南自贸区开建之后，海南省全面落实完善博鳌乐城国际医疗旅游先行区政策，鼓励医疗新技术、新装备、新药品的研发应用，制定支持境外患者到先行区诊疗的便利化政策。中央也给予海南明确的人才引进导向，支持海南“开展国际人才管理改革试点，允许外籍和港澳台地区技术技能人员按规定在海南就业、永久居留”。中央相关部门如交通部也在不断推出支持海南全面深化改革开放的切实举措，助推海南自贸区和自由贸易港建设。

总体来看，目前，上海在负面清单制度、国际贸易单一窗口、境外资本举办医疗机构以及医疗器械注册人制度方面具有先行优势。但是，综合比较，海南自贸区的改革开放政策力度更大，特别是在人才政策、外籍医师执业时间规定、药品进口和新药使用、医疗器械进口等方面，明显已经走在了上海自贸区前列（见表 1）。

此外，海南自贸区关于医疗与大健康领域的改革开放政策和举措并不是单独进行的，而是充分考虑了大健康产业链的生态建设，将高端医疗、特别医疗、境外医疗作为海南医疗旅游的突破口，并在空间上科学规划与布局，系统建设集医疗、商务、度假、养老及研发五大功能于一体的医疗养生旅游地标，以大健康产业链生态建设带动本地医疗、旅游、餐饮和酒店等行业的发展。相比较而言，具有雄厚基础和国内外产业竞争优势的上海自贸区的医疗服务业和大健康产业，其改革与开放的政策发力点相对分散而且系统性不强，在很大程度上影响和制约了大健康产业的发展。

海南和上海同时在建设自由贸易区与自由贸易港，实际上，从自由贸易区到自由贸易港，带来的是更高形式的自由贸易和投资、更加自由的市场以

---

① 《国务院批准海南博鳌乐城国际医疗旅游先行区先行先试》，海南省人民政府政务服务中心网站，2015 年 12 月 3 日。

及更多被激活的和有竞争力的产业集群。上海自贸区要实现国家战略要求和目标，必须加快开展集成化的制度创新，尽快真正成为开放型经济体的试验田。

表 1　海南自贸区和上海自贸区医疗健康领域部分改革政策与举措比较

政策与举措	海南自贸区	上海自贸区
自由贸易港建设	海南全岛	洋山港和浦东机场片区
行政审批事项	探索“多规合一”下的“零审批”	备案制
“单一窗口”制度	建立多部门、多领域、多区域的国际贸易“单一窗口”管理制度	国际贸易单一窗口
外籍专业技术人才政策	按规定在海南就业、永久居留	按规定申请工作签证和居留许可
外籍医师执业时间	境外医师在先行区内执业时间试行放宽至三年	按国家规定，不超过一年
境外资本举办医疗机构	允许	允许
药品进口和新药使用	可使用国内未上市新药——允许在乐城先行区内部实现“中外药品同步使用”	无特殊政策
医疗器械进口审批权	2018 年 4 月 8 日，国务院发布文件宣布，对海南博鳌乐城国际医疗旅游先行区内医疗机构临床急需且在我国尚无同品种产品获准注册的医疗器械，由海南省人民政府实施进口批准，在指定医疗机构使用（这是中国试点进口医疗器械审批权首度由国家下放到地方，目前的进口医疗器械审批权长期由国务院 CFDA 相关部门把控）	无特殊政策
医疗器械注册人制度		上海于 2017 年 3 月率先获批，2017 年 12 月正式实施（2018 年试点增加了广东、天津）

注：医疗器械注册人制度，指的是符合条件的医疗器械注册申请人可以单独申请医疗器械注册证，然后委托给有资质和生产能力的生产企业生产，从而实现医疗器械产品注册和生产许可的“解绑”（目前我国医疗器械实行产品注册和生产许可“捆绑”的模式，必须由自己设厂生产产品，委托生产只允许双方同时具备医疗器械注册证和生产许可证的企业才可以申请办理）。

四　对策与建议

在中美贸易摩擦和全球化新变局的背景下，站在更高起点上谋划和推进自贸区改革与发展，建设自由贸易港，加快形成全面开放新格局、打造对外开放新高地，意义尤为重大。基于调研和研究，我们认为，应重点在以下八个方面，加快推进自贸区大健康产业发展，构建开放型经济新体制。

（一）结合上海自贸区建设进展实际和上海城市经济特点，建议将大健康产业发展作为加快自贸区战略发展、构建开放型经济新体制的重要抓手和突破口

大健康产业不仅在自贸区经济增长中有着重要的贡献，而且以生物医药、医疗设备、健康管理和健康服务等为主要代表的医疗服务贸易也是自贸区扩大开放、构建开放型经济新体制的核心内容之一。除此之外，大健康产业其产业链长，对国民经济相关产业也具有较强的带动作用，特别是结合上海城市特点和人口特点，上海具有其他地区和城市无可比拟的人口优势、城市优势、技术优势和科创优势，因此，如果能将大健康产业发展作为加快自贸区战略发展，构建开放型经济新体制的重要抓手和突破口，将事半功倍。具体来讲，以上海的医疗技术、人才、资源优势为依托，建设具有国际竞争力和影响力的国际医疗健康服务中心，并将其提升到战略高度，制定详细的战略规划和行动计划，切实全面深化自贸区改革、扩大开放。

（二）加快服务贸易与服务业市场开放的融合，结合医疗服务贸易实际加大力度推进贸易便利化和制度创新

基于专业特点，服务贸易对服务市场的开放程度更加敏感，受市场开放程度的影响更大。国际经验表明，自由贸易的主要障碍已不是货物贸易领域内的关税，而是服务贸易与投资领域内的监管、非关税壁垒以及市场的开放程度。从目前上海自贸区和区内大健康产业贸易进程中遇到的突出问题来

看，药品进口审批、研发阶段新药、诊断试剂以及血液制品等通关瓶颈，都与市场开放程度直接相关。因此，应结合医疗服务贸易实际，加大力度推进贸易便利化和制度创新，研究和探索进一步放开与研发相关的药品、试剂、血液制品等产品以及高端医疗设备的进出口许可和管制，对标国际标准，打破服务业市场开放的政策体制制约，进一步扩大对外资医疗市场的开放力度，加快促进服务贸易与服务业市场开放的融合。

（三）加快人才和执业资格的国际认证，构建更加开放灵活的人才管理体制机制，重视国际化医疗服务专业人才培养与储备，促进人才流动

服务贸易的实质载体和媒介是专业人才交流。自贸区需要在加快推进人员进出的便利化上有所突破，实行更加便利开放的出入境政策。核心是推进国际职业资格的认证，以更加细化的辅助措施打破外资医疗机构的人才瓶颈，也从根本上打破限制大健康产业发展的瓶颈，努力通过政策和制度创新，使外资医院在专科建设、职称评定、学术地位、等级评审、技术准入、科研立项等方面与公立医院享受同等待遇，优化外资医院政策环境；同时，外资医院本身也要转变观念，采取各类积极合理的措施来吸引和留住人才。对于外籍优秀医师、医药研发高技术人才和医疗服务专业人才，实行更加宽松、便捷的工作签证制度。同时，积极引进国际职业认证与专业化、系统化培训，解决医疗服务业国际化、复合型人才匮乏的问题。

（四）扩大金融保险开放，积极促进医疗健康保险机构发展和集聚，积极探索自贸区金融保险制度创新

资金进出自由是实现投资贸易自由化和便利化的重要保障，要在金融市场开放、跨境投融资、货币兑换、国际结算、外汇交易、金融监管等金融制度安排上积极探索制度创新。从医疗服务贸易视角来看，医疗服务贸易不仅离不开金融支持，还需要医疗健康保险机构的配套支持。

（五）依托上海自由贸易试验区，重视国际医疗旅游服务贸易区的顶层战略规划与科学合理设计，引导具有国际竞争优势的医药研发服务、医疗健康服务企业和金融机构集聚

建议以上海自由贸易试验区为依托，积极吸引国际资金入驻、吸引国际一流的医药研发服务企业和医疗健康企业集聚、吸引国际一流的医疗卫生人才集聚，逐步形成世界领先的医疗旅游产业集聚区，将医药研发、医疗护理、健康管理、康复保健、旅游观光等相结合，将上海打造为具有国际竞争力和影响力的国际医疗健康服务中心。

（六）尽快完善政策法规及配套实施细则，为国际医疗服务部门的开放提供有力的法律支持

从目前来看，由于上海自贸区外商独资医疗机构刚刚开始试点，与外资医疗服务和医疗服务贸易相关的立法基本处于空白状态。上海自贸区应积极探索推进外资医疗机构行业准入、运营流程、评价等相关标准和相关法案的制定，尽快完善政策法规及配套实施细则，为国际医疗服务部门的开放提供有力的法律支持，探索建立与全球最高水平开放形态相适应的制度、体制、机制和政策。

（七）参照世界银行营商环境评价体系，努力打造与国际接轨的、一流的政府服务环境

按照中央对上海“在深化自由贸易试验区改革上有新作为”的要求，坚定改革开放再出发的信心和决心，坚持对标国际最高标准、最好水平，参照世界银行营商环境标准评价体系，推动各类投资项目准入便利化，最大限度地降低通关成本，在优化跨境贸易营商环境上有新突破，打造与国际接轨的、一流的政府服务环境，打造以国际化营商环境为突出优势的对外开放新高地。

（八）促进上海自贸区与上海经济转型、全球科创中心和卓越的全球城市建设的联动协调发展，加快构建上海开放型经济新体制

新一轮上海自贸区改革更加突出改革系统集成，特别强调和重视全面深化改革，增强制度创新的整体性、协调性、协同性和系统性。加快自由贸易试验区战略发展，需要重视与上海经济转型、全球科创中心和卓越的全球城市建设的联动协调，深化改革，扩大开放，积极探索构建上海开放型经济新体制。

参考文献

《全面深化中国（上海）自由贸易试验区改革开放方案》（国发〔2017〕23 号），中国政府网，2017 年 3 月 31 日。

《〈上海市人民政府关于进一步扩大开放加快构建开放型经济新体制的若干意见〉政策解读》，上海市人民政府网站，2017 年 4 月 27 日。

《中共中央　国务院关于支持海南全面深化改革开放的指导意见》，中国政府网，2018 年 4 月 14 日。

《国务院批准海南博鳌乐城国际医疗旅游先行区先行先试》，海南省人民政府政务服务中心网站，2015 年 12 月 3 日。

《中国（上海）自由贸易试验区临港新片区总体方案》，上海市人民政府网站，2019 年 8 月 7 日。

B.13

浦东“美丽乡村”建设的新理念

郭 岚*

摘 要： 城乡融合发展，就是要彻底打破传统的城乡二元机制，充分利用城市资源要素、产业辐射带动农村发展，以实现城市与乡村的一体化联动，同时还要对标城市来补齐农村的短板，以激发农村的活力。城乡融合发展是中央在全面建成小康社会的决胜阶段为解决好“三农”问题所提出的新路径和新方略。浦东新区将按照富裕农民、提高农民、扶持农民的要求，始终把坚持农民主体地位、增进农民福祉作为推进城乡融合发展的出发点和落脚点，切实维护好实现好农民各项权益，让广大农民共享现代化成果。

关键词： 城乡融合发展 “三农”问题 浦东新区

一 浦东新区城乡融合发展现状

（一）浦东新区城乡融合发展取得的成效

截至2018年底，浦东新区全区共有24个镇362个村3894个村民小组。农村常住人口142.5万人（其中：本地69.99万人，外来72.51万人）。农

* 郭岚，上海社会科学院经济研究所副研究员，博士研究生，主要研究方向为城乡关系、城市管理。

户36.78万户，农业户籍人口25.47万人。

1. 扎实推进乡村振兴工作

（1）浦东“美丽庭院”建设持续发力

浦东把“美丽庭院”建设作为贯彻实施乡村振兴战略、建设“美丽乡村”的重要工作载体，经过一年多的努力，浦东“美丽庭院”建设已覆盖农村地区有人居住的近20万个庭院户3735个队组339个村。截止到2019年4月底，浦东将全面完成全区300多个村的“美丽庭院”达标型创建和验收工作。浦东“美丽庭院”有“三全”，即村级全推动、队组全覆盖、家庭全参与，必须做到凡是有人居住的庭院和村落“一个都不能少”。村民自己不动手，“美丽庭院”不长久。浦东探索出“典型引路”的经验，动员和发动村民群众积极参与，发挥村民的主体作用，形成百姓事情“自己想、自己做、自己管”的良好氛围。与之前的村庄改造有所不同，浦东“美丽庭院”建设提出要“花小钱、办大事”，改变以往农村基础设施建设“区定目标、造预算，镇排项目、做工程”以及“政府干，村民看”的局面。并及时将“美丽庭院”建设完成后的村庄综合管理纳入村庄长效管理范畴，推进村庄长效管理全区所有行政村全覆盖和村庄长效管理所有事项全覆盖。

（2）积极创建市级美丽乡村示范村

周浦镇界浜村、新场镇新南村、航头镇沈庄村、祝桥镇星光村、泥城镇公平村等5个村被评为市级美丽乡村示范村，全区市级美丽乡村示范村达到了15个。周浦镇界浜村名列2018年全国最美村镇。

2. 有力促进都市现代绿色农业发展

（1）健全新型农业经营体系

鼓励农业经营主体创新经营，促进一二三产业融合发展，浦东入选全国农村创新创业典型县和全国农村一二三产业融合发展先导区。大力培育新型农业经营主体，家庭农场、农业企业、合作社发展良好，家庭农场发展到539家，市级示范家庭农场9家；清美上榜2018年全国500强农业产业化龙头企业，成为全市唯一上榜的农业企业；15家农民合作社通过国家示范合作社运行监测，新风蜜露果蔬专业合作社等4家农民合作社跻身全国“2018农民专业合作社300强排行榜”，13家农民合作社获评市级示范合作社。

（2）促进产业提升和地产农产品产销对接

积极梳理浦东优秀农业生产经营组织、优质农产品生产基地、优质农产品品牌，形成放心优质农产品供应主体名单——资源清单；梳理产品销售渠道广、营销创意好、销售模式新的采购渠道商名单——渠道清单；推动“两张清单”有效对接，让优质农产品进入优质渠道，最终实现优质优价，与盒马鲜生、每日优鲜、东方购物、城市超市等新零售渠道合作，积极拓宽浦东地产绿色农产品销售渠道。打造农产品区域公用品牌，扩大和提升“南汇水蜜桃”“南汇8424西瓜”“南汇甜瓜”“南汇蜜梨”的品牌影响力和市场占有率，品牌合作联社成员单位扩展到98家，种植面积2.2万亩。组织参加和举办农业会展节庆活动，扩大浦东地产农产品在国内外市场的知名度和影响力。

3. 全面促进农民持续增收

浦东新区向全区农民免费统一供种，浦东新区政府还不断加大对农业生产政策扶持补贴力度，减少农业生产成本，切实提高农民转移性收入。并积极开展促进农民增收政策试点，发挥政策导向和杠杆作用，创造增加农民工资性、财产性、经营性收入的氛围和条件。

（二）存在的问题

1. 农业人力资源建设有待加强

人才总量缺乏。新型农业经营主体对社会人才的吸引力不足，人才流入意愿相对不强，引入人才流失较多，特别是管理、技术、营销、电商等方面的高端专业人才严重缺乏。高素质人才匮乏，从目前的情况来看，浦东持专业证书的农业劳动力占比为49%，而从农业技术推广领域来看，国外农技人员一般都要求具有硕士或博士学位，而浦东农业技术推广服务人员大专以上学历的仅占69.30%；农业从业人员老龄化严重，素质偏低的老龄主体很难适应现代农业的发展要求（例如：水蜜桃的发展目前就面临“人老、树老、地老”的困境），与此同时年轻人则普遍缺乏从事农业生产的意愿和技能，导致新生代农业人口严重萎缩；外来农民工目前是浦东农业经营主体雇工的主要对象，但是目前也呈现外来农民工数量下降的趋势，这也影响了浦东新型农业经营主体的稳定发展。

2. 城乡公共服务设施差距依然较大

农村地区依然有大量规划道路未能落地，断头路未能打通；万人拥有医生数量、养老服务能力等社会资源配置水平和社会事业服务水平仍然落后于中心城区。如城乡每万人拥有医生数为2.33人，城乡（人均）养老服务能力比为1.88∶1，城乡警务和城管力量到位比为1.39∶1，这些资源配置水平远远落后于中心城区。从上述情况可以看出，浦东农村地区公共服务依然欠账较多，因此需要结合乡村振兴战略，系统性补齐农村地区公共服务短板，同时还要体现浦东农村的特点。

3. 城乡收入差距继续扩大

2010～2018年，浦东新区农村居民人均可支配收入从14555元增加到33190元①，年均增幅10.9%。农村居民人均可支配收入增幅高于城镇居民人均可支配收入增幅，但增幅放缓明显。尽管浦东新区城乡居民收入比从2010年的2.22∶1缩小为2.14∶1，但是和发达国家（1.5∶1）相比，仍然有较大的差距。而且从收入绝对值来看，城乡居民人均可支配收入差值由2010年的17805元扩大到2015年的60715元，城乡收入的绝对值差距进一步扩大。

二　浦东新区城乡融合发展目标

“中国特色社会主义进入新时代，我国社会主要矛盾已经转化为人民日益增长的美好生活需要和不平衡不充分的发展之间的矛盾。”党的十九大对

① 资料来源于《上海浦东新区统计年鉴2018》。

我国社会主要矛盾发生历史性变化的重大政治论断，也为浦东新区的“三农”工作提供了重要依据和实践遵循。从浦东农村来说，其距离党的十九大报告中乡村振兴战略提出的“产业兴旺、生态宜居、乡风文明、治理有效、生活富裕”的总体要求还有一定差距。因此将深入学习贯彻党的十九大精神，紧密结合浦东实际，以加快“三农”发展，促进城乡一体化为主线，以“转型发展、提质增效”为导向，强化体制机制创新、思维创新、科技创新、功能创新，进一步深化农村改革，大力推进农业供给侧结构性改革和农业现代化，厚植“三农”发展优势，推动浦东实现更高水平的城乡一体化发展。

浦东新区将按照富裕农民、提高农民、扶持农民的要求，始终把坚持农民主体地位、增进农民福祉作为推进城乡发展一体化的出发点和落脚点。既要从制度上破除二元结构，维护好实现好农民各项权益，也要针对离土农民、务农农民、老年农民等不同群体的实际诉求分类施策，让广大农民共同分享现代化成果；以转变农业生产方式为牵引，引导农民生活方式转变，引导现代生产要素向农业农村流动，促进农村富余劳动力和农村人口向城镇转移。推进农业供给侧结构性改革，构建现代农业产业体系、生产体系和经营体系。调整淘汰落后产能和提升产业能级并举，生态环境综合治理与复垦减量协同推进，促进郊区产业结构优化和转型升级；牢牢守住土地、人口、环境、安全等底线，指导和推动人口、产业、基础设施和公共服务的合理配置，加快转变城镇发展方式；按照长三角城市群协同发展战略要求，统筹新城和镇的发展，构建开放协调的发展格局，发挥新城和镇吸纳人口与带动地区发展的作用；坚持问题导向，针对目前城市化地区和农村地区、新城和镇之间反差明显的问题，着力在薄弱环节和突出问题上下功夫，着力破解城乡发展一体化的体制机制障碍，围绕公共服务资源配置向郊区人口集聚地倾斜、基础设施建设投入向郊区倾斜、执法管理力量向城乡接合部倾斜、深化农村土地制度改革，加快形成符合新型城乡工农关系的一体化发展体制机制。

表 1　浦东新区城乡融合发展的主要指标

序号	指标	单位	现状值	“十四五”目标值
1	镇村规划覆盖率	%		
2	水功能区的达标率	%	53	在全面消除河道黑臭的基础上，达到 78%
3	低效现状工业用地减量面积	平方公里		
4	城乡基本社会保障制度统一			全面实现
5	有就业意愿的离土农业就业服务覆盖率	%		95% 以上
6	城乡义务教育五项标准统一			基本实现
7	区域卫生中心覆盖率	%		95
8	郊区人均文化配送额度比中心城区提高比例	%	5	10
9	标准化老年活动室覆盖率	%	85	100
10	国家现代农业示范区建设目标达标率			基本达标
11	农村居民家庭人均可支配收入		23000 元	增速高于城镇居民

三　浦东新区城乡融合发展的新理念

（一）提高农民收入缩小城乡收入差距

培育农业龙头企业、农民合作社、家庭农场等新型农业经营主体。全面制定经营主体认定标准，建立优胜劣汰机制，提升新型农业经营主体的竞争力，引导农业企业建立现代企业制度，发挥对于农民增收的引领作用；增加财政投入，提高转移支付力度，通过推进基本社会保险制度整合，提高农村养老保障水平，稳定增加农村居民的转移性收入；推行“存量”政策，加强农业基础设施建设，强化农民职业技能培训，重视教育、科研和技术推广投入，加快农业产业结构调整。构建和提升现代农业服务体系层级，提供农业创新服务、金融资本服务、知识产权服务，促使浦东农业走出国门，实现与国际接轨；推行“流量”政策，落实土地“三权”分立，促进土地流转，推动劳动力流动。通过土地规模化，促使农业生产向更加注重生态环境及产品质量的现代模式转变。同时鼓励农业劳动力向城镇迁移、兼业，充分实现非农就业，提升农村居民的工资性收入。

（二）推进美丽乡村建设提升农村软硬件环境

要在前期试点的基础上，落实资金，全面推广美丽乡村建设的经验和做法；要在尊重农民意愿的基础上进行分类引导，实施既有刚性也有弹性的差异化政策，通过长效机制巩固已有成绩。另外还要借鉴国际上乡村治理的标准和经验，坚持垃圾分类处理及污水处理系统建设，发展生态循环农业，统筹安排农业生产、农民生活、农村生态。同时，应大胆将盘活宅基地资产与集约用地相结合，通过放大财政资金杠杆效应多途径筹集建设资金，探索美丽乡村新型社区建设模式；还要加强乡村有形遗产的保护，强调传统空间形态的延续和乡村非物质文化遗产的传承。

（三）借鉴逆城市化发展模式提高农村公共服务水平

世界上城乡一体化比较成功的有美国的郊区化发展模式、德国的平衡发展模式、英国的逆城市化发展模式、日本的以城促乡模式、韩国的新村运动模式等。其中，英国模式对工业化程度高、已基本实现农业现代化的浦东有很大的现实借鉴意义。浦东新区首先可以汲取英国在工业化初期盲目发展的经验教训，制定完善的宏观规划，避免人口过于向城市集中和郊区生态环境恶化；其次可以借鉴其后的逆城市化发展经验，结合新区的城镇化建设，将一些政府部门或其下属机构向祝桥新镇、南汇新城、周康等地区转移，文化设施以及学校、医院等公共事业单位也紧随其后，向小城镇有序迁移，从而带动郊区基础设施建设，缩小城乡差距；最后要加大财政投入力度，进一步提高农村地区公共服务水平，提高农村地区的生均教育经费、万人拥有医生数量、养老服务能力、社会管理能力等社会资源配置水平和社会事业服务水平，缩小城乡差距。

四　浦东新区城乡融合发展对策

（一）推动市域空间发展一体化

以人为核心，着力提高城镇化的质量，转变城镇发展方式，注重新城与镇的协调发展，优化城镇乡村发展布局，推动市域空间发展一体化，夯实镇、村发展基础。

1. 大力推进新城功能建设

发挥新城优化空间、集聚人口、带动发展的重要作用，按照"控制规模、把握节奏、提升品质"的原则，分类推进新城建设。将南汇新城打造成为综合性节点城市，强化枢纽和交通支撑能力，完善公共服务配套，加快人口和产业集聚，加强与周边地区联动发展，成为相对独立、产城融合、集约紧凑、功能混合、生态良好的城市。改善人居环境，保持城市个性和特色风貌。提高新城人口密度，提升基础设施建设标准。加强新城与周边工业园区、大型居住区的联系，提升服务业发展水平。

2. 加快完善镇村规划体系

适应新型城镇化发展要求，加快编制新市镇总体规划暨土地利用总体规划、郊野单元规划、控制性详细规划及村庄规划，以多层次的城乡规划体系引领城乡发展一体化。促进以一个或多个城市（新城或新市镇）为核心的城镇圈发展，制定不同城镇在交通设施、基本公共服务、生态环境整治等方面的资源配置标准，引导公共服务资源有效配置。统筹新城周边的新市镇和乡村地区的公共服务设施配置，促进新城及周边镇产城融合、职住平衡、资源互补、服务共享。

3. 分类推进镇的发展

按照人口规模和区域位置，针对不同类型、层次和规模的镇分类施策，着力发挥镇在城乡一体化发展过程中的枢纽和载体作用，通过稳定镇、依托镇、建设镇、管好镇，走出一条带动面广、综合效益高、全市农业转移人口受益多的新型城镇化道路。对中心城周边镇，严格控制建设用地扩张，重点加强基础设施和公共服务资源配置。对新城范围内的镇，重点强化与新城的协同发展，组团式配置公共设施和交通基础设施。对中心镇，注重培育相对独立的服务功能，按照培育中小城市的目标要求，根据相关标准进行设施建设和服务配置，以提升质量、增加数量为方向，强化辐射能力和综合服务、特色产业功能，引导产业项目布局，完善市政基础设施和公共服务设施，推动优质教育、医疗等公共服务资源向中心镇配置，强化土地节约集约利用和紧凑布局，适当提高人口密度。对一般镇，按照服务地区的小城市标准配置服务功能，突出现代农业、生态保护等功能，发挥引导农村居民就近集中居住、带动邻近农村地区发展、提高城镇化水平的作用。同时，加强规划、政策引导和聚焦，充分发挥市场作用，因地制宜，突出特色，培育一批产业特色鲜明、文化内涵丰富、绿色生态宜居的特色小镇，使之成为上海城乡发展一体化的重要载体。

4. 加快建设美丽宜居乡村

加强村庄分类引导，改善乡村人居环境，保护传统风貌和自然环境。保留现状规模、区位、产业、历史文化资源等综合评价较高的村庄，以集约节约用地为导向，推进基本公共服务和市政设施建设，加强农村环境治理。对列入中国传统村落、历史文化名村和本市保护村名单的村庄，进一步加强村庄特色风貌保护，合理布局公共服务设施。

（二）提高现代都市农业发展水平

满足城乡居民对农产品品质不断提升的要求，加快转变农业发展方式，大力推进农业供给侧结构性改革，提高农业供给体系质量和效率，推动一二三产业融合发展。

1. 大力发展现代都市农业

以整建制推进上海市国家农业示范区建设为抓手，着力构建都市现代农业产业体系、生产体系、经营体系，建立粮菜经统筹、农牧渔结合、种养加一体、一二三产业融合的现代农业产业结构。大力培育以家庭农场、农民合作社、农业龙头企业为主体的新型农业经营主体，积极推进多种形式适度规模经营，进一步降低农业发展对低端农业劳动人口的依赖。构建农业社会化服务体系，促进公益性服务和经营性服务相结合、专项服务和综合服务相协调。优化农业科技创新和推广体系，实施“互联网+”现代农业行动。大力培育新型职业农民，以培养造就现代农业生产经营者队伍为目标，以服务现代农业产业发展和促进农民职业化为导向，构建教育培训、认定管理和政策扶持“三位一体”的培育制度，制定农业生产经营的准入退出机制或扶持门槛，着力培养一批有文化、懂技术、善经营、会管理、能担当的新型职业农民队伍。进一步提升农业生产效率，拓展农业多种功能，结合美丽乡村和郊野公园建设，推进农业与旅游休闲、教育文化、健康养生等深度融合，发展观光农业、体验农业、创意农业、休闲农业与乡村旅游等新业态。

2. 加快推动农业结构调整

以农业资源环境承载力为基准，宜粮则粮，宜经则经，优化农业产业布局和结构。完善主要农产品最低保有量制度，确保粮食、蔬菜等农产品有效供应和质量安全。优化粮食种植业结构，逐步调整稻麦两熟的播种方式，引导实施麦子、绿肥和休耕“三三制”轮作。加快设施粮田和设施菜田建设，加强灌溉、大棚、育苗等设施建设，提高蔬菜生产机械化水平。加快蔬菜品种结构调整和组织方式完善，加大对蔬菜标准园建设的扶持力度，促进蔬菜标准化生产和集约经营。

3. 进一步支持纯农地区发展

通过资金扶持、制度改革、机制创新等途径，切实增强纯农地区的内生发展动力，把纯农地区建成生态优美、生活安康的繁华大都市后花园。做好农村人口的管理和服务，加强对本地农民特别是新型职业农民和离土农民的支持。同时，将外来人员生产经营活动纳入全市规范化管理。保障纯农地区村级组织正常运转，支持纯农地区的农村基层组织增强公共服务能力。鼓励纯农地区的集体经济组织以联营、入股、租赁等方式与专业化企业合作发展农业旅游，支持合理调整土地利用规划，完善用地和建房手续，并建立差别化的土地供应政策，优先保障休闲农业和乡村旅游重点项目用地供给，引导休闲农业和乡村旅游景点扩大投资和提档升级。深化农村综合帮扶，优化完善帮扶措施，提升帮扶的质量、水平和效益。全面推广“区区合作、品牌联动”模式，鼓励引入专业化团队参与农村综合帮扶项目的规划、开发和经营，优化完善运行管理和监督机制。支持纯农地区建设农产品工厂、物流配送中心、农贸批发市场、农超对接基地等都市现代农业类型的帮扶项目，带动当地农民就业增收。

（三）增强农村地区发展新动能

着眼于增强农村地区发展活力，推动郊区产业结构转型升级，推动开发区转型、促进产城融合、淘汰落后产能，不断提升郊区产业能级。

1. 加强新城和镇域空间内的产城融合

推进“多规合一”，加快形成城乡互动、产城融合的发展格局。促进具备条件的开发区向产城融合、集约紧凑、功能完善、生态良好、管理高效的现代化城市综合功能区转型。加快新城、镇区与产业区块间的公共交通系统建设，促进人员要素在产业空间和居住空间之间流动。提升大型居住社区和产业区的社区服务功能，加强商业餐饮、娱乐休闲、健康养老等配套设施建设，促进生活性服务业发展。加强市区联手，引导优质产业项目、品牌企业和功能性载体平台落户新城与大镇，支持新城和有条件的镇依托优势资源，集聚产业链上下游企业和配套生产性服务业，发展特色产业。

2. 推动各类园区创新升级

按照建设具有全球影响力的科技创新中心的战略布局，推进郊区以科技创新为引领的全面创新，吸引集聚创新要素和人才，重点发展先进制造业。构筑智能制造与高端装备制造高地，突破一批高端智能装备和产品关键技术，推动制造业与互联网技术融合发展。

3. 加快淘汰落后产能

建立产业结构调整的长效机制，聚焦调整后土地等要素盘活和利用，腾出转型发展的资源和空间，加快新型产业的导入和集聚，促进产业结构优化和升级。梳理新城和镇的产业发展现状，制定产业结构调整年度计划和实施方案，聚焦重点区域、重点行业和重点企业。加强国土规划、环保、工商、安全监管等执法力量，形成加快淘汰落后产能的合力。

（四）建设生态宜居新农村

大力推进农村生态环境治理，以水环境整治为重点，统筹推进污染源治理、农村村容村貌环境整治、林地和自然生态保护等工作，全面改善农村生态环境，推进农村生态环境综合整治，建设生态宜人新农村。

1. 推进郊区农村生态环境建设

划定生态保护红线区域，实施分级分类管控，配套实施生态补偿等相关制度，提升区域生态服务功能，逐步推进“水、林、田、滩”复合生态空间格局优化，初步建成“多层次、成网络、功能复合”的生态网络框架体系。大力推进林地建设，推进实施沿江、沿海、沿路、沿河生态廊道建设，推动农田林网建设。结合 198 区域减量化工作，逐步推进小型生态林地（绿地）建设，为农村提供更多绿色生态空间。

2. 强化农村污染源头控制和治理

控制农业面源污染，大力发展生态友好型农业，按照“源头防控、过程拦截、末端处理”的原则，实施化肥农药使用量负增长行动，全面推广测土配方施肥、农药精准高效施用，亩均化肥农药使用分别降至全国平均水平以下。以规模化畜禽养殖场为重点，推动种养业废弃物资源化利用、无害化处理。加强老镇区、城郊接合部等人口集中地区以及“城中村”、195 区域等薄弱区域的污水管网建设。配合郊区新城、大型居住社区、重点地区开发和城市更新改造，继续完善污水处理厂一、二级配套管网，加大截污纳管力度，基本实现郊区城镇化地区、104 区块及 195 区域污水全部纳管。

3. 加强农村地区水环境治理

大力开展农村水污染防治，分年度对镇村级河道开展轮疏工作，力争对镇村级河道轮疏一遍，并同步实施村沟宅河治理与村庄改造。结合美丽乡村和郊野公园建设，推进“三水”（洁水、畅水、活水）专项行动，实施河道整治，提高河道沿线环境质量和农村水系沟通水平。划定农用地土壤环境质量类别，实施分类管理，加强郊区农村土壤污染预防和安全利用，优先实施耕地和水源保护区土壤保护。

（五）促进公共服务均等化

统筹城乡社会事业发展，明确基本公共服务事权和支出责任，促进基本公共服务均等化，完善公共服务设施布局，引导公共服务领域的优秀人才到郊区工作。

1. 推动城乡医疗卫生资源合理分布

以服务半径和服务人口为依据，完善基层基础医疗服务网络，建立市区、郊区统一调度的120急救指挥体系，实现院前急救平均反应时间不超过12分钟。加大郊区和农村卫生人才队伍建设力度，由上海健康医学院定向培养郊区和农村全科方向医学生，通过提高远郊和农村地区医务人员收入分配统筹层次、设立岗位津贴等形式，提高相关医务人员收入待遇和职业吸引力。发挥市级医学中心学科引领和技术辐射作用，与郊区区域医疗中心建立有效的合作机制，带动提升郊区医疗服务水平。健全完善财政投入保障、卫生人力保障、规划建设保障等政策保障体系。

2. 促进城乡基础教育均衡发展

以义务教育资源配置标准化、均等化为目标，实施全市基本统一的义务教育五项标准：围绕满足教育教学的新需求，制定校舍建设标准，全面提升学校功能用房配置，推进学生剧场、室内体育用房建设和改造，统筹规划建设室内游泳池。适应学生培养的新需求，优化设施设备标准，加强学校图书馆、中小学创新实验室和学生公共安全设施设备配置。以互联互通、增进应用为重点，建设信息化环境，加强普通教室信息化配置，建设多功能数字学习中心，配置信息化移动终端。统一城乡教师基本配置标准，完善教师配置制度，均衡配置优质教师，保证教师工资逐步增长。

3. 构建城乡一体的公共文化体育服务体系

坚持公益性、基本型、均等性、便利性的原则，加快推进区级图书馆、文化馆总分馆体系建设，兼顾服务人口和辐射半径，完善标准化的“15 分钟公共文化服务圈”。依托有线和无线广播电视覆盖、东方社区信息苑、公共图书馆电子阅览室，实现城乡公益性文化信息服务全面有效均等覆盖。鼓励社会力量参与城乡公共文化产品生产和服务供给。打造数字公共文化服务体系，逐步建立覆盖全市公共文化服务机构、文化非营利组织、群众文化的信息化管理系统。推进美丽乡村文化建设，加强农村非物质文化遗产的挖掘、保护、传承和利用。加强历史文化名镇名村和传统村落保护与利用工作，建立市、区、乡镇三级联动的保护与管理机制，鼓励社会资金积极参与保护和利用，在保护中实现名镇名村持续发展和农民增收。加快农村体育设施建设，加强开展农民体育活动，向农民普及健身知识，指导农民科学健身，提升农民健康素养。

4. 提高郊区农村养老服务水平

在农村地区初步形成涵盖养老服务供给体系、保障体系、政策支撑体系、需求评估体系、行业监管体系“五位一体”的社会养老服务体系，农村居民基本养老公共服务和社会保障水平明显提高，多层次、多样化的养老服务需求进一步得到满足。对中心城周边或新城范围内的镇以及中心镇、一般镇等镇政府所在镇区，参照中心城区的要求发展养老服务，拓展服务项目，创新服务模式，全面提升养老服务能力。对农村地区，加快现有养老机构达标改造，大力兴办日间照护机构、长者照护之家等社区托养设施和延伸服务点，加强农村地区老年活动室建设。探索制定有农村特色、价格合理的服务清单和目录，提高专业化服务和项目化运作的能力，增强农村地区养老服务供给能力。推进农村地区医养结合工作，推广农村地区老年人睦邻点建设，培育农村地区为老服务队伍，加强农村养老从业人员队伍建设，建立跨区协作支援机制。

（六）保障农民合法权益

深化农村改革，以处理好农民与土地的关系为主线，扎扎实实把农村改革推向前进，为农村发展提供新的动力，维护和保障农民合法权益，让广大农民有更多获得感。

1. 推进土地承包经营权规范有序流转及农村土地制度改革工作

切实做好农村土地承包经营权确权登记颁证工作，为推进土地承包经营权规范有序流转打好基础。引导承包农户委托村集体经济组织统一流转，完善承包农户与村集体经济组织、村集体经济组织与受让方的委托流转方式，规范流转行为，严禁借土地流转之名搞非农建设和破坏、圈占耕地。进一步发挥乡镇土地承包经营权流转管理服务中心的作用，建立土地流转监测制度，加强以镇为主的土地流转平台建设，探索建立农村土地流转公开市场。在市场定价的基础上，发挥政府流转补贴的引导调节作用，形成合理定价机制，使承包经营权流转价格既体现土地承包权人的权益，又保护农业生产经营者利益。加快建立城乡统一的建设用地市场，在符合规划、用途管制和依法取得前提下，推进农村集体经营性建设用地与国有建设用地同等入市、同权同价。健全集体土地征收制度，缩小征地范围，规范征收程序，完善被征地农民权益保障机制。

2. 推进集体经济组织产权制度改革

逐步建立归属清晰、权责明确、保护严格、流转规范的农村集体经济组织产权制度，稳步推进村级集体经济产权制度改革，有序开展镇级集体资产产权界定，积极推进镇级集体产权制度改革试点。把握好集体经济组织的发展定位，坚持由集体经济组织掌握集体土地和不动产项目，实现农村集体资产保值增值。进一步完善农村集体经济组织机构和资产经营管理等配套政策。切实加强农村“三资”监管，强化乡镇集体资产监督管理委员会的监督职能，探索将镇、村、组三级管理的集体资产委托集中到镇一级管理，加强对全镇资源的统筹运用，整体增加农民财产性收入。做到村委会与村集体经济组织分账管理，完善集体经济组织的治理结构，建立行之有效的运营机制和监管模式。

3. 积极推进农民集中居住工作

顺应远郊纯农地区农民进城进镇居住的愿望，鼓励引导农民向城镇集中居住，让农民共享城镇化建设成果。在城镇化地区优化选址，建设节地型农民集中居住社区，并给予政策支持，整体提高农民生活质量和获得感。探索对农民集中居住实施差别化的安置和补偿方式，为农民提供商品住宅、经营性物业、货币补偿、股权等多种置换方式。发挥集体经济组织民主自治管理作用。

B.14

浦东生态文明建设的现状与方向

南剑飞*

摘　要： 生态兴则文明兴，生态衰则文明衰。加强新时代浦东生态文明建设，事关浦东夺取污染防治攻坚战全面胜利，事关浦东群众获得感、幸福感和安全感，事关上海建成令人向往的生态之城，事关国家生态文明战略和美丽中国建设实效。在全面分析新时代浦东生态文明建设现状与问题的基础上，本研究提出了对策建议，包括：自觉践行政府生态环境职责、积极履行企业生态环境责任、显著提升公众生态环境素养等，为新时代浦东生态文明建设再上新台阶提供参考。

关键词： 生态文明　垃圾分类　河道治理　浦东新区

一　背景意义

习近平总书记指出：生态环境是关系党的使命和宗旨的重大政治问题，也是关系民生的重大社会问题。改革开放以来，我国经济发展取得了巨大成就，也积累了大量生态环境问题，成为明显的短板。各类环境污染呈高发态势，一段时间内成为民生之患、民心之痛。随着我国社会主要矛盾发生变化，人民群众对优美生态环境的需要成为这一矛盾的重要方面，广大人民群

* 南剑飞，浦东行政学院高层次引进人才，西南石油大学教授、硕导，上海交通大学博士后，主要研究方向为城市经济、工商管理、文化遗产。

众热切期盼加快提高生态环境质量。必须把生态文明建设摆在全局工作的突出地位，积极回应人民群众所想、所盼、所急，大力推进生态文明建设。党的十八大以来，我们党围绕生态文明建设提出了一系列新理念、新思想、新战略，开展一系列根本性、开创性、长远性工作，生态文明理念日益深入人心，污染治理力度之大、制度出台频度之密、监管执法尺度之严、环境质量改善速度之快前所未有，推动生态环境保护发生历史性、转折性、全局性变化。同时必须清醒看到，过去多年高增长积累的环境问题解决起来绝非一朝一夕之功，生态环境治理成效并不稳固，稍有松懈就有可能出现反复。生态文明建设仍处于压力叠加、负重前行的关键期，已进入提供更多优质生态产品以满足人民日益增长的优美生态环境需要的攻坚期，也到了有条件有能力解决生态环境突出问题的窗口期。如果现在不抓紧，将来解决起来难度会更高、代价会更大、后果会更严重。必须咬紧牙关，爬过这个坡，迈过这道坎。生态文明建设是关系中华民族永续发展的根本大计。必须坚持节约优先、保护优先、自然恢复为主的方针，坚定不移走生产发展、生活富裕、生态良好的文明发展道路，建设人与自然和谐共生的现代化，建设望得见山、看得见水、记得住乡愁的美丽中国。

2019 年 4 月，上海市委常委、浦东新区区委书记翁祖亮在浦东新区生态环境保护大会暨环保督察再动员大会上强调指出，生态环境保护是功在当代、利在千秋的事业，要坚持以习近平生态文明思想为指导，在市委、市政府领导下，全力以赴、担当作为，坚决打好污染防治攻坚战，奋力开创新时代浦东生态文明建设的新局面。

2019 年 6 月，中共上海市委、上海市人民政府出台《关于支持浦东新区改革开放再出发实现新时代高质量发展的若干意见》，明确提出：着力提升城市能级和核心竞争力，着力提高治理体系和治理能力现代化水平，着力加强生态文明建设和生态环境保护；着力提升城市吸引力，坚持生态优先、绿色发展；支持浦东新区加大生态环境保护和整治力度；支持浦东新区加快生态环境管理制度创新；支持浦东新区结合城市管理综合执法体制改革，强化基层生态环境监管能力。

2019年9月，上海市政府副秘书长、浦东新区区委副书记、区长杭迎伟在浦东新区委员会党校2019年秋季主题班开学典礼上为全体学员做浦东经济社会发展形势的主题报告，强调：不断提升浦东生态建设水平，建设令人向往的生态之城，这既是建设卓越的全球城市的重要部分，也是一项群众热切期盼的民生工程。浦东要扎实推进生态文明建设，持续改善生态环境，让浦东天更蓝、地更绿、水更清。

2019年10月28～31日，党的十九届四中全会在京举行。全会听取和讨论了习近平受中央政治局委托做的工作报告，审议通过了《中共中央关于坚持和完善中国特色社会主义制度推进国家治理体系和治理能力现代化若干重大问题的决定》。全会提出，坚持和完善生态文明制度体系，促进人与自然和谐共生。生态文明建设是关系中华民族永续发展的千年大计。必须践行绿水青山就是金山银山的理念，坚持节约资源和保护环境的基本国策，坚持节约优先、保护优先、自然恢复为主的方针，坚定走生产发展、生活富裕、生态良好的文明发展道路，建设美丽中国。要实行最严格的生态环境保护制度，全面建立资源高效利用制度，健全生态保护和修复制度，严明生态环境保护责任制度。

生态兴则文明兴，生态衰则文明衰。要持续改善作为改革开放排头兵中的排头兵和创新发展先行者中的先行者——浦东新区的生态环境质量，要不断提升浦东生态文明建设成效，早日把上海建成令人向往的生态之城和卓越的全球城市的愿景迫切要求我们全面加强浦东生态文明建设。实际上，做好浦东生态文明建设工作，是新时代浦东生态文明建设的严峻形势使然，是新时代浦东人民日益增长的美好生活诉求使然，是新时代浦东生态文明建设迈上新台阶的任务使然，更是当下浦东垃圾分类形成长效机制、推动习惯养成使然。总之，加强新时代浦东生态文明建设，事关浦东夺取污染防治攻坚战全面胜利，事关浦东群众获得感、幸福感和安全感，事关上海建成令人向往的生态之城，事关国家生态文明战略和美丽中国建设实效。因此，准确把握浦东生态文明建设现状和问题，科学提出对策建议，意义重大。

二 现状问题

党的十九大以来特别是近年来，在浦东新区区委、区政府的坚强领导下，以习近平新时代中国特色社会主义思想为指导，深入贯彻党的十九大和十九届二中、三中、四中全会精神，紧紧围绕区委、区政府“2+2+2+1”工作主线，践行以人民为中心的发展思想，对标人民群众更加幸福的美好生活需要，对照“四高”战略新要求，主动服务自贸试验区和科创中心两大国家战略，着力补短板惠民生，以全面加强生态环境保护、坚决打好污染防治攻坚战为重点，浦东新区生态文明建设稳步推进、成效显著，特别是2018~2019年浦东新区生态环境质量持续改善，主要表现在以下几个方面。

一是推动绿色发展，实施源头防控，启动第七轮环保三年行动计划187个项目，启动率93%，已完成40个，完成率21%。落实“批项目、核总量”，完成101个项目的总量核定。核发排污许可证20个，完成浦东新区全国第二次污染源普查，清查核实录入6431家工业源企业、189个集中式污染治理设施、409台生活源锅炉、160个入河（海）排污口、167家移动源、6家农业源和277家汽修企业，完成各类污染源入户调查。建设19个水环境质量自动在线监测站点，推进中央环保督察问题整改，涉及浦东整改任务13项，已完成12项，6111个环保违法违规建设项目淘汰关闭3907个、整顿规范1736个、完善备案468个；140家企业的非诉案件中，完成淘汰关闭113家、完善备案16家、整顿规范2家、环境影响后评价9家。

二是深化大气污染治理，启动新一轮清洁空气行动计划。推进中小燃油、燃气锅炉提标改造，启动20家餐饮业油烟在线监控系统安装。启动30家工业企业VOCs治理和在线监测设备安装。加强联动，对码头堆场、建筑工地、渣土运输、连片旧居拆改及秸秆焚烧等影响大气环境的环节实施监管和防范。

三是推进水环境治理，以推进河长制为抓手，健全了以党政领导负责制为核心的责任体系，科学谋划、精心组织，建立了区、街镇两级总河长督察体系；全区16288条河道对应管理等级，设置区级、街镇级、村居级三级河长组织体系。据统计，新区共有河长1306人，其中：一级河长17人（区领导），二级河长347人（街镇领导），三级河长942（村居干部），实现了河（湖）长制组织体系全覆盖。开发运行浦东河长App，累计上报巡河记录94.8万余条，处置各类问题2100余件。两年半来，浦东河道综合整治工作成效显著：完成555条段286.1公里市、区考核黑臭河道综合整治，全面启动6197条段劣V类水体治理三年行动，推进1020条段425.8公里中小河道治理，开展47条段骨干河道整治，加强566条断头河整治，实施378个旧小区（包括农民新村）和258家区级机关事业单位房产的雨污水分流和截污纳管改造，落实17.1万户农户生活污水提标完善改造，持续淘汰关闭违法排污工业企业2256家，整治率97.4%，165个老旧小区雨污分流改造开工，全面消除城乡中小河道黑臭，有序开展禽畜养殖退养，推进违法建筑清库，打造了迪士尼围场河、商飞总装基地护场河、瞿家港等一批有亮点、有特色和标杆性、引领性的示范河道，广大市民群众也见证了水环境所发生的巨大变化。

四是打好土壤防治攻坚战，出台《浦东新区土壤污染防治工作方案》。完成名单内675家重点行业企业用地土壤污染状况核查。与30家区重点土壤监管企业签订土壤防治目标责任书。简化了减量化腾出地块水土监测工作流程，完成113个“198”减量化地块水土环境监测。推进建设用地全生命周期管理，完成场地环境调查120家、场地修复5个。

五是拓展生态空间，构建林地网络，落实林地建设区域约2.4万亩，完成上海市下达13100亩的考核任务。其中，G1501绕城高速公路、S2沪芦高速公路、老港固废基地周边等市级重点生态廊道基本完成前期技术工作。落实祝桥、老港、惠南、曹路、书院以及合庆郊野公园等一般生态廊道建设面积约2805亩，落实一般公益林和经济果林共约19822亩；完善绿地布局，完成绿地建设400公顷、立体绿化5.5万平方米。完成碧云楔形绿地65公顷、森兰楔形绿地67公顷、三林楔形绿地1.8公顷。2019年黄浦江东岸公共空间功能不断丰富，世纪大道景观灯光实现提升，2953个重点道口景观美化，碧云、森兰、三林等楔形绿地建设加快。联通河网水系，完成芦胜河

1.8 公里河道整治任务，沈沙港总体形象进度 30%，浦东运河前期动迁，完成 324 条断头河整治。此外，提升湿地功能，九段沙湿地国家级自然保护区核心范围约 420 平方公里划入生态保护红线，作为浦东新区城市发展核心指标进行约束性控制。修订《上海市九段沙湿地自然保护区管理办法》。金海湿地在“上海市野生动物园重要栖息地维护管理考核”及“上海市湿地资源生态补偿考核”中荣获全市第二名。

六是提升环境品质，美化市容景观，完成 116 个市容环境问题点位整改，完成 549 处任务单元整治，拆除 182 块违章户外广告。完成 33 座公厕改造，更新 5 座移动公厕。整治 356 万平方米重点区域绿化。加强道路养护，共维修路面 21.7 万平方米、人行道 16.9 万平方米，完成 25 条道路 22.3 公里架空线入地和合杆整治。

七是实施生活垃圾分类，制定《关于建立完善浦东新区生活垃圾全程分类体系的实施方案（2018～2020 年)》，推进生活垃圾投放、收集、运输和处置全过程分类；配送 9 万只分类垃圾桶，完成道路及公共场所废物箱标识更新，实现单位生活垃圾分类全覆盖，新增绿色账户 49 万户，垃圾分类和绿色账户同步覆盖 103 万户。2018 年共处置原生生活垃圾 230 多万吨。黎明固废处置厂、湿垃圾处理厂二期开工。需要指出，2019 年 11 月 4 日上海发布公众号显示：2019 年 7～10 月，经测评，浦东新区下辖 12 个街道 24 个镇的生活垃圾分类实效综合测评均达到“良好”及以上等级；浦东新区生活垃圾分类实效综合测评指数为 91.41，达到优秀等级。

应当指出，当前，浦东生态文明建设任务繁重，压力叠加，问题较多，主要包括以下几方面。

（一）生活垃圾分类问题

近年来，浦东新区原生生活垃圾增长迅猛且增速加快，“十二五”期间年平均增长率为 4.85%，“十三五”以来增长率为 3.54%，2018 年原生生活垃圾处置量达到 230.47 万吨，日均处置量约 6314 吨，约占全市的 1/4。按照国际经验，人均垃圾产量往往与人均 GDP 呈正相关关系，浦东新区作为人口导入区，随着经济社会的快速发展，原生垃圾还会持续呈现快速增长态势，老港垃圾填埋场难以为继，全面推行垃圾分类管理势在必行。综合来看，全面施行《上海市生活垃圾管理条例》、推进生活垃圾全程分类体系建设任重道远，归纳起来主要存在“五难”问题。

1. 居民养成源头分类习惯难

习惯养成是一个长期过程，需要长期的引导和教育。从目前的情况来看，一方面，居民对垃圾分类的知晓率仍然较低，特别是对目前实施的“四分法”（干、湿、可回收、有害垃圾）难以准确把握，直接导致源头投放的不合理；另一方面，缺乏有效激励和强制居民参与垃圾分类的措施，垃圾分类工作不同于禁烟禁燃，既难以通过行政处罚强制执行，也不能仅仅依靠绿色账户积分等措施鼓励开展。

2. 生活垃圾全程分类实施难

垃圾分类管理涉及分类投放、收集、运输、处置等各个环节，倘若其中一个环节、一个实施主体没有将分类管理理念付诸行动，其他环节的努力也就付诸东流。比如，物业作为管理责任人，因垃圾分类产生的管理成本增加往往缺乏内在积极主动性。比如，干湿垃圾分运要做到全覆盖，还需要进一步完善配置。

3. 垃圾分类基础设施建设落地难

受制于空间资源有限和居民意愿，部分小区的垃圾箱房改扩建落地难。由于场地、技术等规划建设方面的严格要求，再加上缺乏财税优惠政策，再生资源回收“点、站、场”布局仅靠再生资源利用企业的市场化运作难以布局。同时，现有的湿垃圾就地处置站和垃圾中转站已经超负荷运转，但新建处置站、中转站往往因邻避效应选址难、立项审批建设周期相对较长，造成规划建设落地困难。

（二）建筑垃圾处置问题

建筑垃圾主要由房屋装修、旧城改造及环境整治等途径产生。据统计，浦东装修垃圾每天产生近 5000 吨，每年 180 万吨左右。旧城改造及环境整治中产生的垃圾量也很大，尤其是随着拆违量的增长而急剧增加。通过对有关街镇的初步统计，每万平方米拆除的违建，将产生 3000 ~ 5000 吨建筑垃圾。两年多来，浦东共拆除违建约 4000 万平方米，累计产生了 1500 万吨左右的建筑垃圾，还需要拆除违建 2000 多万平方米，预计整个拆违工作将累计产生近 2500 万吨建筑垃圾。因而建筑垃圾的存量和增量极其巨大。目前浦东建筑垃圾的处置方式主要有以下三种：一是设置临时中转点和堆放点。浦东现有 2 个区级建筑垃圾中转站和 26 个镇级建筑垃圾临时堆放点。其中三林、北蔡 2 个区级建筑垃圾中转站主要用于消纳 12 个街道及三林、北蔡镇的建筑垃圾；其余 26 个镇级建筑垃圾临时堆放点用于临时堆放 22 个镇产生的建筑垃圾。二是划定固定填埋场。一个是浦东机场外侧圈围工程 1#围区（市级），另一个是老港郊野公园（区级）。三是资源化利用。新区与垃圾处理相关的单位有位于北片的黎明填埋场、黎明资源再利用中心等（从 2016 年 7 月份开始，上海市全面停止建筑垃圾外运）。

当前，浦东建筑垃圾处置存在的主要问题，表现在以下几个方面。

1. 临时堆放点存在严重的环境安全隐患

尽管新区各镇计划设置 26 个建筑垃圾临时堆放点，但这些临时堆放点都是露天堆放，缺乏无害化的处理。这些建筑垃圾被堆放和填埋在城市周围后，不仅占用土地，而且造成土壤沙化、土壤肥力下降，影响农作物的生长、农产品产量和质量，更为严重的是造成河流堵塞，排涝困难，特别是其中含有各种重金属、有害放射性物质和化学物质，通过雨水渗漏严重腐蚀和污染地下水，危害极大。另外，新区不少拆房垃圾采取在拆违点挖土、填埋、再填土这种违规处置方式，建筑垃圾偷乱倒事件也时有发生。这些违规违法处置的建筑垃圾，不仅没有进行无害化处理，而且往往还混有生活垃圾、工业垃圾、大件垃圾等大量没有及时处理的毛垃圾，同时滋生了一些藏在拆迁区域和人迹稀少的村落中的私人垃圾场，出现垃圾围城现象。这些问题既增加了市容环境管理压力，也产生了较大的环境安全隐患。

2. 大面积的埋场填埋将严重影响土地的集约利用

目前，浦东新区建筑垃圾除部分运送到老港填埋场填埋以外，其他基本上都采取大型建设工程使用和消纳的方式进行处置，但可以使用和消纳的建设项目有限。新区现有的区级消纳点中，老港郊野公园可消纳建筑垃圾约200万吨，截至目前已消纳150万吨；计划中的三林镇天花庵村，占地面积约75亩，可消纳建筑垃圾约100万吨，这些消纳点远远不能满足新区每年180万吨装修垃圾和累计2500万吨拆房垃圾消纳需求。按照国际测算法，平均每万吨建筑垃圾占用填埋场土地1亩来计算，新区填埋消纳建筑垃圾所需的土地面积是惊人的。建筑垃圾总量只增不减，而填埋场容量却越来越小，这种处理方式已不可持续。而当需要在建筑垃圾填埋的土地上进行建设时，被填埋的建筑垃圾根本无法作为地基使用，将面临建筑垃圾再转移的问题，建筑成本将大大提高。

3. 建筑垃圾的处置专业化水平和资源化利用水平不高

一方面，快速增长的建筑垃圾量与有限的垃圾处理能力之间的矛盾，凸显我们的专业处置能力有待加强；另一方面，浦东尚处于对建筑垃圾资源化利用的初级阶段。除初步分拣外，尚未实质性开展对建筑垃圾的资源化利用，与国际和国内先进水平相比差距较大。对比国内外比较成熟的地区，如美国、日本、新加坡、欧盟等发达国家和地区对建筑垃圾普遍采取现场分拣、加工、再利用等方式，资源化率均超过90%。国内深圳市共规划了12座建筑垃圾综合处理厂，已建成6座，年处理能力700万吨。北京市规划了6座建筑垃圾资源化处置厂，其中大兴建筑垃圾资源化处置厂2017年投入使用，其设计产能为年处理100万吨。

（三）中小河道整治问题

浦东新区滨江临海，河道纵横密布，根据《2018年上海市河道（湖泊）报告》，全区现有河道（湖泊）16288条（个），现状河湖面积136.8249平方公里，河湖水面率11.30%。随着城市规模扩大、开发建设速度加快以及人口增多，污水量迅速增加，河道水环境污染形势严峻且面临诸多问题，主要表现在以下几个方面。

1. 河长制的不足

目前，河长制推行中面临的困境或河长制的不足主要体现在法律法规不够健全，实践中缺乏执行力。追溯到河长制应急式水污染治理的产生初衷，河长制并非构建于现有的法律框架之下，虽然2017年新修订的《水污染防治法》将河长制写入，但是河长职责如何落实仍然存在法定手段缺位问题，河长制的推行更多依赖党政负责人对于辖区内水环境治理与保护的重视程度。因此，部分河长有名无实，在实际工作中流于形式，无法落实到位；组建的河道巡河队伍实际上并没有河流管理保护执法权力，无法对涉河违法违规行为起到法律震慑作用。

2. 河道治理问题

一是治河总体规划管理尚有欠缺。河道治理要求实行“一河一策”，实施属地管理，具体的整治工作落实在属地行政区，但河道是连贯相通的，存在上下游的关系，而各地的整治方案自行确定，导致河道整治计划不能有效衔接、总体规划性不强，存在着河道上游区尚未整治、下游区已开展了整治，结果造成下游区整治效果不明显的情况。此外，街镇多以河道为界，界址处河道两岸的管理职责不清、权限不清，易出现互相推诿扯皮的情况，导致整治效果不佳。二是治水部门协同机制仍需完善。浦东新区全面推行的河长制，从纵向看，形成了区、街镇、村居三级“首长责任链”，从横向看，各部门联动形成治水的“部门共治圈”。但在具体的落实中，更多的还是以属地管理为主，部门间职能定位不够明晰、协调不足，街镇一级在治理过程中也多以地区问题为导向，立足本地实际整治，缺乏上级部门系统指导。联合执法、信息互通、案件移送等机制不够健全，专业执法与部门联动执法制度不完善。三是多元主体治理体制尚未健全。党的十九大报告提出“法治为要、德治为基、自治为本”的“三治”建设，旨在建立“自我管理、自我服务、自我监督”的自治建设体系，从而健全“社会协同、公众参与”的治理新格局。事实上，河长制治水并未发挥出除政府以外的社会主体功能，从当前河道的整治和管理制度来看，比如建立的最严监管制、最严肃问责制强调的是政府行政行为，社会公众和企业更多的是作为旁观者，“大政府、小社会”仍然是河道治理模式的主要特征。尽管全区极力营造全社会参加的氛围，但“人人守土有责、个个尽心尽责”的多元生态治理格局并未构建完成。

3. 长效管理问题

一是全社会生态理念有待增强。河道治理得好不好，成果巩固得牢不牢，最终取决于人们的生产和生活方式。当前浦东公众生态观念与碧水保卫战需求之间尚有一定差距，居民乱倒生活垃圾、企业偷排偷倒的“老习惯”和“旧传统”难以根除，“保护环境，人人有责”的社会共识还未形成，“全民爱河、护河”的自觉性和社会新风尚还需继续引导与营造。二是系统规范的管理体系尚未建立。一方面，目前关于水环境的国家、行业标准和上海市出台的地方标准数量多、管理混乱，对浦东新区的适用性也各有不同；另一方面，虽然浦东新区在河道综合养护管理方面制定和出台了相应的管理制度，但缺少对适用上级标准的系统梳理和归拢，管理机制不够健全，管理行为规范缺位。因此，在具体实践中可操作性不足，从而导致河道管理效率较低。综上，现行河长制实行的党政领导负责制，虽然在河道应急整治工程中起到了关键作用；但在现阶段，在如何评价一条河的综合治理水平上，在如何实现河道长效管理的过程中，缺少有力的抓手和科学的评价标准；要通过河长制维护好河道整治现有成效、解决“治理容易、巩固难”的问题，从而实现“河长治”的长效治理，相关机制亟须进一步完善。因此，迫切需要通过标准与行为规范的建立与完善、梳理和归纳，制定与浦东新区社会经济发展相适应的河道整治规范，形成一整套统一规范的河道综合管理标准化体系，作为河道综合管理行动指南，切实解决好长效管理如何管问题，以提高河道管理效率。

三　对策建议

（一）高度发挥政府主导作用，自觉践行政府生态环境职责

新中国成立70周年、改革开放40多年、浦东开发开放30年来，特别是党的十八大以来，浦东生态文明建设取得了显著成效。究其成因，一个重

要方面就是高度发挥了政府主导作用。因此，在大力推进浦东新区生态文明建设迈上新台阶的新时代，必须长期坚持这一基本历史经验。在浦东改革开放再出发的当下，在生态文明建设中高度发挥政府主导作用、自觉践行政府生态环境职责，这迫切要求浦东新区各级领导（区、街镇各部门特别是生态环境保护、生态环境治理、生态文明建设主要部门领导）务必坚持生态优先、绿色发展的高质量发展道路，进一步增强“四个意识”，坚定“四个自信”，做到“两个维护”，把学习习近平新时代中国特色社会主义思想特别是把学习贯彻落实习近平新时代生态文明思想和习近平总书记在党的十九届四中全会上的重要讲话和全会精神，作为当前和今后一个时期的一项重大政治任务，认真抓紧抓实抓好。建议结合浦东经济发展与生态文明建设实际，自觉践行政府生态环境职责，坚持完善生态文明制度体系，从实行最严格的生态环境保护制度、全面建立资源高效利用制度、健全生态保护和修复制度、严明生态环境保护责任制度等四方面，大力推进浦东生态文明建设，为建设生态浦东、实现浦东人民更加幸福美好生活即高品质生活做出新贡献。

（二）主动发挥企业主体作用，积极履行企业生态环境责任

企业主动承担环境治理主体责任是《中共中央国务院关于全面加强生态环境保护坚决打好污染防治攻坚战的意见》（2018 年 6 月 16 日）明确提出的全面加强生态环境保护、打好污染防治攻坚战、提升生态文明、建设美丽中国的一条基本原则。联系浦东近年来生态环境保护、生态文明建设实际，不难发现：各类企业发展理念、运行机制、生产方式、营销模式，以及供应链管理和人力资源管理等经营管理各部门，特别是在生态环保意识、生态保护技能、资源节约、生态污染治理技术等方面对浦东生态环境质量持续改善、生态文明建设成效产生着至关重要的影响。因此，2019 年 4 月 23 日，上海市委常委、浦东新区区委书记翁祖亮在浦东新区生态环境保护大会暨环保督察再动员大会上强调，要特别重视上一轮中央环保督察整改反弹回潮的问题、日益突出的环境风险新问题和群众反映强烈的环境问题，集中力

量、加强攻坚，确保整改落实落地。各职能部门要履行好监管责任，各街镇要落实好属地责任，督促企业切实担负起主体责任。这迫切要求浦东新区所在地企业务必坚持生态优先、绿色、低碳、循环、高质量发展，务必遵守生态环境法律法规，切实开展安全生产，特别是清洁生产、绿色营销等，节能降耗、转型升级，构建市场导向的绿色技术创新体系，强化产品全生命周期绿色管理，打造环境友好、资源节约、经济效益和社会效益双赢的新时代现代企业。

（三）充分发挥公众参与作用，显著提升公众生态环境素养

良好生态环境是浦东新区改革开放再出发、实现新时代高质量发展的前提条件。然而，良好生态环境，不仅需要政府主导、企业发挥主体作用，更需要社会广大公众参与。没有公众的实际行动，没有公众的有效持续行动，浦东生态环境保护、浦东生态文明建设成效就会大打折扣。这就要求：充分发挥公众参与作用，显著提升浦东公众生态环境素养。显著提升公众生态环境素养，基本路径包括：一是全社会要深入学习贯彻习近平生态文明思想，不断筑牢生态优先、绿色发展理念，持续增强保护生态环境的责任感和紧迫感。思想决定行动，思想统一才能步调一致。只有摒弃思想认识之“雾”，才能清除生态环境之“霾”。习近平生态文明思想是习近平新时代中国特色社会主义思想的重要组成部分。全面准确地学习和贯彻习近平生态文明思想，有助于从整体上更好地把握习近平新时代中国特色社会主义思想，更好地贯彻党的十九大精神，推进绿色发展，建设美丽中国，实现绿色崛起。为此，党员领导干部和人民群众必须深入学习贯彻习近平生态文明思想，牢固树立和自觉践行“绿水青山就是金山银山”的绿色发展理念，将“坚持人与自然和谐共生”作为新时代坚持和发展中国特色社会主义基本方略的重要组成部分。二是全社会要自觉端正生态环境保护态度，积极行动起来履行职责主动担当。生态兴则文明兴，生态衰则文明衰。态度决定一切，生态环境保护态度直接决定了生态文明建设前途。无疑，新时代推进生态文明建设、建设美丽中国需要政府、企业、公众等各相关方积极行动起来履行自己

的职责：对政府来说，行动要体现在执政理念的转变上；对企业来说，行动要体现在社会责任的担当上；对公众来说，行动要体现在生活方式的转变上。如果每个人都能够像保护眼睛一样保护生态环境，像对待生命一样对待生态环境，那么宁静、和谐、美丽的自然生态景观就会永驻人间。三是全面培育公众生态环境素养，尽快提升公众生态环境行为能力。四是不断加强生态文明宣传教育，尽快落实生态环境行为规范。公众生态环境素养不仅要内化于心，更要外化于行；实践是检验公众生态环境素养水平的唯一标准。缺少具体行动或未能践行，公众生态环境素养就无从谈起。因此，务必尽快落实生态环境行为规范。当务之急是尽快践行生态环境部、中央文明办、教育部、共青团中央、全国妇联于2018 年6 月5 日发布并实施的《公民生态环境行为规范（试行)》，在关注生态环境、节约能源资源、践行绿色消费、选择低碳出行、分类投放垃圾、减少污染产生、呵护自然生态、参加环保实践、参与监督举报、共建美丽中国等十个方面下大功夫。

综上所述，只有自觉践行政府生态环境职责、积极履行企业生态环境责任、显著提升浦东公众生态环境素养，彼此协同联动，形成合力，才能把新时代浦东人民对美好生态环境向往转化为其政治自觉、思想自觉和行动自觉，也才能形成浦东新区人人争做生态之城和美丽中国建设行动者、共同守护绿水青山的良好局面。

参考文献

新华社：《十九届四中全会公报》，新华网，2019 年10 月31 日。

中共中央宣传部：《习近平新时代中国特色社会主义思想学习纲要》，学习出版社、人民出版社，2019。

中共上海市委、上海市人民政府：《关于支持浦东新区改革开放再出发实现新时代高质量发展的若干意见》，上海市人民政府网站，2019 年6 月25 日。

黄静：《奋力开创浦东生态文明建设新局面》，《浦东时报》2019 年4 月24 日。

上海市浦东新区生态环境局：《2018 年浦东新区环保市容局年报》，上海市浦东新区生态环境局网站，2019 年 5 月 24 日。

郑海鳌、孙建华、王毅、王珏青、冯亚飞：《关于浦东新区加快推进生活垃圾分类管理的若干建议》，《校院专报》2019 年 5 月。

同济大学循环经济研究所：《对破解浦东建筑垃圾处置难题的思考》，《浦东论坛》2019 年第 1 期。

吴伟忠、吴华蓉、黄黎霞：《打赢碧水保卫持久战》，《浦东论坛》2019 年第 3 期。

南剑飞：《谈谈公众生态环境素养》，《光明日报》2018 年 9 月 8 日。

南剑飞：《实现油气资源型城市绿色发展》，《经济日报》2018 年 8 月 23 日。

南剑飞：《绿色发展理念下油气城市循环经济发展研究》，经济管理出版社，2019。

B.15
浦东人才政策30年：历史演进、基本经验及未来趋势

张　波*

摘　要： 在新中国成立70周年、浦东开发开放迈入30周年之际，回顾浦东新区人才政策的发展历史，这既是对浦东开发开放30年来人才工作的系统梳理，也是对未来开展好人才工作的理性思考。运用历史制度主义分析框架，本文研究指出，浦东开发开放以来，浦东人才政策经历了人才高地建设准备期（1990～1996年）、人才高地正式建设期（1997～2009年）、国际人才试验区建设期（2010～2014年）和人才体制深化改革期（2015年至今）四个时期，形成了包括以党管人才为核心、营造爱才惜才重才的社会氛围，以市场化为主线、提升人才资源的市场化配置能力，以产业需求为导向、聚集紧缺急需的高层次人才，以制度创新为契机、运用人才政策助力人才聚集，以及以信息化为抓手、打造高品质人才公共服务平台等聚才经验。在“十四五”期间，浦东应该在人才治理体系、公共服务体系、人才政策体系、人才体制创新等方面继续努力，助力开创浦东开发开放新局面。

关键词： 浦东新区　人才政策　体制创新

* 张波，人口学博士，中共上海市浦东新区委员会党校讲师，浦东区情研究中心特聘研究员，主要研究方向为人口经济学、人口社会学。

在新中国成立70周年、浦东开发开放迈入30周年之际，回顾浦东新区人才政策的发展历史，这既是对浦东开发开放30年来人才工作的系统梳理，也是对未来开展好浦东人才工作的理性思考。最早兴起于20世纪中期的历史制度主义，糅合马克思制度主义、社会学制度主义与理性选择制度主义多种理论营养，融合历史比较法和制度主义方法，综合阐释政策内容与政策文本沿着时间序列演变的内在逻辑与机制，以此发现其中的现实意义。[①] 历史制度主义强调关注真实世界的重大议题，并严格地从历史和时间维度出发，分析历史过程对政策演变的影响效果。[②] 本文运用历史制度主义分析框架，基于浦东新区人才政策的历史资料，对1990年开发开放以来浦东新区人才政策的历史演进与发展逻辑进行系统分析，同时结合目前国内外人才形势与浦东新区人才现状，对未来浦东人才政策的走向进行预测，以期为浦东以及全国其他地区人才政策的制定者与实践者提供参考。

一　浦东新区人才政策变迁的历史演进

（一）人才高地建设准备期（1990～1996年）

这一时期以打破传统统包统配的劳动就业体系、实现人才有限流入为主要任务，以缓解开发开放初期各行业人才极度短缺的难题。第一，建立精简高效、运转顺畅的人事组织机构。1993年初在组建浦东新区政府时，坚持“小政府、大社会”原则，实行组织部和人事局“两块牌子、一套班子”合署办公，在组织人事处内部设立人才开发处，这对浦东统筹规划、快速高效推进人才高地建设起到积极作用。同时，1995年组建引进国外智力领导小组。

① 段宇波：《制度变迁的历史与逻辑——历史制度主义的视角》，博士学位论文，山西大学，2016。

② Pierson P., and Skocpol T., “Historical Institutionalism in Contemporary Political Science,” in Ira Katznelson and Helen V. eds., *MilnerPolitical Science: State of the Discipline*, New York: W. W. Norton.

第二，打破地域限制，构建以市场化为主体的劳动力资源配置机制。1993 年浦东成立人才交流中心，通过市场洽谈、公开招聘、组织商协、吸纳应届毕业生等多种渠道引进人才；建立人才信息库，储存人才供求信息；率先开展人事代理服务，为不具备人事管理权限或无人事主管部门的各类企业提供职工手续代办服务；建立劳动就业服务体系，形成以劳动人事局为劳动行政主管部门、新区劳务管理中心为中介类劳动服务事业单位、乡镇和街道劳动服务所为基层劳动服务机构的劳动就业管理、服务体系。实现信息互通、资源共享，形成较好的“市场效应”。第三，兴建人才中介组织，为人事部门与用工单位提供沟通交流平台。1993 年 12 月浦东新区人事工作协会成立，199 个区级机关事业单位和各类企业成为协会会员单位。第四，加强外来人才管理工作。1995 年 5 月制定《浦东新区单位使用和聘用外地劳动力管理实施办法》，实施《劳务许可证》和《务工许可证》的双证管理制度。同年实行双证合一，改为《就业登记卡》。第五，打破公务员流动限制，率先实施“五不限”选拔制度，即不限制职业、不限制级别、不限制地域、不限制户籍、不限制年龄，面向全国选拔机关干部，其中首批从全国 26 个省、自治区、直辖市选拔了 40 人，仅 1993 年共为新区各党政机关选拔各类干部 464 名。

（二）人才高地正式建设期（1997～2009年）

这一时期以积极引进海内外人才、构建浦东人才资源高地为主要任务，加快推进浦东开发开放进程。第一，出台人才引进政策，吸引海内外优秀人才集聚浦东。1997 年，浦东出台《浦东新区引进海外留学人员来新区工作的若干规定》、《浦东新区留学生创业资金管理暂行办法》和《关于吸引高层次人才和本科以上应届毕业生来浦东创业和发展的若干规定》等政策。2000 年制定《关于鼓励专业技术人员和管理人员到张江高科技园区创业的暂行办法》。2001 年，实施“千人回国”留学人员工程，计划用 3 年时间吸引 1000 名海外高层次留学人员回国为浦东服务。2008 年 6 月，浦东又出台《浦东新区支持鼓励人才若干意见》。第二，加快专业人才市场建设，提高人才的市场化资源配置能力。1998 年，中国上海人才市场在浦东新区成立，是国内最早建立、规模最大的国家级区域性专业人才市场。同年3月，开通人才市场供需信息网（浦东人才网）。1999年，形成以陆家嘴地区人才交流中心为主体、以外高桥和川沙为两个分部为支撑的人才市场框架。2002年4月上海人才有限公司成立，这是一个提供全方位人力资源服务的专业机构。2006年8月，浦东设立中外合资人才中介机构。第三，大力吸引海外人才聚集浦东。1997年，浦东成立留学生服务工作站，并编制《海外留学生来浦东服务指南》，发布留学生招聘信息。组织留学归国人员海外招聘会。2003年实施留学人员高新技术创业资助专项资金和留学人员住房租金补贴专项资金制度。1998年在美国建立咨询公司，专门为浦东推荐高科技项目和留学人员。2001年张江国家留学人员创业园批准建设，并于2002年2月正式成立，是全国首批10家国家留学人员创业园之一。2002年12月开通浦东海外人才网。2009年降低外籍人士居留许可和出入境门槛限制，在调研基础上全力争取了7项政策在浦东先行先试。同年，推进海外高层次人才服务平台建设，在张江行政服务中心设立“一门式”服务窗口。

（三）国际人才试验区建设期（2010～2014年）

2010年，《上海市中长期人才发展规划纲要》部署启动浦东国际人才创新试验区建设，开启了浦东人才集聚的新阶段。此阶段，浦东以创新体制机制和优化人才生态环境为重点，加快集聚海内外高层次人才。第一，完善人才工作体制机制。2010年浦东召开了首次人才工作会议，2011年浦东人才工作领导小组成立，由区委主要领导任组长。第二，出台多项人才政策举措，集聚海内外高层次人才。2010年浦东出台《浦东新区引进海外高层次人才实施办法》，计划用5～10年时间引进100名具有海外丰富经历、通晓国际规则和惯例、掌握核心技术、可带动产业发展的海外高层次人才（即“百人计划”）。并实施“1116”人才引进计划，即争取5年内引进100名以上中央“千人计划”人才、100名以上上海“千人计划”人才、100名以上浦东“百人计划”人才和600名以上金融、航运、战略性新兴产业和高新技术产业领域的创新创业人才。在张江高科技园区启动实施“聚才计划”

“两个 1000 工程”等人才项目。2014 年出台了“卫生八条”“教育六条”。同时，出台多项人才扶持政策，包括出台《浦东新区“十二五”支持人才发展重大政策措施》，修订《浦东新区留学人员创业资助资金操作细则》《浦东新区高层次归国留学创业人员专项资金管理办法》，出台《浦东新区集聚金融人才实施办法》《浦东新区集聚航运人才实施办法》《浦东新区集聚总部经济高端人才实施办法》等。第三，多渠道发布人才信息，包括编制浦东人才紧缺指数、浦东新区区域责任发展环境指数、《浦东竞争力指数报告》、《浦东人才发展白皮书》。第四，提升人才公共服务水平，对高层次人才实行“一对一”“保姆式”服务。2012 年 8 月，浦东国际人才城网站正式开通，同年 9 月 26 日，浦东国际人才城正式运行，这是集宣传展示、人才服务、创业支持和活动交流等功能于一体的实体空间载体。同时，构建起“1 +7”人事人才公共服务网格化格局和“1 + N”线上服务平台，建立服务标准化业务流程。

（四）人才体制深化改革期（2015年至今）

此时期是以上海建设具有全球影响力的科技创新中心为契机，以自贸区和科技创新中心为平台，以深化人才体制改革和优化人才营商环境为重点，加快推动浦东国际人才高原高峰建设。第一，密集出台人才政策，推动人才体制机制改革。2015 年 8 月浦东出台《关于进一步加强浦东新区党管人才工作的实施意见》；发布《浦东新区深化人才工作体制机制改革促进人才创新创业的总体方案》，提出 54 项政策创新举措。2016 年 8 月浦东修订了《浦东新区引进海外高层次人才意见》（“新百人计划”）。2018 年 4 月出台《浦东新区关于支持创新创业促进人才发展的若干意见》。第二，打造全新的人才管理和公共服务平台。2017 年 6 月，浦东海外人才局正式成立，这是全国首家专门对海外人才、港澳台人才进行政策制定、管理和服务的政府机构，下设人力资源开发与市场管理处和海外人才服务中心。2019 年 4 月浦东国际人才港正式成立，并开通了外国人来华工作“一网通办”服务平台，这是集公共服务、市场服务、创新创业服务、在线服务等于一体的功能性平台，打造全领域支撑、全要素融合的人才服务生态圈。实施“五证联办”模式，包括《外国人来华工作许可证》《中国台港澳人员就业证》《海外人才居住证》《外国人居留许可证》《外国人永久居留证》一门受理服务。第三，率先在自贸区试点人才新政。如在自贸区试点境外医生职业资格证认定机制，让拥有国际化职业资格的海外高层次人才顺畅来浦东开业就业。2015 年 8 月上海自贸区海外人才离岸创新创业基地成立。2017 年把《外国专家证》和《外国人就业证》整合为《外国人来华工作许可证》，并制定《浦东新区外国人来华工作许可证审查工作细则》，制定《中国（上海）自由贸易试验区推荐外籍高层次人才申请在华永久居留的认定管理办法（试行）》，试点降低外国留学生直接就业门槛等。

二　浦东新区人才聚集政策的经验与特点

第一，以党管人才为核心，营造爱才惜才重才的社会氛围。开发开放之初，浦东就秉承“浦东开发首先是人才开发”理念，党委政府高度重视人才工作，由党委主要领导亲自部署、组织人事部门主管人才工作，并通过电视、网络、报刊以及新媒体等多渠道宣传人才工作。早在 1992 年，原川沙县就认识到浦东开发开放过程中人才的关键作用，要求在全县范围内组织开展以人才问题为主题的宣传教育活动，当时《川沙报》、县广播电视台以及各层级机关部门等组织人才专题讨论，为营造引才用才育才的社会环境打下坚实基础。其一，组建专门人才管理部门，由区委、区政府主要领导以及各职能部门负责人亲自管理人才工作。先后建立引进国外智力领导小组、张江留学人员创业园领导小组、人才工作领导小组、人才工作联席会议制度等。其二，区委主要领导亲自参与海内外人才招聘工作。“名校—浦东青年创业人才直通车”成为国内众多名校毕业生来浦东的渠道，区委主要领导亲自参与宣传。区人大常委会主任多次参与在美国、加拿大、日本、中国香港等地的海外招聘活动。其三，召开人事专题工作会议、制定人才发展规划、发布人才紧缺指数。1997 年浦东就把人事工作作为区委工作，专题召开人事工作会议。编制“十一五”“十二五”“十三五”人才发展规划，浦东金融、航运、高技术产业人才规划，张江、临港等地区人才规划；编制浦东人才紧缺指数、浦东发展环境指数、《浦东新区区域责任竞争力指数报告》、《浦东人才发展白皮书》。其四，运用互联网、报纸等发布人才信息，宣传人才工作。1997 年浦东就向海外发布招聘信息。2000 年浦东组织部部长、人事局局长沙海林在上海电视台《市民与社会》栏目畅谈新区 10 年人才发展规划。“浦东人才”作为《上海人才市场报》的地区性专版，成为浦东宣传人才的品牌。浦东在全国率先开通浦东人才信息网、浦东人才网、浦东海外人才网等。

第二，以市场化为主线，提升人才资源的市场化配置能力。一直以来，浦东都坚持市场导向，坚持“一流的开发需要一流的人才”思想，发挥市场主体在人才资源配置中的基础性作用，积极培育人才中介组织，鼓励中介组织等广泛深度参与人才管理服务工作。在浦东开发开放之初，统包统配的劳动就业制度在中国依然非常盛行，但通过 1991 年 1 月至 1992 年 7 月调查发现，老浦东（川沙县）这段时间就新增企业 12207 家，这些企业迫切需要财会、销售以及管理等各类人才，而本地人才远远供应不上。1993 年，浦东劳务管理中心为 39 家企业举办招工洽谈会，从外省市引进 88 名中高级技工人才。同年，浦东新区成立人才交流中心，建立人才信息库，通过市场洽谈、公开招聘、组织商调、吸纳应届大中专毕业生等引进人才，这为浦东人才资源的市场化配置打下了坚实基础。仅 1993 年，人才交流中心就举办 9 次人才市场洽谈会，通过双向选择引进各类人才 3182 人，接受大中专毕业生 1294 人（其中外省市 576 名）。为方便管理外地人才，浦东坚持“柔性管理”思路，倡导不转户口、不变关系、只变动工作地点，对外地劳动力发放《劳务许可证》和《务工许可证》，对不具备人事关系管理权限的企业，由浦东人才交流中心代为管理。1998 年中国上海人才市场已经成为国内最早建立的区域性专业人才市场。2002 年作为全方位提供人才资源服务的专业机构——上海人才有限公司正式成立，其下属的中国上海人才市场已经成长为当时规模最大的国际级人才市场。2006 年 8 月，浦东率先设立中外合资人才中介机构，外资可控股比例达70%。由此，国内外知名的人力资源服务机构汇聚浦东，如万宝盛华、51job、上海外服等。早在1993年，浦东成立人事工作协会，新区各机关事业单位以及各类企业都是会员，方便人才信息沟通。2019年，浦东又成立浦东新区人力资源服务机构联盟，旨在加强人力资源企业与政府的沟通交流、规范人力资源服务产业秩序、提升人力资源服务产业的能力。

第三，以产业需求为导向，聚集紧缺急需的高层次人才。浦东引进人才有两个标准：一是必须为一流的人才，二是浦东开发过程中紧缺急需的人才。为此，浦东采取以下举措：其一，发挥市场主体作用，破除体制限制鼓励用人机构与劳动者双向自主选择。因为用人机构是劳动者的雇用方，只有他们知道自己需要什么类型、什么层级的人才。浦东坚持“政府搭台、企业唱戏”原则，率先组建人才交流中心、“名校—浦东青年创业人才直通车”、境外人才招聘会等，带着企业到国内外招聘自己需要的人才。其二，紧抓全球产业前沿趋势和区域重点产业定位，聚集紧缺型、前沿性人才。1999年提出重点引进高技术领域人才，引进的536名人才中中高级人才占80%以上。2001年，浦东着重吸纳生物医药、IT产业等领域人才，形成“年纪轻、高学历、高新技术行业”人才聚集。2008年出台的《浦东新区支持鼓励人才若干意见》中，重点引进和扶持金融人才、高新技术产业创新创业人才。2010年“1116”人才引进计划中，提出重点引进金融、航运、战略性新兴产业和高新技术产业领域的创新创业人才。其三，浦东加强对人才的供需匹配研究，及时制定有效的应对举措。1997年，浦东组织人员对区直属企业和乡镇企业人力资源现状进行全面系统调研；1998年浦东把“在新区新一轮开发中，必须更加重视推进产业布局调整中人力资源配置协调发展”作为区重大决咨课题，邀请智库机构进行专门研究。此后，浦东在调研基础上，多次发布浦东人才紧缺指数、浦东发展环境指数等。其四，坚持国际化导向，大力引进海外高层次人才。早在1995年，浦东就率先成立引进国外智力领导小组，由区委书记任组长，实行统一管理、统筹安排、综合协调，聚集海外高层次人才。

第四，以制度创新为契机，运用人才政策助力人才聚集。以开放促创新、以开放促发展，这是浦东新区之所以取得今天成就的关键点。实质上，浦东的开发开放与制度创新相伴相生，在人才工作中，也是用人才体制机制改革来聚集高端人才。在干部任用领域，1993 年，浦东率先突破地域、身份、级别和户籍限制，面向社会公开招聘机关干部，把竞争机制引入干部选拔任用工作。2003 年 12 月浦东公安局探索文职雇员制度，以员工派遣形式，到公安分局从事文职工作。2007 年浦东率先试点聘任制公务员制度，推出 6 个专业性较强的聘任制公务员职位。在人才引进制度方面，1993 年浦东率先开展人事代理制度，由浦东人才交流中心为不具备人事管理权限或无人事主管部门的企业提供人事代理服务。1998 年中国上海人才市场是国内率先组建的国际级区域性专业市场。2000 年，实行引进人才工作证制度。同年 10 月率先推出网上人事代理制度。2001 年批准建设的张江留学人员创业园是全国首批 10 家国家留学人员创业园之一。2006 年 8 月浦东试点设立中外合资人才中介机构。2012 年，浦东国际人才城正式运行，这是全国首个集宣传展示、人才服务、创业支持和活动交流等功能于一体的“人才之城”。但比较而言，2015 年开始，人才的制度创新才进入深化阶段，出台政策密度高、体制机制改革力度大是之前所不能及的。除了《关于服务具有全球影响力的科技创新中心建设　实施更加开放的海外人才引进政策的实施办法（试行）》（2015）、《关于进一步深化人才发展体制机制改革加快推进具有全球影响力的科技创新中心建设的实施意见》（2016）、《上海加快实施人才高峰工程行动方案》（2018）、《关于进一步深化科技体制机制改革增强科技创新中心策源能力的意见》（2019）中许多条款都在浦东先行先试外，浦东还先后制定了《深化人才工作体制机制改革促进人才创新创业的总体方案》（2015）、《浦东新区关于支持人才创新创业促进人才发展的若干意见》（2018）等政策，主动与国家部门、上海市等相关机构争取开展人才政策先行先试，以政策优势吸引海内外高层次人才聚集，率先实施降低留学生直接就业门槛、成立海外人才局、成立国际人才港等创新政策。

第五，以信息化为抓手，打造高品质人才公共服务平台。公共服务是留住人才的软环境。开发开放以来，浦东非常注重完善人才公共服务，让人才能够感受到浦东的透明、文明、便捷以及规范。1997 年，浦东全面推行政务公开，制定了人事工作人员服务规范、文明用语和忌用语、限时办文工作制度。同年，专门成立留学生服务站，为引进的留学生提供家属安置、后续服务等配套措施。目前，浦东新区着力打造“互联网＋公共服务”新模式，已经形成“1＋7”人事人才公共服务网格化格局和“1＋N”线上服务平台，通过网站、呼叫中心、微博、微信等平台提供公共服务；推进海外高层次人才服务平台建设，建立国际人才港，为人才提供“一门式”服务窗口，为高层次人才提供“一对一”“保姆式”的高效便捷服务，为来华工作外国人提供“一网通办”服务平台；建立标准化组织机构，搭建公共人才服务标准化体系。由于浦东房价较高，很多人才来浦东工作出现安家难的问题，为此，浦东早在 1997 年就推出人才工作制度，率先推出了 100 套青年公寓；1999 年，浦东又推出高级专家公寓、高级人才公寓、青年公寓和人才过渡房，其中高级专家公寓的对象是享受国务院政府特殊津贴的中青年专家、归国留学生、高新技术企业的骨干和高级经营管理人才。2003 年实施留学人员住房租金补贴制度，每人每月资助 800 元。2008 年 6 月《浦东新区支持鼓励人才若干意见》中，明确提出自 2008 年起三年内规划建设 37 万套各类人才公寓。2017 年《张江科学城建设规划》中指出，张江科学城新增 920 万平方米住宅中，规划 890 万平方米用于人才公寓。同时，浦东还为高级人才提供创业支持，并在专家医疗、子女入学入园等方面提供方便，兴办国际学校，建立子女弹性教学制度、海外人才商业医疗报销跨境结算制度等。

三 浦东新区“十四五”人才政策的发展趋势

回溯发展历史，不仅是政策文本和政策内容的整理，更重要的是在追溯历史发展进程和演绎机制过程中，探寻今后制度的发展方向。通过系统梳理浦东人才政策的发展历史，我们认为，在“十四五”期间，浦东人才政策应该从以下几方面努力。

第一，健全以党管人才为核心的现代化人才治理体系。人才治理体系是国家治理体系的有机组成部分，其现代化程度影响着国家治理能力和治理水平的现代化。经过开发开放 30 年，目前浦东已经基本形成了党委领导、政府负责、市场主导、社会组织和人才深度参与的人才治理新格局，但在内部运作机制上需要进一步深化。一是在“党管人才”基本原则下，理顺人才主管部门，虽然目前机构改革已经把原组织部与人力资源和社会保障局的人才管理功能合二为一，但是机构的整合仍需时日，要逐步理顺内部管理机制，由区委主要领导亲自抓。二是建立人才信息数据库，运用大数据技术监测目前新区已有的人才资源和紧缺的人才资源，利用上海市全球人才资源数据库搜寻目标人才资源。三是成立人才智库研究联盟，集合人才研究领域的专家学者、企业主体、人才中介机构以及人才个体，建立常态化的人才研究制度，每年由区委设立 1 ~ 2 个人才重点研究课题进行有步骤有计划的研究。四是建立企业和人才问题定期汇报制度，由主管人事部门主导，发挥企业和人才个体的积极性，要求企业组织人事部门定期收集人才在日常生活中遇到的问题和需求，向区人才主管单位汇报，在了解人才问题和需求的同时，拉近政府与企业、人才的距离。五是继续大力扶持人才中介组织发展，发挥中介组织在人才资源配置中的主体作用。

第二，构建“全周期、全链条”的智能化人才公共服务体系。长期以来，浦东的人才公共服务集中在人才公寓、医疗体系、教育体系以及“一站式”公共服务平台等方面，在解决人才现实困难的同时更多地把思路集中在用空间的整合来换取便捷的服务，即以空间换时间。这种思路可以说引领着全国其他地方人才政策，但是随着人才服务的精细化发展，必须转变现有人才服务思路，加强人才服务时间和空间的互动整合，即为人才提供“全周期、全链条”的公共服务。事实上，我们目前的人才服务更多的是“等待型”服务模式，服务内容是断点式、碎片式的，即人才需要什么服务，我们一站式服务平台就快速便捷地提供相应服务。这种服务模式对高层次、领军型人才有些不合时宜。虽然我们建立起高端人才“一对一”服务，但是依然没有逃脱“等待型”服务模式。“上门型”服务模式则完全转变思路，就是运用大数据信息资源，智能分析高端人才的需求，在高端人才未提出需求之前就提供优质的服务。实际上，目前很多市场平台就是利用大数据挖掘客户信息，主动上门提供服务。借助这一理念，浦东可以先建立平台，从最需要引进的高端领军型人才着手，分析领军型人才的形成轨迹，用优质的服务将其吸引进来。然后对其进行“全周期、全链条”的服务规划，让他们能够更好地服务浦东。在平台成熟运行的情况下，进一步扩大服务范围，提高服务质量，真正建立起人才的精细化服务体系。

第三，形成“以大设施、建大项目、育大企业、聚高精尖人才”的聚才思路。打造高端事业平台已经成为国内人才聚集政策的共识，但真正能够落实并实现的并不多。浦东也是如此。这是因为建设大项目、培育大企业并不是那么简单的事情，但浦东有自身的优势和能力去实现。一是借助浦东大科学设施优势，争取国家级重大科研项目和国家实验室建设项目，重点攻关国际前沿领域和国家核心技术关键领域，由此引进一批世界级科学家。二是借助国家、上海市重点研究机构在浦东新建大项目，可以由政府、国有企业以及重点研究机构共同成立研究机构和项目团队，攻关重大科研项目，促进研究成果就地转化。三是培育本地区的领军型企业，由于浦东在生物医药、信息技术、数字产业等方面已经形成了较为完善的产业链，产业优势逐渐显现，但是并没有高能型的领军型企业。事实上，这种企业不仅需要自身快速成长，还需要政府积极培育。目前浦东国有企业、外资企业和民营企业较多，这三类企业都希望获得政府资源培育，由于长期以来都是外向型经济体制，除国有企业外，政府把资源向外资企业倾斜，民营企业所获资源相对较少。可以说，这既是浦东经济发展的一种优势，又是浦东发展的一种劣势。因为这是两种发展思路的较量：一种是“引进来”的发展思路，另一种是“走出去”的发展思路。前者是我们大力引进外资，把资源向外资企业倾斜；后者是发展国有企业和民营企业，把更多的资源用来培育本地企业。不同的发展思路适合不同的发展阶段。在开发开放前期，“引进来”的思路对地区经济发展、产业培育以及人才聚集都具有积极作用，但到开发开放中后期，我们必须要培育自己的大企业，实行“走出去”的发展战略，要把更多的资源和机会用来培育高成长性的本土企业。

第四，以国际人才港为平台，实现人才政策系统化、品牌化和透明化。近两年，浦东面对纷繁复杂、零碎多样的人才政策，以国际人才港建设为契机，已经初步实现了人才政策系统网络化，并且通过勾选适合自身情况的人才政策方式，极大地方便了海内外人才对政策的查询。“十四五”期间，浦东可从以下方面予以完善：一是发挥市人大授予浦东的有限立法权，把人才政策体系以及政策原则等以立法的形式予以稳定，这一方面是对人才政策的系统化集成，形成有固定框架的人才政策体系；另一方面是人才政策的品牌化过程，这是目前国家对人才引进计划的宏观限制背景下地方人才政策宣传的有效途径。同时，人才政策的法制化本身也是为人才政策的稳定性和可预期性提供法制保障。当然，这里面难度较大的在于如何用一个完善的法制框架囊括人才政策内容，因此顶层设计至关重要。建议使用人才“全周期、全链条”服务体系作为政策框架。二是目前国际人才港政策网站只有一个中文版本，这本身限制了人才政策内容的宣传范围，建议建立国际人才港政策网站英文版，作为国际化人才政策宣传的重要内容。三是整合市、区人才政策信息系统。目前浦东有人才网、国际人才港政策网站等有关人才网站，在市里面也有上海市人才网、上海高层次人才网、上海国际人才网等，这些网站的建立、制作和维护都需要人、财、物，同时造成信息的重复。建议借助国际人才港模式，整合市、区人才政策信息网。当然，这方面更大程度上需要市人才主管部门的协调，浦东可率先整合区属人才网站，以做示范。

第五，构筑以青年人才、博士后以及留学人员为基础的人才资源库。开发开放以来，浦东已经从人才极度匮乏成长为人才高地，目前浦东所缺乏的是高端领军型创新创业人才以及企业经营管理人才。这已经成为浦东人才工作的共识。但我们也要注意到一个事实，就是浦东近几年由于生活成本、商务成本高昂以及地区政策更多偏向高端领军型人才而对青年人才形成了“挤出效应”，同时如深圳、杭州等城市提升对青年人才的政策偏向力度而形成了“吸附效应”，两种效应的叠加使浦东青年人才、基础性人才更多流向其他城市。目前，上海对海外人才的吸引力也呈现不断下降趋势，杭州、成都、南京和深圳等地的吸引力不断增强。青年人才是地区人才结构中的基础和未来，这部分人群的流向是地区人才聚集氛围和未来人才能级的风向标。虽然浦东已经形成了人才高地，但这是浦东30年人才政策效应的结果。如果浦东要持续高质量的快速发展，除了需要聚集高能级人才外，同时还要在政策上多关心和支持青年人才，这不仅要体现在创新创业政策上，而且要体现在青年人才的生活服务上。在青年人才中，特别要关注两类人才：一是博士后人才，这部分人本身就处于创新创业的上升期、知识的溢出期、环境的适应期，尽力把这类人才留在上海，对浦东的创新创业具有非常重要的作用；二是留学人才，这类人才比直接引进的外籍人才更熟悉我国国情以及浦东区情，同时还节省本区域前期教育投入成本，目前很多发达国家都把留学人才政策作为补充地区紧缺人才的重要途径。浦东作为先行先试地区已经在留学生在自贸区就业创业政策方面实现很多创新，下一步需要运用区域教育资源资助更多留学生来中国求学，并为留学生留在本区域就业创业提供更多政策便利。

第六，发挥浦东先行先试政策优势持续深化人才体制机制改革。无论是作为综合配套改革试验区还是作为自由贸易试验区、国家自主创新示范区，浦东都拥有其他地区不可比拟的制度先行先试优势，这既是浦东的发展优势也是浦东的政治责任。在未来，浦东可以在以下方面进行探索突破：一是在人才评价体制上，要打破人才静态评价体制（唯论文、学历、专利、头衔等），实施阶段性的动态评价体制，用“发展牌”替代“永久牌”，使人才政策紧贴阶段性人才评价结果；要打破唯学术专家论的人才评价思路，坚持融合行业内专家、企业专家以及人才中介组织等，打造人才专家联盟，发布行业人才评估标准；建立特殊人才遴选机制，向非普及行业人才开通“绿色通道”。二是在出入境政策上，建议实施海外人才积分制，对达到一定分数的可以发放永久居留证；结合地区重点行业、紧缺人才制定适合地区发展的人才签证制度，对紧缺人才可适度放宽，而不是一味地放宽出入境政策、延长居留时间。三是在创新创业激励制度上，对科技型企业给予新的税收优惠政策，加大政府采购对科技型企业的支持力度等。四是在科技人才户籍政策上，运用市下放给浦东新区的户籍审批政策权限，重点引进一批浦东急需的人才，发挥户籍政策的导向作用。

参考文献

Pierson P., and Skocpol T., "Historical Institutionalism in Contemporary Political Science," in Ira Katznelson and Helen V. eds., *MilnerPolitical Science: State of the Discipline*, New York: W. W. Norton.

段宇波：《制度变迁的历史与逻辑——历史制度主义的视角》，博士学位论文，山西大学，2016。

李友梅：《当代中国社会治理转型的经验逻辑》，《中国社会科学》2018 年第 11 期。

李友梅：《"倒逼"机制与改革开放的推进》，《探索与争鸣》2018 年第 9 期。

郁建兴、黄亮：《当代中国地方政府创新的动力：基于制度变迁理论的分析框架》，《学术月刊》2017 年第 2 期。

喻修远、王凯伟：《城市人才争夺：问题生成、利弊博弈与化解策略》，《中国行政管理》2019 年第 3 期。

袁利平、丁雅施：《我国教育扶贫政策的演进逻辑及未来展望——基于历史制度主义的视角》，《湖南师范大学教育科学学报》2019 年第 7 期。

张波：《上海高端人才空间集聚的 SWOT 分析及其路径选择——基于北京、深圳与上海的人才政策比较分析》，《科学发展》2019 年第 2 期。

张波：《上海浦东新区高层次人才聚集的实践与思考》，《中国人力资源开发》2016 年第 9 期。

张波：《高层次人才聚集模式：浦东的实践与思考》，《北京交通大学学报》（社会科学版）2017 年第 1 期。

赵国钦、张战、沈展西、洪倩：《新一轮"人才争夺战"的工具导向和价值反思：基于政策文本分析的视角》，《中国人力资源开发》2018 年第 6 期。

B.16
后　记

《上海浦东经济发展报告（2020）》以“改革开放再出发”为主题，以“聚焦浦东，立足上海”为信念，着力反映2019年浦东新区经济发展的重点和亮点。全书将15个报告按内容分为总报告和改革·开放新标杆、创新·发展新标杆两个专题，力争客观、科学、及时地反映浦东新区经济发展现状和趋势。

《上海浦东经济发展报告》是上海社会科学院经济研究所与中共上海市浦东新区委员会党校合作成果，作者主要由上海社会科学院经济研究所青年科研人员和中共上海市浦东新区委员会党校的青年教师组成。自2012年合作以来，在双方的共同努力下，不仅使《上海浦东经济发展报告》的质量和社会影响力有了显著提升，也培养了一批青年科研、教师队伍。2019年6月15日中共上海市委、上海市人民政府颁发了《关于支持浦东新区改革开放再出发实现新时代高质量发展的若干意见》，向新时期的浦东提出了“在高水平改革开放、高质量发展、高品质生活等方面走在全国前列，奋力打造新时代彰显中国理念、中国方案、中国道路的实践范例”新要求，这也激励我们《上海浦东经济发展报告》的编撰团队继续深耕浦东、立足上海、放眼全国，不断提升理论水平和观察、分析能力。

值此《上海浦东经济发展报告（2020）》付梓之际，我们要真诚感谢上海社会科学院领导和浦东新区领导对本书的指导、关心和帮助；感谢上海社会科学院经济研究所所长沈开艳研究员对本书的悉心指导和大力支持；感谢浦东新区区委研究室、区政府研究室和区发改委等相关单位为本蓝皮书提供的资料支持。中共上海市浦东新区委员会党校胡云华副教授、上海社会科学院在读硕士生李路阳、肖依婷参与了本书的组稿、联系、统稿等事务性工作，在此一并感谢。

高国忠　雷新军

2019 年 11 月 18 日

Abstract

The year of 2019 is the 70th anniversary of the founding of New China and the 29th anniversary of the development and opening up of Pudong New Area. According to the Shanghai Municipal Government's "Suggestions on Supporting the Reform and Opening up of the Pudong New Area and Reaching the High-Quality Development of the New Era" issued on June 15 2019, Pudong will be continuing to comprehensively deepen the reforms and create a frontier window of all-round opening. With the goal of technological innovation, industrial upgrading and modern governance, Pudong will strive to double the GDP till the 35th anniversary of the opening up and achieve the goal of 2 trillion yuan of GDP in 2025, playing an even greater role in creating the engine of high quality development of Shanghai as well as the business card of reform and opening up of China. Based on this, the 2020 Pudong Economic Development Report takes "pursuing a new start after reform and opening up" as its theme and is divided into 2 specialized colum with 15 reports to sort out and analyze the current situation of Pudong's economic development and look forward to the future.

The general report makes a review on Pudong's remarkable achievements in economic development over the past 30 years, analyzes the present situation of Pudong's economic development in 2019 and makes a forecast of 2020. The report points out that Pudong, which is in a new historical position, should pay more attention to enhancing the core competitiveness in future development, continue to lead the high-quality development of Shanghai and China, and accelerate its march to the landmark area of high-quality development of the world. In the meanthime, the reports discovers that the economic development of Pudong in 2019 presents a new trend and features, and faces new pressure and new problems. These new challenges require Pudong to step up reform and opening up and move toward higher quality development. Based on various factors, it can be concluded that

Pudong will achieve stable development with high probability and become an important growth pole of Shanghai's high-quality development in 2020 on the basis of years of development and opening up.

The "New Benchmark for Reform and Opening-up" column contains six sub-reports, which conduct research on Shanghai Free Trade Zone, Yangtze River Delta Regional Integration, Science and Technology Market, "Five Centers" Construction, Business Environment, and Zhangjiang Science City. The report points out that the rapid development of global value chains and the accelerated re-engineering of international economic and trade rules have put forward new requirements for how Shanghai Free Trade Zone catches up with the international market rules and contributes to the country's new opening-up strategy. The report emphasizes that in the new era, Pudong needs to actively takes the leading position and uses the new effects of reform and opening up of the Shanghai Pilot Free Trade Zone, especially the Lingang New Area, to promote the development of industrial linkages among the three provinces and one city in the Yangtze River Delta region, and thus optimizes the industrial structure of the Yangtze River Delta region. According to the report, Pudong is the core area of Shanghai's international financial center with huge capital and policy advantages, and Science and Technology Board is the embodiment of its core development advantages. The report finds out that the "Five Centers" integration development is the new stage in the development of the core functional area of Pudong, and the new features of the "Center" function have been exhibiting in the three dimensions of breadth, depth and density. According to the report's investigation, in the past two years, Pudong has carried out reforms in all aspects such as setting up enterprises and construction permits and the evaluation scores of international business environment have been greatly improved, however, there are still some deficiencies in the time and cost of administration. The reports also points out that the development of Zhangjiang Science City is characterized by open innovation model, the guiding role of the government, close linkage with the national innovation strategy, and the innovation of the scientific and technological system mechanism guides the regional innovation activities. , but is still lack of enough talent pool, science and technology financing channels, the precision of government services, and perfect innovation environment.

The "New Benchmark for Innovation and Development" column consists of 7 sub-reports, which analyze respectively Zhangjiang's Science and Technology Innovation Service, building world-class industrial clusters, fin-technology industry, the healthy industry in the free trade zone, the "beautiful village" strategy, ecological civilization development, and the talent policy. The report proposes that Zhangjiang's technological innovation service has made significant progress, but at the same time is facing the new situation, new requirements and new trends, and thus ZhangJiang still needs to further deepen the scientific and technological innovation service functions. Based on the connotation and basic characteristics of world-class industrial clusters, the report analyzes the industrial choice of Pudong to build a world-class industrial cluster. The report finds that the fin-tech industry in Pudong has shown rapid development in recent years, but it also faces certain challenges in the areas of life services, city governance, security and supervision. The report studies the current situation of the health industry in Shanghai free trade zone, discusses the problems and institutional bottlenecks. The report comprehensively analyzes the status quo and problems of Pudong ecological civilization development in the new era from the perspectives of government ecological responsibility, enterprise ecological responsibility and public ecological quality. The report also states that during the "14th Five - Year Plan" period, Pudong should continue to work hard in the areas of talent management system, public service system, talent policy system, and talent system innovation to help create a new situation for Pudong's development and opening up.

Keywords: A New Start after Reform and Opening up; Business Environment; Science and Technology Innovation

Contents

Ⅰ General Reports

Abstract: In 2019, the global economic growth rate is slowing down. In particular, trade frictions between China and the United States have been escalating with numerous twists and turns, which has a negative impact on pudong's economic growth. According to the relevant data of the first three quarters, the economic development of Pudong in 2019 presents a new trend and features, and faces new pressure and new problems. These new challenges require Pudong to step up reform and opening up and move toward higher quality development. Based on various factors, it can be concluded that Pudong will achieve stable development with high probability and become an important growth pole of Shanghai's high-quality development in 2020 on the basis of years of development and opening up.

Keywords: Pudong's Economy; High-quality Development; Macro Economy

Abstract: The development and opening-up of Pudong was a major decision of the CPC central committee in the last century. Over the past 30 years, Pudong has made remarkable achievements in economic development, and become a vivid example of the path of socialism with Chinese characteristics. The results of pudong's economic development not only reflect on its economic development, but also more importantly reflect the driving effect on Shanghai and the whole country. Pudong, which is in a new historical position, should pay more attention to enhancing the core competitiveness in future development, continue to lead the high-quality development of Shanghai and China, and accelerate its march to the landmark area of high-quality development of the world.

Keywords: Pudong's Economy; Reform and Opening Up; High-quality Development

Ⅱ New Benchmark for Reform and Opening-up

Abstract: the rapid development of global value chain and the accelerated reconstruction of international economic and trade rules are the important characteristics of the current economic globalization. At present, the "rebalancing" of the global value chain is promoting new changes in the reconstruction of international economic and trade rules, and also puts forward new requirements for China's opening up strategy. The 19th National Congress of the Communist Party of China proposed "building a new pattern of all-round opening up", called for "implementing a high-level policy of trade and investment liberalization", "giving the pilot Free Trade Zone greater reform autonomy", etc. , and the Shanghai free trade zone has also recently realized expansion. For Shanghai, on the basis of promoting the reform and opening-up of the pilot Free Trade Zone in the early stage, it is also necessary to benchmark international rules to help the country's new strategy of opening up. Based on the analysis of the characteristics and trends of the reconstruction of the current global economic and trade rules, this paper intends to discuss its influence on the construction of the free trade zone in Shanghai.

Keywords: Global Value Chain; International Economic and Trade Rules Reconstruction; Free Trade Pilot Area

Abstract: After nearly 30 years of development, Pudong New Area has made remarkable achievements in economic and social development and plays an active role in promoting the development of the Yangtze River Delta and the Yangtze River Delta Economic Belt. In the new era, Pudong New Area will actively use the leading position to play the role of inline and external introduction, particularly to play a new role of reform and opening up in the Shanghai Pilot Free Trade Zone especially in the Lingang New Area, to promote the development of industrial linkage in the Yangtze River Delta region and promote rationalization and advancement of industrial structure in the Yangtze River Delta region. Pudong New Area will further exert its clustering and radiation effects with its own location advantages, give full play to the institutional advantages, make further efforts improve the opening level of Pudong to the mainland and foreign countries. Play the full role as a key node in the national strategic development, and facilitate economic integration in the Yangtze River Delta region. It will drive the Yangtze River Delta urban agglomeration to actively participate in the domestic and international economic cycle, promote the development of the Yangtze River Economic Belt, and proactively participate in "The Belt and Road Initiative" of China's initiative.

These will certainly play an important role and positive significance for the development of China's regional economy.

Keywords: Pudong New Area; Development and Opening Up; Integrated

B. 5 The Influence of the Market Development of Science and Technology Innovation Board on the Development of Pudong

Abstract: Setting up SSE STAR market and piloting a registration-based IPO system is one of the major tasks entrusted to Shanghai by the central government and a major reform measure to implement several national strategies. STAR market has much difference in listing procedure, trading rules, investor-entry threshold, etc. , compared to the existing Chinese A-share market. We compare the difference between STAR market and the developed markets such as HKEX and NASDAQ, which adopt the typical registration-based IPO system. The STAR market still has room for improvement in many aspects such as information disclosure. Moreover, the launch of the STAR market is also of great positive significance to cooperate with the new round of reform and opening up in Pudong New District, in strengthening the science and technology industry and gathering talents.

Keywords: SSE STAR Market; Registration-based IPO System; Information Disclosure; Stock Market

B. 6 The Current Situation and Challenges of the Development of "Five Centers"

Abstract: integrated development is one of the important laws of social development. Since the "Eighteen big", the Party Central Committee with

Comrade Xi Jinping as the core has raised the idea of amalgamation development to a new height. In the historical period of multiple national strategies, Pudong New Area's "five centers" integrated development, once again playing the role of a window and demonstration, reflecting the spirit of daring to try first and first. This is the most fundamental mission and responsibility of Pudong's development, and also the significance of Pudong's exploration of "five centers" integrated development.

It is found that the integrated development of "five centers" in Pudong New Area is a new stage in the construction of Pudong New Area's core functional area. It promotes the new features of "center" function in three dimensions: breadth, depth and density, namely, the transition from factor concentration, diffusion to energy radiation stage, from product and institution integration to factor integration promotion, function integration (composite) enhancement and space expansion integration The transition is from government to market.

The research shows that the integrated development of "five centers" in Pudong New Area comes from its own development requirements, which is the result of its own competition with its own, and has the characteristics of innovation, exploration and Pudong.

Keywords: Integrated Development; Five Centers; Pudong Development

Abstract: As the vanguard of China's reform and opening up, the first-class international business environment in Pudong New Area is an important part of the reform of the pilot free trade zone. In the past two years, Pudong has carried out reforms in all aspects such as setting up enterprises and construction permits. The evaluation scores of international business environment have been greatly improved, and the evaluation of Pudong business environment by enterprises is also good. However, there are still some deficiencies in the time and cost of administra In the future, the construction of business environment in Pudong needs to further improve the convenience, strengthen the construction of social governance mechanism and improve the coordination between policies. tive licensing, transparency of policy and exit mechanism.

Keywords: Business Environment; Pudong New Area; Administrative Examination and Approval

Ⅲ New Benchmark for Innovation and Development

B. 8 Development and Prospect of Zhangjiang Science City

Xiong Yuqing / 143

Abstract: After many years of cultivation and development, Zhangjiang Science City has a strong industrial base, an increasingly sound innovation ecology, and a significant increase in the vitality of innovation. The development of Zhangjiang Science City shows remarkable characteristics, characterized by open innovation model, the guiding role of the government is remarkable, closely linked with the national innovation strategy, and the innovation of the scientific and technological system mechanism guides the regional innovation activities. But the development of Zhangjiang Science City still has enough talent pool, science and technology financing channels are not enough, the precision of government services is not enough, the innovation environment still needs to be perfected. In the future, the development of Zhangjiang Science City should focus on the global perspective, implement a more open strategy, accelerate the concentration of global innovative resources, and enhance the level of government services.

Keywords: Zhangjiang Science City; Open Innovation; Government Services

Abstract: Science and technology innovation service is an important support to enhance the ability of scientific and technological innovation, stimulate the vitality of scientific and technological innovation, and release the productivity of scientific and technological innovation. It promotes the accumulation of scientific and technological innovation elements, assists scientific and technological innovation activities, creates high-tech and technological innovation, and enhances the leading role and radiation effect of scientific and technological innovation. It is vital. At present, Shanghai is accelerating the construction of the global science and technology innovation center. As the core bearing area of Shanghai Global Science and Technology Innovation Center, Zhangjiang Hi-Tech Park needs to continuously strengthen the functions of science and technology innovation, driving functions of technological innovation, leading functions of industrial innovation, etc. Enhance the ability of technological innovation services. In recent years, Zhangjiang's technological innovation service development has made remarkable progress and achieved remarkable results. However, at the same time facing the new situation, new requirements and new trends faced by scientific and technological innovation activities, Zhang Jiang still needs to further deepen the technological innovation service function construction and strive to build Global technology innovation highland.

Keywords: Science and Technology; Industrial Cluster; Zhangjiang High-tech Park

B. 10 Pudong's Choice to Build a World-class Industrial Cluster

Tang Jian / 168

Abstract: With the continuous increase of China's comprehensive national strength, its position in the international community is also constantly rising. In order to accelerate the important development goal of realizing social and economic modernization with Chinese characteristics, it is urgent to cultivate a number of world-class industrial clusters in China at present. General secretary Xi Jinping emphasized when surveying in Pudong of Shanghai that Pudong should accelerate the upgrading of the core competitiveness of the the urban function level in technological innovation, urban management and community governance, and better serve the overall situation of national reform and development. Taking Pudong as a demonstration site for cultivating world-class industrial clusters is a key link to enhance Shanghai's competitiveness as a core city in the Yangtze River Delta region, and also an urgent need for Shanghai to comprehensively enhance regional economy and industrial development. Based on the analysis of the connotation and basic characteristics of the world-class industrial cluster, this paper puts forward the countermeasures for selection, optimization and further development of the construction of the world-class industrial cluster in Pudong New Area.

Keywords: Pudong New Area; World-class Industrial Cluster; Yangtze River Delta Integration

B. 11 The Status Quo and Trend of the Development of Financial Technology Industry in Pudong

Li Shuangjin / 182

Abstract: As the main battlefield and main functional carrying area of the international financial center and the globally influential science and technology innovation center, the financial technology industry in Pudong New Area has shown a rapid development trend in recent years. Pudong's development of financial technology industry has unique advantages such as complete financial factor market, agglomeration of financial institutions, rich application scenarios of financial technology, and continuous enhancement of scientific and technological strength. In the future, Pudong will develop a financial technology industry and build a financial technology center. It should further optimize the financial technology ecosystem, enhance the research and development capabilities of emerging technologies, tap into the application scenarios of financial technology, vigorously develop regulatory technology, and strengthen consumer education and protection mechanisms for financial technology.

Keywords: Financial Technology; Regulatory Technology; Ecosystem

Abstract: Based on the investigation and comparative analysis of the development status of the big health industry in China Shanghai pilot free trade zone, this paper studies the problems and institutional bottlenecks faced by the free trade zone in the medical and health service trade. In view of the obstacles of drug and equipment custom clearance, the shortage of talents in medical service trade, and the lag of financial and insurance reform, it is proposed that the integration of service trade and market opening of service industry should be accelerated to build more open. It is suggested that we should have a more flexible talent management system and mechanism, actively promote the development and agglomeration of medical and health insurance institutions, plan and build Shanghai international medical and health service center to accelerate the strategic development of the free trade zone, and build a new open economic system in Shanghai.

Keywords: China Shanghai Pilot Free Trade Zone; Big Health Industry; Open Economy

B. 13 The New Concept of Pudong's "Beautiful Village" Construction

Guo Lan / 218

Abstract: The development of urban-rural integration means completely breaking the traditional urban-rural dual mechanism, making full use of urban resource elements and industrial radiation to promote rural development, so as to realize the integration of urban and rural areas, and at the same time to complement the rural areas. Short board to activate the vitality of the countryside. The integration of urban and rural development is a new path and new strategy proposed by the central government to solve the "three rural issues" in the decisive stage of building a well-off society in an all-round way. In accordance with the requirements of wealthy peasants, raising peasants and supporting peasants, Pudong New Area will always adhere to the peasants' main status and enhance the welfare of peasants as the starting point and foothold for promoting the integration of urban and rural development, and earnestly safeguard the realization of the peasants' rights and interests and let the peasants share Share the fruits of modernization.

Keywords: Urban-rural Integration Development; Three Agricultural Issues; Pudong New Area

B. 14 The Status Quo and Direction of Pudong Ecological Civilization Construction

Nan Jianfei / 234

Abstract: The prosperity of ecology means the prosperity of civilization, while the decline of ecology means the decline of civilization. Strengthening the construction of Pudong's ecological civilization in the new era is related to

Pudong's overall victory in the battle of pollution prevention and control, to Pudong's people's sense of gain, happiness and security, to Shanghai's building into a desirable ecological city, to the national strategy of ecological civilization and the effectiveness of the construction of a beautiful China. Based on a comprehensive analysis of the current situation and problems of Pudong's ecological civilization construction in the new era, the paper puts forward countermeasures and suggestions, including: consciously implementing the government's ecological environment responsibility, actively performing the enterprise's ecological environment responsibility, significantly improving the public's ecological environment literacy, etc. , so as to provide a reference for Pudong's ecological civilization construction in the new era to a new level.

Keywords: Ecological Civilization; Carbage Classification; River Regulation; Pudong New Area

Abstract: On the occasion of the 70th anniversary of the founding of the People's Republic of China and the 30th anniversary of Pudong, reviewing the development history of the talent policy in Pudong New Area is not only a systematic review of the talent work of Pudong in the past 30 years, but also a rational reflection on the future work of talents. Based on the analysis framework of historical institutionalism, this paper points out that since the development and opening up, Pudong's talent policy has gone through four periods: the preparation period of talent highland construction (1990 – 1996), the formal construction period of talent highland (1997 –2009), he construction period of international talent experimental zone (2010 –2014) and the deepening reform period of talent system (2015 –present) . During this period, Pudong has formed the following experience of Talent Gathering: taking the party as the core, creating a social atmosphere of caring for talents and valuing talents, taking marketization as the main line and improving the market-oriented allocation ability of talent resources, taking industrial demand as the guide and gathering the urgently needed high-level talents, taking institutional innovation as the opportunity and using talent policies to help Talent Gathering, using information technology as a starting point to create a high-quality talent public service platform, etc. During the fourteenth Five Year Plan period, Pudong should continue to make efforts in talent governance system, public service system, talent policy system, talent system innovation and other aspects to help create a new situation of Pudong's development and opening up.

Keywords: Pudong New Area; Talent Policy; Institutional Innovation

S 基本子库
UB DATABASE

中国社会发展数据库（下设 12 个子库）

整合国内外中国社会发展研究成果，汇聚独家统计数据、深度分析报告，涉及社会、人口、政治、教育、法律等 12 个领域，为了解中国社会发展动态、跟踪社会核心热点、分析社会发展趋势提供一站式资源搜索和数据服务。

中国经济发展数据库（下设 12 个子库）

围绕国内外中国经济发展主题研究报告、学术资讯、基础数据等资料构建，内容涵盖宏观经济、农业经济、工业经济、产业经济等 12 个重点经济领域，为实时掌控经济运行态势、把握经济发展规律、洞察经济形势、进行经济决策提供参考和依据。

中国行业发展数据库（下设 17 个子库）

以中国国民经济行业分类为依据，覆盖金融业、旅游、医疗卫生、交通运输、能源矿产等 100 多个行业，跟踪分析国民经济相关行业市场运行状况和政策导向，汇集行业发展前沿资讯，为投资、从业及各种经济决策提供理论基础和实践指导。

中国区域发展数据库（下设 6 个子库）

对中国特定区域内的经济、社会、文化等领域现状与发展情况进行深度分析和预测，研究层级至县及县以下行政区，涉及地区、区域经济体、城市、农村等不同维度，为地方经济社会宏观态势研究、发展经验研究、案例分析提供数据服务。

中国文化传媒数据库（下设 18 个子库）

汇聚文化传媒领域专家观点、热点资讯，梳理国内外中国文化发展相关学术研究成果、一手统计数据，涵盖文化产业、新闻传播、电影娱乐、文学艺术、群众文化等 18 个重点研究领域。为文化传媒研究提供相关数据、研究报告和综合分析服务。

世界经济与国际关系数据库（下设 6 个子库）

立足“皮书系列”世界经济、国际关系相关学术资源，整合世界经济、国际政治、世界文化与科技、全球性问题、国际组织与国际法、区域研究 6 大领域研究成果，为世界经济与国际关系研究提供全方位数据分析，为决策和形势研判提供参考。